Mélanie Laurence Tanner

Bildbetrachtung als Synthese von Umwelt und Bewusstsein

Pädagogik: Perspektiven und Theorien

Herausgegeben von Johannes Bilstein

Band 34

Mélanie Laurence Tanner

Bildbetrachtung als Synthese von Umwelt und Bewusstsein

Eine kulturpädagogische Analyse von Wissenschaftsbildern

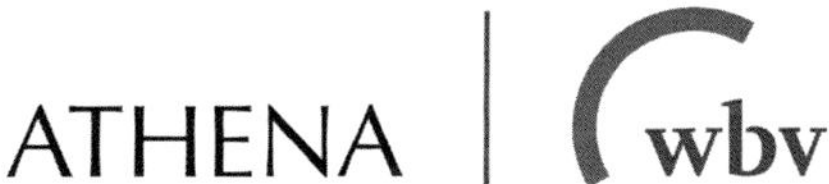

Ein ATHENA-Titel bei wbv Publikation

Gesamtherstellung:
wbv Media GmbH & Co. KG, Bielefeld
wbv.de

ISBN (Print) 978-3-7639-7061-2
ISBN (E-Book) 978-3-7639-7062-9

Printed in Germany

Bibliografische Information der Deutschen Nationalbibliothek
Die Deutsche Nationalbibliothek verzeichnet diese Publikation in der Deutschen Nationalbibliografie; detaillierte bibliografische Daten sind im Internet über http://dnb.d-nb.de abrufbar.

Inhalt

Ausgangspunkt und Begründung einer umweltbewussten Bildbetrachtung

It matters what stories tell stories.
It matters what thoughts think thoughts.
It matters what worlds world worlds.
(Haraway 2014)

Mit Blick auf die von Marilyn Strathern inspirierten Verse der US-amerikanischen Feministin und (Natur-)Wissenschaftskritikerin Donna Haraway lässt sich folgende Analogie bilden: *It matters what pictures depict pictures.* Dabei sind unter Bildern, die Bilder abbilden, nicht nur Artefakte zu verstehen, die unmittelbar andere Bilder wiedergeben, wie beispielsweise Diego Velázquez' Gemälde *Las Meninas* aus dem Jahr 1656 diverse Gemälde darstellt (Abb. 50). Gemeint ist vielmehr, dass Bilder »einen bestimmten Bedeutungsrahmen konstruieren«, der einen gemeinsamen Zugriff auf die natürliche Umwelt ermöglicht (Paul 2006: 19). Gemeint ist aber auch, dass es eine Rolle spielt, welche Bilder von wem, wie, mit welchen Strategien und unter welchen Auslassungen in Umlauf gebracht werden und auf diese Weise das »Zu-Sehen-Geben« übernehmen (Schade/Wenk 2005: 144–184 u. 2011: 9). Solche rezeptionsästhetischen Überlegungen sind für die in der vorliegenden Arbeit versuchte umweltbewusste Bildbetrachtung relevant, weil sie auf die »Dialektik von inneren und äusseren Bildern« (Belting 2001: 21, vgl. auch Shurmer-Smith 2002: 11, Müller 2007: 18) und somit auf einen Ausgangspunkt einer umweltbewussten Bildbetrachtung verweisen. Gemeint ist, dass »bestimmte äussere Bilder mentale Bilder generieren« und »die existierenden inneren Bilder die Rezeption der äusseren Bilder leiten und diesen einen spezifischen Sinn vermitteln« (Paul 2006: 18). Wenn wir Bilder nicht nur als Bilder, sondern als gemeinsamen Zugriff auf die physische Wirklichkeit verstehen, dann lässt sich folglich der Prozess der visuellen Aneignung als kontinuierliche Synchronisierung zwischen unserer Umwelt und unserem Bewusstsein beschreiben, kraft derer die natürliche Umwelt fortwährend hervorgebracht wird (Karpf 2021: 41).

Dieses bildtheoretische Verständnis von Umweltbewusstsein entspricht nicht dem gängigen Wortgebrauch. Im *Umweltgutachten* von 1978 definiert der Sachverständigenrat für Umweltfragen Umweltbewusstsein als »Einsicht in die Gefährdung der natürlichen Lebensgrundlagen des Menschen durch diesen selbst, verbunden mit der Bereitschaft zur Abhilfe« (Rat von Sachverständigen für Umweltfragen 1978: 445). Laut Gerhard de Haan und Udo Kuckartz (1996: 36) zeichnen sich hier bereits zwei grundlegende Komponenten ab: eine kognitive und eine Handlungskomponente. Jüngere Konzepte des Begriffs unterscheiden sogar drei Komponenten von Umweltbewusstsein, nämlich: »Umweltwissen«, »Umwelteinstellung« und »Umweltverhalten« (ebd.: 36, Homburg/Matthies 1998: 124, Kruse 2002: 1, Urban 1986: 365). Bei solchen sozialwissenschaftlichen Herangehensweisen fällt auf, dass der Begriff immer anthropozentrisch – vom Menschen aus – gedacht wird: Der Mensch weiß über die Umwelt Bescheid, der Mensch verhält sich gegenüber der Umwelt und der Mensch stellt sich auf die Umwelt ein. Der Mensch ist das aktive Subjekt, die Umwelt ist das passive Objekt. Mit dieser Sichtweise historisch und kulturell verbunden ist eine Reihe von Dualismen, die Haraway in Bezug auf die Wissensproduktion der Naturwissenschaften des westlichen Abendlandes kritisiert (Haraway 1988: 813). Unter diesen Dualismen ist jener zwischen dem menschlichen Bewusstsein einerseits und der natürlichen Umwelt andererseits der offensichtlichste. Er steht in Verbindung mit weiteren Dichotomien, wie beispielsweise jener zwischen Kultur und Natur, die bis heute bemüht wird: Mehrere in den Jahren 2020 bis 2022 in der Schweiz veranstaltete international ausgelegte Kunstausstellungen führen vor Augen, dass diese Dichotomie von Kultur und Natur in gesellschaftlichen Prozessen nach wie vor als Topos präsent ist,[1] wenngleich die Kunst als in der Lage gezeigt wird, sie aufzulösen, indem sie sie kritisch liest oder für diverse und komplexe Verhältnisse zwischen Kultur und Natur sensibilisiert. Weitere Gegensätze in der westlichen Denkkultur sind: menschlich und nichtmenschlich, Subjekt und Objekt oder Geist und Körper. Zahlreiche Autoren und Autorinnen haben den Ursprung der Trennung zwischen immateriellem Geist und physischer Umwelt in Bezug auf die abendländischen Wissenschaften in der frühen Neuzeit bei Descartes und Bacon angesetzt.[2] Mit dieser Trennung gehen Asymmetrien sowie Ein- und Ausschlüsse einher.

Demgegenüber folgt das bildtheoretische Verständnis des Begriffs *Umweltbewusstsein*, wie es im ersten Absatz skizziert wird, der Idee eines reziproken Abhängigkeitsverhältnisses von Umwelt und Bewusstsein. Es umfasst also, dass sich Umwelt und Bewusstsein wechselseitig formen, und wird so Bruno Latours Forderung nach einem demokratischen Verhältnis zwischen menschlichen und nichtmenschlichen Wesen gerecht (Latour 2012). Der Vorschlag, das menschliche Bewusstsein in den Naturzusammenhang zu integrieren sowie Dualismen und Grenzziehungen entgegenzuwirken, liegt der vorliegenden Studie zugrunde und wird sowohl theoretisch als auch anhand von Bildbeispielen weiterverfolgt.

---

1 Zu nennen sind das Migrosmuseum für Gegenwartskunst mit seiner zweiteiligen Ausstellung zum Thema *Potential Worlds: Planetary Memories & Eco-Fictions;* das Helmhaus mit */Natur/Kunst/Tiere/Körper/ Maschinen/Menschen/Gefühle/;* die Foundation Bayeler mit der Sammlungspräsentation *natureculture*; das Argauer Kunsthaus mit *Towards No Earthly Pole* des Westschweizer Künstlers Julian Charrière; das Kunsthaus Zürich mit den sogenannten *Earth Talks*.

2 Beispielsweise Michel Foucault (1974: 83 f.), Max Horkheimer und Theodor Adorno (1969: 10), Simone Rappel (1996: 290–292), Utta von Winterfeld (2006: 40–110), Werner Kutschmann (1986: 190) und Ulrich Grober (2013: 70).

Das Begriffsverständnis lässt sich zudem durch eine besondere Lesart des Adjektivs »umweltbewusst« erweitern: Es kann in Analogie zu Haraways »naturecultur« (Haraway 2003) als nahtlose Aneinanderreihung zweier Wörter gelesen werden, die gut gemeinsam funktionieren, wenngleich sie doch anscheinend von gegensätzlicher Bedeutung sind. Die Wortverbindung kann hier das Hinterfragen des Verhältnisses zwischen menschlichem Bewusstsein und natürlicher Umwelt sowie der Dualismen, die in der intellektuellen Tradition der abendländischen Wissenschaften verankert sind, repräsentieren. Die Verbindung von Umwelt und Bewusstsein stellt darauf ab, dass das Nichtmenschliche mit dem Menschlichen verbunden ist und – so sei zunächst vermutet – beide den gleichen und wechselseitigen Einflüssen unterliegen.

Das Verständnis von Umweltbewusstsein geht demnach über die Bedeutungen inhaltlich verwandter Begriffe wie Ökologie oder Nachhaltigkeit hinaus, obwohl sie durchaus hineinspielen. Es ist freilich so, dass mit der bildtheoretisch hergeleiteten Auslegung des Begriffs keine normativen Aussagen über das Umweltverhalten einer Gesellschaft gemacht werden sollen und können. Es soll vielmehr der Versuch unternommen werden, Bilder aus einer umweltbewussten Perspektive zu betrachten, einer Perspektive also, die Umwelt und Bewusstsein in Verbindung bringt. Die umweltbewusste Perspektive wird anhand von Bildern der abendländischen (Natur-)Wissenschaften entwickelt, weil diese das, was die natürliche Umwelt des Menschen bedeutet, notwendigerweise enthalten und insofern unablässig herausfordern, als sie immer entlegenere und kleinteiligere Dimensionen von ihr sichtbar machen (Rheinberger 2009: 127, Heßler 2006: 78).

Die vorliegende Arbeit widmet sich folglich der Frage, wie Bilder der abendländischen (Natur-)Wissenschaften[3] aus einer umweltbewussten Perspektive betrachtet werden können. Die umweltbewusste Bildbetrachtung soll »in enger Interaktion mit den Objekten, um die es ihr geht«, entwickelt werden (Bal 2002: 18). Im Zentrum steht daher das Bild *Brain Cell the Universe* (*BCTU*), das 2006 in der *New York Times* unter der Rubrik »Science Illustrated« veröffentlicht wurde. Es bildet den Gegenstand der Studie im zweiten und der Diskussion im dritten Teil, weil es die vorgeschlagene Synthese von natürlicher Umwelt und menschlichem Bewusstsein geradezu in Szene setzt. *BCTU* zeigt eine Hirnzelle sowie ein Detail des Universums (Abb. 1). Beide Bildteile lassen eine netzwerkartige Struktur erkennen. Auf den ersten Blick, so scheint es, macht das rhizomatische Muster die Grundbausteine der Natur sichtbar. Wird *BCTU* jedoch mit anderen Bildern in Verbindung gebracht, kommen weitere Dimensionen der netzwerkartigen Struktur zum Vorschein. Angenommen, dass wir die Hirnzelle als Metapher für Bewusstsein und das Universum als Symbol für

3 Eine Trennung der Naturwissenschaften von der Philosophie erfolgte erst in der Neuzeit, daher die Klammerschreibung.

Umwelt betrachten, macht *BCTU* aufgrund der ikonografischen Ähnlichkeit der beiden Bildteile anschaulich, dass Umwelt über eine räumliche Umgebung hinaus etwas ist, das mit einem Lebewesen (oder etwas was in Analogie zu einem Lebewesen verstanden wird) in kausalen Beziehungen steht (Schnödl/Sprenger 2021).

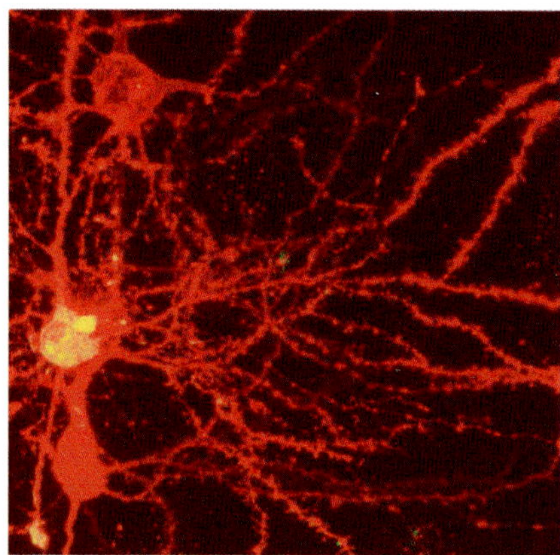

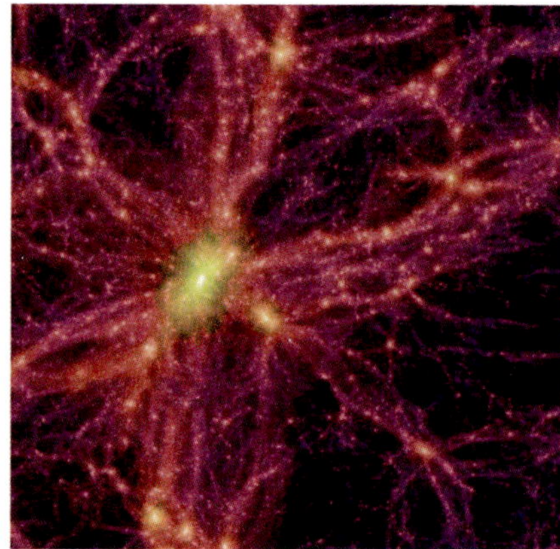

Abb. 1: Ausschnitt der New York Times, No. 53, 672, vom 15. August 2006, S. 4

In der vorliegenden Arbeit wird die umweltbewusste Bildbetrachtung anhand einer naturwissenschaftlichen Visualisierung erprobt, weil die Naturwissenschaften derzeit die mächtigsten Bilder und Grafiken der natürlichen Umwelt (Heise 1997: 4) produzieren. Ihre visuellen Erzeugnisse gelten »den meisten nicht als Bilder, sondern als die Welt selbst« und somit als unmittelbarer Weg zur Erkenntnis über die natürliche Umwelt (Latour 2002: 25). Bilder der abendländischen Wissenschaften können jedoch mit Bildern aus anderen gesellschaftlichen Bereichen wie der Religion und der Kunst in Resonanz treten. Dies ermöglicht ihre Analyse in Hinblick auf die visuelle Kultur und schafft zudem einen Bezug zur Praxis des Kunstunterrichts, um den ich als Kunstpädagogin bemüht bin.

Im ersten Teil wird ausgeführt, dass die *Visual Culture Studies* als Ausgangspunkt für eine umweltbewusste Bildbetrachtung dienen können, weil mit der Herstellung von Bildern Wissen über die Natur produziert wird, das unsere Naturvorstellungen wesentlich prägt. Entsprechend müssen Bilder auf ihre paradigmatischen und politischen Aussagen hin befragt werden. Die *Visual Culture Studies* verfügen über den nötigen politischen Impetus (Bal 2003: 5; Schoell-Glass 2003: 59; Held/Schneider 2007: 489 u. 501; Jones 2003: 34), um dies zu leisten und sich kritisch in das Wechselspiel von Mensch und Umwelt einzuschalten. Im Hintergrund steht, dass Umweltprobleme untrennbar mit sozialen Problemen verknüpft sind (Mirzoeff 2014: 29; Mirzoeff 2018: 124, Hicks/King 2007: 334). Ein weiteres Argument, das dafür spricht, die *Visual Culture Stu-*

dies als theoretische Basis für eine umweltbewusste Bildbetrachtung zu wählen, ist deren Aufgeschlossenheit gegenüber unterschiedlichen Bildmedien und Forschungsansätzen. Diese mediale und methodologische Zugänglichkeit ist nötig, damit Bilder der abendländischen Wissenschaften berücksichtigt und Forschungsfragen jenseits von Disziplingrenzen ausgerichtet formuliert werden können.

Die *Visual Culture Studies* haben sich in den 1990er-Jahren im angloamerikanischen Raum herausgebildet (Schade/Wenk 2011: 9) und spielen an den Universitäten der USA oftmals in medienspezifischen Studiengängen (Holert 2005: 228) eine Rolle. Ihr Ursprung liegt in den *Cultural Studies* sowie in poststrukturalistischen und dekonstruktivistischen Theorien (vgl. Alpers et al. 1996: 29; Evans/Hall 2006: 43; Elkins 2003: 32). Von den in den 1960er-Jahren im englischen Sprachraum außerordentlich erfolgreich institutionalisierten *Cultural Studies* übernehmen die *Visual Culture Studies* den weiten Kulturbegriff, die transdisziplinäre Forschungsperspektive, die Idee der Bedeutungserzeugung durch kulturelle Praktiken und die Fragestellungen der *Gender*, *Queer* und *Postcolonial Studies* (Jones 2003: 35). Im Unterschied zu ihren Vorläufern – also zu den *Cultural Studies*, zum Poststrukturalismus und Dekonstruktivismus – grenzen sich die Vertreter:innen der *Visual Culture Studies* klar vom *linguistic turn* ab und attestieren dem Visuellen die gleiche Wirkungs- und Aussagekraft wie der Sprache. Infolgedessen sprechen sie vom *iconic* (Boehm: 1994) respektive *visual turn* (Mitchell 1992: 89). In der Schweiz sind es vor allem die Kunsthochschulen, die dem Ansatz der *Visual Culture Studies* verpflichtet sind und ihn theoretisch weiterentwickeln.

Zu den aktuell wichtigsten Vertreter:innen in der westlichen akademischen Welt gehören William J. Thomas Mitchell, Nicholas Mirzoeff, Sigrid Schade und Silke Wenk.

Das Forschungsinteresse der *Visual Culture Studies* gilt allem, was mit Kultur zu tun hat und auf die Netzhaut trifft – von künstlerischen Äußerungen bis zum Bild, das sich beim Blick durch das Mikroskop bietet. Ihr Gegenstandsbereich beschränkt sich überdies nicht auf das, was innerhalb von Bildern »geschieht«, sondern umfasst das gesamte Spektrum des Visuellen inklusive der Wahrnehmung (Mitchell 2002a: 166). Entsprechend schließen ihre Problemstellungen die visuelle Verfasstheit kultureller Praktiken, der Bedeutungserzeugung und der Wahrnehmung ein. Sie fragen danach, was Sehen überhaupt bedeutet und was spezifisch für die Struktur der visuellen Erfahrung ist, ob sich die visuelle Repräsentation von der sprachlichen unterscheidet und inwiefern visuelle Medien in der Lage sind, hierarchische Ordnungen zu etablieren, zu artikulieren und zu stabilisieren (Holert 2005: 228). So umfassen Studien zur visuellen Kultur mehr als das, was in den Bildern sichtbar wird, z B. die Regeln und Prozesse der Bildherstellung sowie die Ein- und Ausschlussverfahren, die überhaupt dazu führen, dass ein bestimmtes Bild oder ikonografisches Sujet zu einer bestimmten Zeit, an einem bestimmten Ort, für ein bestimmtes Publikum sichtbar wird. In der Folge werden im Rahmen von Studien zur visuellen Kultur u. a. auch Institutionen, die etwas zu sehen geben – beispielsweise Museen – oder Ordnungsparameter – beispielsweise der kunstgeschichtliche Kanon – untersucht (Schade/Wenk 2011: 8). Gegenstand des Interesses ist, wer bestimmt, wem was zu sehen gegeben wird, welche Regelsysteme dahinter stecken und wem es nützt, dass etwas so zu sehen ist und nicht anders.

Das Forschungsfeld der *Visual Culture Studies* ist demnach so weitläufig, dass es nicht aus der Perspektive einer einheitlichen Theorie und Methode bearbeitet, sondern nur unter Berücksichtigung unterschiedlicher Herangehensweisen und Wissenskulturen bewältigt werden kann. Die Vertreter:innen der *Visual Culture Studies* haben ihre Vorgehensweise in der Vergangenheit selbst mit den Begriffen »indiscipline«, »post-«, »cross-«, »counter-« oder »anti-disciplinary« beschrieben (Mitchell 2008; Mirzoeff 2013: 4; Jones 2003: 39; Morra/Smith 2006: 15).

Zu ergänzen ist, dass sich die *Visual Culture Studies* für den Einsatz im kunstpädagogischen Bereich eignen (Hicks/King 2007; Chang/Lim/Kim: 2012: 19; Graham 2007: 375), weil sie die Fähigkeit fördern, Bilder des Alltags kritisch zu lesen: »Students learn to explore not only the surface of the images but also the rationale philosophies and interests behind their creation« (Reisberg 2008: 254).

Im zweiten Teil wird die umweltbewusste Bildbetrachtung anhand von *BCTU* erprobt. Auf die Gegenstandssicherung und die Bildbeschreibung folgt die Erläuterung von zwei Bildtafeln zu *BCTU*, welche ich nach dem Vorbild von Aby Warburgs Bilderatlas *Mnemosyne* gestaltet habe. Sie bilden das Fundament für die weitere Analyse des Untersuchungsgegenstandes. Thematisiert werden einerseits die drei ikonografischen Motive *Struktur, Hirnzelle* und *Universum* (Kap. 2.3.1) und andererseits Betrachtungen im Kontext der drei gesellschaftlichen Bereiche Naturwissenschaft, Religion und Kunst (Kap. 2.3.2). Dass hierbei auf Aby Warburgs Bilderatlas zurückgegriffen wird und nicht auf Erwin Panofskys ikonologische Methode (Panofsky 1975: 36–67), begründet sich darin, dass sich die Theorie Warburgs kraft ihrer strukturalistischen Denkweise und ihrer medialen Zugänglichkeit vortrefflich mit den *Visual Culture Studies* verbinden lässt. Letztere verwerfen die Hierarchisierungen, anhand derer z. B. ein Fach wie die Kunstgeschichte lange Zeit zwischen Kunst und Populärkultur unterschieden hat (Jones 2003: 34). Mehr noch: Warburg selbst wird wegen seiner Aufgeschlossenheit gegenüber Bildmedien unterschiedlichster Art als Kulturanalytiker der ersten Stunde bezeichnet (Forster 2018). Darüber hinaus kann das innovative Potenzial der Atlas-Idee für die künstlerische Forschung kaum überschätzt werden.

Auf die von Warburgs Bilderatlas angeregte inhaltliche Analyse der Bildmotive folgen formale Beobachtungen (Kap. 2.3.3, Kap. 2.3.4). Um das Spektrum möglicher Erkenntnisse für die kunst- und bildwissenschaftliche Forschung hinsichtlich des Verhältnisses zwischen der natürlichen Umwelt und dem menschlichen Bewusstsein auszuschöpfen, kommt ein »Methodenmix« (Paul 2006: 10, 24) zum Einsatz. Dabei werden – ganz im Sinne der *Visual Culture Studies* – Bedeutung erzeugende Gesten wie Ein- und Ausrahmen, In-Perspektive-Setzen sowie Sichtbar- und Unsichtbarmachen erörtert (Kap. 2.3.3). Der zweite Teil schließt ab mit einer Erörterung der Frage, wem diese Bedeutung erzeugenden Gesten nützen.

Im Anschluss gilt es, die Ergebnisse der Studie zu *BCTU* anhand von Fragen zu diskutieren, die das Verhältnis zwischen der physischen Umwelt und der medialen respektive mentalen Repräsentation aufgreifen. Das Kapitel 3.3 fokussiert im Besonderen, inwiefern sich das Erhabene in *BCTU* äußert. Dieser Fokus begründet sich darin, dass das Erhabene mehr als andere Topoi, die mit Naturphänomenen assoziiert werden, auf der Konstruktion von Gegensätzen zwischen Geist und Körper, Kultur und Natur, menschlich und nichtmenschlich etc. beruht. Daher ist ein Blick auf diesen Topos für eine Bildbetrachtung bereichernd, die das Verhältnis zwischen natürlicher Umwelt und menschlichem Bewusstsein thematisiert.

Im vierten Teil wird der Versuch unternommen, die umweltbewusste Bildbetrachtung, die im Laufe der Arbeit entwickelt wurde, weiterzudenken. Mit seiner Atlas-Idee legt Warburg eine Herangehensweise nahe, mit der sich die Bedeutung des einzelnen Bildes in einer kulturellen *longue durée* aufspüren lässt. Sie ist dem *iconic turn* insofern gewachsen, als sie der Logik des Visuellen folgt. Angesichts des Legitimationsdrucks, unter dem der Kunstunterricht in der Schweiz steht, verweisen Kunstpädagog:innen auf die Macht der Bilder, den *iconic turn*, um die Notwendigkeit von visuellen Kompetenzen (Billmayer 2015) zu begründen (Tanner 2019). Dabei wird nachvollziehbar argumentiert, dass Bilder eine wesentliche Rolle bei der Orientierung in der Welt spielen. Je mehr wir uns jedoch darum bemühen, der enormen Wirkungs- und Aussagekraft des Visuellen gerecht zu werden und Bilder innerhalb des Systems Bild zu betrachten, desto eher wird möglicherweise aus den Augen verloren, dass sie Effekte der natürlichen Umwelt und ein gemeinsamer Zugriff darauf sind. Dies gilt auch oder gerade für die Betrachtung von Bildern nach dem Vorbild von Warburgs *Mnemosyne*, da dabei vorrangig die Beziehung zwischen den Bildern im Fokus steht. Hier ist kritisch zu prüfen, welche Rolle die physische Umwelt bei mit Bedacht angelegten Anordnungen von Bildern spielt, oder, schärfer gefragt, ob die Natur, wenn sich die Betrachter:innen auf Strukturen zwischen Bildern fokussieren, überhaupt eine Rolle spielt.

Um die physische Natur in die Betrachtung von Bildern zu integrieren, greift die künstlerische Skizze im vierten Teil Bruno Latours Akteur-Netzwerk-Theorie (ANT) auf, weil sich mit ihr die Gegensätzlichkeit zwischen menschlichem Bewusstsein und physischer Natur geradezu aufheben lässt (Latour 2011). Die ANT erkennt nichtmenschliche Wesen als Akteure oder zumindest Aktanten an und berücksichtigt materielle und semiotische Komponenten gleichermaßen. Sie eignet sich folglich für eine Verwirklichung der nahegelegten Synthese zwischen menschlichem Bewusstsein und natürlicher Umwelt. Sowohl die Zusammenschau der Ergebnisse der Studie als auch eine Skizze zur künstlerischen Forschung werden unter Rückgriff auf die ANT erarbeitet. Der fünfte und letzte Teil fasst die Ergebnisse zusammen und bietet einen Ausblick.

1 Die Anliegen einer umweltbewussten Bildbetrachtung

> How we perceive our planet, and its alarming temperatures, stands at the core of our actions toward it. Instead of the traditional »othering« of nature as an external being over which humankind exerts control, there is a pressing demand to realize that we as humans are an inextricable part of it, and that our actions at and in nature are directly translated into our actions at ourselves and all other beings around us.
> (Garayeva-Maleki/Munder in Kat. 2020/2021 22)

Studien zur visuellen Kultur betrachten die menschliche Wahrnehmung der Natur und deren Darstellung grundsätzlich aus einer gesellschaftskritischen Perspektive, fassen dabei allerdings unterschiedliche Themen in den Blick. So stellt Nicholas Mirzoeff, Professor für *Media, Culture and Communication* an der New York University, seine Überlegungen in den Kontext von Kolonialismus, *race* und *class*. Unter anderem befasst er sich mit der Inbesitznahme des Meeres als imperialistische Machtverbreitung bei gleichzeitiger Diskriminierung der Klassen und Rassen. Sigrid Schade und Silke Wenk als Vertreterinnen der *Visual Culture Studies*, die eine feministische Perspektive einnehmen, werden in dieser Studie häufig mit ihrem Ansatz des »Zu-Sehen-Gebens« herangezogen. Ihre und weitere Ansätze zum Zusammenhang von Mensch, Gesellschaft und Natur werden im Folgenden erläutert und mit Beispielen illustriert, um daraus die Anliegen und Aufgaben einer Bildbetrachtung aus umweltbewusster Perspektive abzuleiten.

Mirzoeff geht zunächst von den Überlegungen W. J. T. Mitchells aus, der in *Imperial Landscape* (1994) betont, dass Landschaften lange Zeit als imperiale Konstruktionen genutzt worden seien. Mirzoeff macht in seinem Aufsatz *Das Meer und das Land: Das Leben der Bilder nach Katrina* deutlich, dass die imperialistische Ausbreitung und die Ausdehnung von Macht über das Meer naturalisiert wurde, also als »natürlich« galt. Dies sei möglich gewesen, weil das Meer im Gegensatz zur (Kultur-)Landschaft selbst als »natürlich« empfunden worden sei. Gemäß Mirzoeff verlief die Inbesitznahme des Meeres bzw. die Ausbreitung von Machtausübung über das Meer deshalb so zügig, weil das Meer als Ort des Imperialismus, als ein *mare librum*, freies Meer, zu verstehen war. Zum anderen sei aber auch die Idee verbreitet gewesen, dass das Meer ein Ort der nationalen Souveränität, ein *mare clausum*, geschlossenes Meer, war. Auf dieser Doppeldeutung beruhte eine (zweifache) Legitimierung der Inbesitznahme und ein Machtanspruch (Mirzoeff 2014: 30).

Die Arbeit von Maria Thereza Alves illustriert diese koloniale Verbreitung über das Meer. Um den langfristigen Umweltveränderungen, die mit den imperialistischen Eroberungen durch die Seefahrt einhergegangen sind, auf den Grund

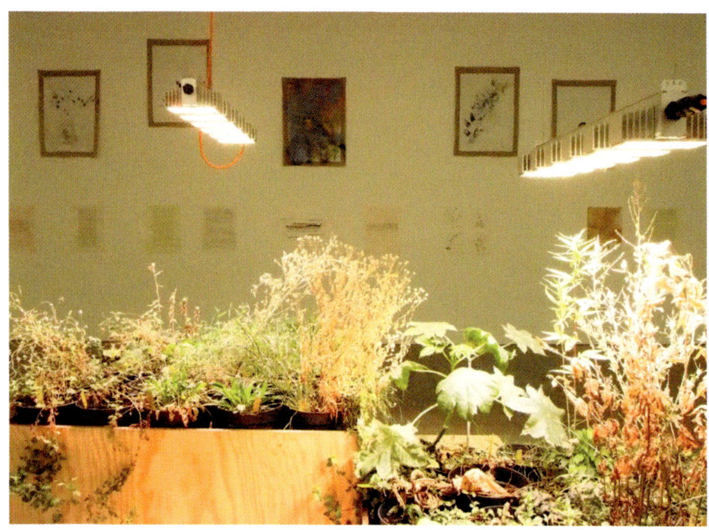

Abb. 2: Maria Thereza Alves: *Seeds of Change: New York – A Botany of Colonization,* 2017, Bild: M. L. T im Migrosmuseum für Gegenwartskunst, 2020

zu gehen, analysiert die brasilianische Künstlerin den Transfer von Pflanzensamen infolge menschlicher Migration (Kat. 2020/21: 40–43). In ihrer Arbeit *Seeds of Change: New York – A Botany of Colonization* befasst sie sich mit botanischen Mutationen und den Verbreitungswegen, die sich aus der Emigration aus Europa nach Amerika ergeben haben. Denn während der Kolonialzeit wurden Handels-, Passagier- und Sklavenhandelsschiffe mit Steinen, Erde, Sand und Holz beladen, damit ihr Gewicht reguliert werden konnte. Als der Ballast bei der Ankunft im Hafen abgeworfen wurde, verbreiteten sich die mittransportierten Pflanzensamen in der neuen Umgebung (Abb. 2).

Mirzoeffs Aufsatz nimmt konkret Bezug auf die humanitäre Katastrophe infolge des Hurrikans Katrina. Katrina traf 2005 auf die amerikanischen Golfküste, und die Folgen dieses Ereignisses wurden in dem vierstündigen Filmepos *When the Levees Broke: A Requiem for New Orleans* aufgearbeitet (Lee 2006). Dabei hält Mirzoeff mit einer Herangehensweise, die die Konstruktion von *race* und *class* im Fokus hat, fest: »Das entsetzliche Schauspiel der Nachwirkungen des Hurrikans Katrinas machte erneut deutlich, dass manche Leben höher bewertet werden als andere und dass die Unterscheidung nach wie vor rassizifierend erfolgt.« Mirzoeff geht somit mit den Vertreter:innen des *Environmental Justice*-Paradigmas einher, die schon seit Anfang der 1980er-Jahre betonen, dass sich Umweltprobleme an den Schnittstellen zwischen *race*, *class* und *gender* auf der einen Seite und der Umwelt respektive Natur auf der anderen Seite äußerten und deshalb nicht losgelöst von sozialen und wirtschaftlichen Fragen diskutiert werden könnten.[1]

1 Zur Einführung in die *Environmental Justice*-Bewegung vgl. Adamson et al. (2002). Zur Wechselwirkung zwischen Umweltthemen und dem Sozialen vgl. auch Volkart (2017: 182), die ihre Argumentation auf Felix Guattaris *The Tree Ecologies* (2000) stützt.

Umweltprobleme ergeben sich aus dieser Sicht nicht nur aus der prinzipiellen Wechselbeziehung zwischen Mensch und Umwelt (Roos/Hunt 2010, Katzeman 2021: 1), sondern entstehen vor allem an sozialen Brennpunkten. Z. B. betreiben umweltbelastende Gewerbe ihre Fabriken und deponieren ihren Abfall überwiegend dort, wo sozial benachteiligte Menschen leben (Mirzoeff 2014: 29; Mirzoeff 2018: 124, Hicks/King 2007: 334).

Die Übereinstimmungen bezüglich der Art und Weise, wie *race*, *class*, *gender* und natürliche Umwelt repräsentiert werden, geben Anlass zu einer spezifisch gesellschaftskritischen umweltbewussten Bildbetrachtung. Den Holzschnitt *Der Zeichner des liegenden Weibes* von Albrecht Dürer aus den Jahren 1512–1525 (Abb. 3) hinterfragen Sigrid Schade und Silke Wenk hinsichtlich des »Zu-Sehen-Gebens«. Daran lässt sich, ausgehend vom Repräsentationsbegriff der *Cultural Studies* (Hall 1997), aufzeigen, wie durch Bilder Bedeutung erzeugt und gestal-

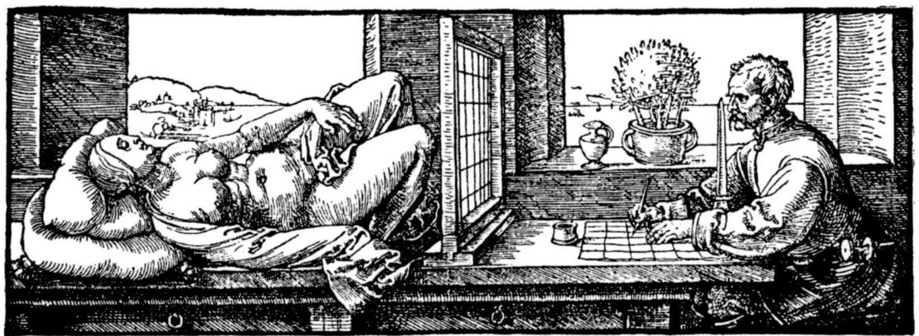

Abb. 3: Albrecht Dürer: *Der Zeichner des liegenden Weibes*, in: Underweysung der Messung, mit dem Zirckel und Richtscheyt, in Linien, Ebenen unnd gantzen corporen, zwischen 1512 und 1525, Holzschnitt, 7,5 x 21,5 cm, 2. Aufl., Nürnberg 1538

tet wird, indem etwas ins Blickfeld gerückt, ein Ausschnitt und eine Perspektive gewählt und der Blick geführt wird (Schade/Wenk 2005: 144–184 u. 2011: 9).[2]

2 Schade/Wenk haben das Bild aus feministischer Perspektive vor dem Hintergrund des »voyeuristischen Blicks« gelesen: »Dieser Blick, der misst und berechnet, der zerlegt und neu zusammensetzt, wird in DÜRERS Holzschnitt Der Zeichner des liegenden Weibes (1538) exemplarisch zu sehen gegeben«. Der Kunst, verstanden als »Institution der Neuzeit«, komme dabei insofern eine besondere Rolle zu, als sie den Blick Einzelner privilegiere, »denen es der jeweilige institutionelle Rahmen erlaubt, weibliche Körper auszuziehen, zu betrachten, zu untersuchen, auseinanderzunehmen, auszustellen und zu inszenieren [...]« (Schade/Wenk 2005: 151). Ebenfalls aus feministischer Perspektive, aber weniger gemäß einer Logik des Einrahmens als vielmehr des Eindringens schreibt Katrin Köppert (2019: o. S.): »Schon seit der Renaissance und Albrecht Dürers Holzschnitt Der Zeichner des liegenden Weibes (1538) üben sich künstlerische Betrachtungsweisen am tiefenraumöffnenden penetrierenden Blick«. Silja Graupe hingegen hat das Bild aus einem wissenschafts- und technikkritischen Blickwinkel als Metapher für den »mathematisch korrekten Blick« gelesen. Gemäß Graupe trete der Zeichner infolge des Sehgeräts aus dem Geschehen heraus, sodass er nicht mehr Teil der Welt sei, die er analysiere (Graupe 2014: 164). Die Konsequenz sei – im cartesianischen Sinne – die Vergeistigung des Zeichners, während das

Dargestellt ist ein langgezogener Tisch, der von einem Netzrahmen auf der vertikalen Mittelachse zweigeteilt wird. Links des Netzrahmens liegt auf dem Tisch eine Frau, rechts davon liegt auf demselben Tisch eine Zeichnung der Frau, die von einem sitzenden Zeichner mithilfe der Visiereinrichtung angefertigt wird. Aus feministischer Perspektive ist es nun relevant, dass diese bedeutungserzeugenden Wesensmerkmale von Bildern in der Figur des weißen männlichen Zeichners zusammenlaufen, der die Blickhoheit über die liegende Frau besitzt. Er sieht sie. Er entscheidet, was von ihr sichtbar ist und was verborgen bleibt, er nimmt Maß, er studiert ihre perspektivische Ausdehnung im Raum, er erzeugt Wissen über sie. Demgegenüber liegt sie nackt und mit angewinkelten Beinen da und bedeckt, in der Pose der *Venus pudica* verharrend, die Scham. Sie kann nichts anderes tun, als regungslos dazuliegen, sich zu schämen und dabei erkannt zu werden. Ihr Blick ist auf die Decke gerichtet; sie sieht den Zeichner nicht und kann sich kein Bild über ihn machen, d. h. kein Wissen über ihn erlangen. Die Aktivität liegt gänzlich auf der Seite der männlichen Figur (Abb. 3). Was sich im Titel sprachlich äußert, wird auch bildlich sichtbar: Das liegende Weib ist dem wissenden Subjekt als (Genitiv-)Objekt zu- respektive untergeordnet.

Abb. 4, Abb. 5 und Abb. 7 geben drei manipulierte Ausführungen von Dürers Kunstwerk (Abb. 6) wieder. Im ersten Feld ist eine Variante zu sehen, bei der das liegende Weib durch einen »Neger aus Guinea« ersetzt wurde.[3] Rechts davon wurde es durch die Courbet'sche »Kornsieberin« substituiert.[4] Unten links befindet sich Dürers Original und rechter Hand tritt die – bereits bekannte – Version in Erscheinung, bei der das liegende Weib durch einen Baum ausgetauscht wurde. Die verschiedenen Ausführungen sollen die gesellschaftlichen Konstruktionen veranschaulichen, die die *Visual Culture Studies* im Fokus haben: *race*, *class* und *gender* (Reisberg 2008: 252). Auch die Wahrnehmung und Darstellung der natürlichen Umwelt ist im Kanon dieser drei gesellschaftlichen Konstruktionen zu sehen, weil es bezüglich ihrer Wahrnehmungs- und Darstellungsmuster Überschneidungen gibt. Was also vorhin aus feministischer Perspektive festgestellt wurde, gilt auch für die Repräsentation verschiedener Völker, Gesellschaftsschichten, Pflanzen, Tiere, Gesteine usw. Die bedeutungserzeugende Tätigkeit liegt auf der Seite des weißen Mannes; das Erkenntnismus-

---

liegende Weib auf die körperliche Ausdehnung (*res extensa*) reduziert werde (Graupe 2014: 165). Alle drei Interpretationsweisen werden von der vorliegenden Arbeit unterstützt, die betont, dass Geschlechter-, Klassen-, Rassen- und Naturkonstruktionen gleichermaßen entsprechend der Dichotomie von Geist und Körper gedacht werden (vgl. Kap. 1.2) und die sich in Kapitel 2.2.3 dem naturwissenschaftlichen Blick widmet, der aufgrund von Technoapparaturen Wahrheit und Objektivität suggeriert.

3 Diesem Bild liegt die altkol. Lithographie aus der Völkergalerie bei Goedsche, »Neger aus Guinea«, um 1840, 11,8 × 13,5 cm zugrunde. Ich distanziere mich ausdrücklich von der rassistischen Bezeichnung der Quelle, halte eine exakte Zitation allerdings in dem Zusammenhang für unvermeidlich.

4 Gustave Courbet: *Les Cribleuses de blé*, 1854–1855, Öl auf Leinwand, 131 × 167 cm.

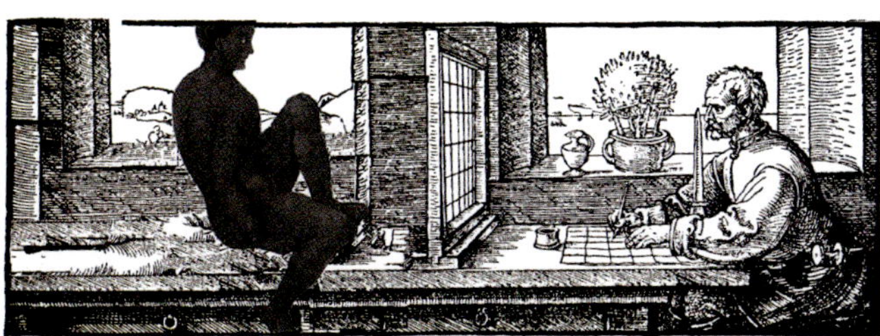

Abb. 4: *race*,
Collage: M. L. T.

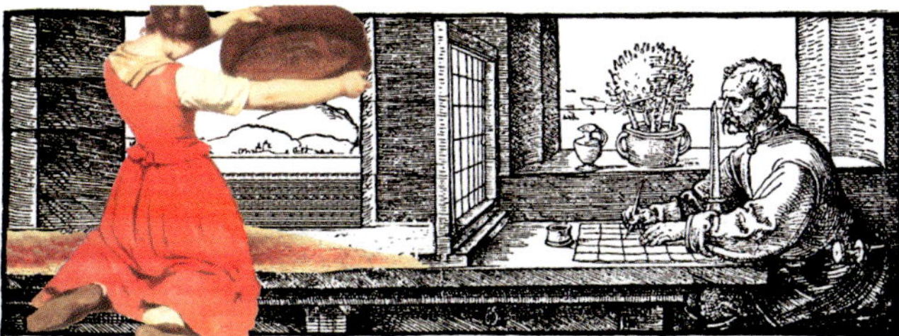

Abb. 5: *class*,
Collage: M. L. T.

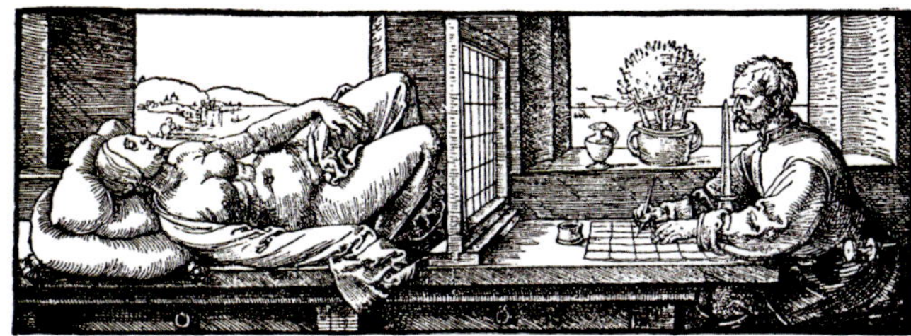

Abb. 6: *gender*,
Original

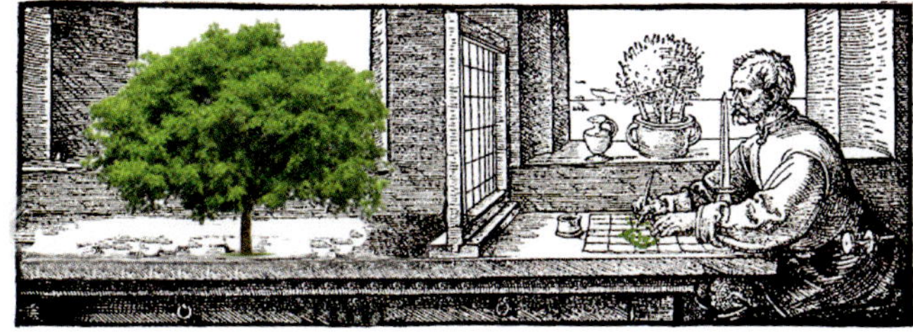

Abb. 7: *nature*,
Collage: M. L. T.

ter ist eindimensional. Das weiße männliche Subjekt erkennt, während Frauen, indigene Völker oder Naturausschnitte erkannt werden: Die vier Varianten des Dürer'schen Holzschnittes »powerfully represent the intersections of art, place, and culture, […] using various techniques, materials, and culturally sensitive forms of artmaking« (Reisberg 2008: 254).

Die Herstellung von Bildern aktiviert immer die Dichotomie von Geist und Körper, wobei das Geistige dem Bilder produzierenden Subjekt zufällt, während Körperlichkeit eine Eigenschaft ist, die mit dem dargestellten Objekt in Verbindung gebracht wird. Personen, Gegenstände und Ereignisse werden durch die Produktion von Bildern geistig angeeignet. Folglich bringt jede Art von Bilderzeugung die Diskussion um unsere natürliche Umwelt und unser menschliches Bewusstsein zwingend mit sich. In diesem Sinne können prähistorische Höhlenmalereien als geistige Unterwerfung sowohl lebensbedrohlicher als auch lebensnotwendiger Tiere gelesen werden (Narr 1955: 518). Dasselbe gilt für Bilder, die im Kontext kolonialer Eroberungen entstanden sind: Sie konstatieren Wissen über indigene Völker ausgehend vom Selbstverständnis des weißen westlichen Mannes, der das »Andere« oder »Fremde« beobachtet und dabei das »Eigene« stabilisiert. Stuart Hall hat den damit verbundenen Prozess des *Othering* (Hall 1997: 215–287) wie folgt beschrieben: »Identity is a structured representation which achieves its positive through the narrow eye of the negative. It has to go to the eye of the needle of the other before it can construct itself« (Hall 1991: 21). Das dabei zugrunde liegende einseitige Erkenntnismuster hat zur Folge, dass die Repräsentation von *race*, *class*, *gender* und der natürlichen Umwelt mittels polarer Termini wie Natur – Kultur, Geist – Körper, das Eigene – das Andere, zivilisiert – primitiv sowie Mensch – Tier gestaltet ist. Diese Polarität ist wiederum mit der Dichotomie zwischen natürlicher Umwelt und menschlichem Bewusstsein verwandt, und die Begriffe sind politisch zu hinterfragen. Die *Visual Culture Studies* wenden postkolonialistische und feministische Theorien an, um soziale Konstruktionen wie *race*, *class* und *gender* zu problematisieren und Machtverhältnisse aufzudecken (Bal 2003: 5; Schoell-Glass 2003: 59; Held/Schneider 2007: 489 u. 501).

Ungleiche Hierarchisierungen hinsichtlich der Konstruktion von *race*, *class* und *gender* und der natürlichen Umwelt äußern sich in Bezug auf den Dürer'schen Holzschnitt bildnerisch dergestalt, dass Bekleidet-Sein und Auf-einem-Stuhl-Sitzen – wie es beim männlichen Zeichner der Fall ist – mit kultureller Überlegenheit assoziiert wird, hingegen Auf-dem-Boden-Kauern mit einer naturnahen Lebensweise in Verbindung steht (vgl. Abb. 4, Abb. 5 u. Abb. 6). Darüber hinaus werden weibliche Körper in Anlehnung an Naturphänomene repräsentiert. So, wie die Existenz der liegenden Frau auf deren räumliche Ausdehnung reduziert ist, kann ihr Körper mit Landschaften assoziiert werden. An dieser Stelle sei an das oben schon erwähnte *Landscape and Power* erinnert, wo Mitchell (2002b) erläutert, wie Landschaften, verstanden als kulturelle Medien, soziale Konstruktionen naturalisieren. In Hinblick auf die Reduktion von Frauen auf den physischen Körper und damit einhergehende Naturalisierungstendenzen wäre entsprechend kritisch zu betrachten, dass Harald Szeemann die hügelige Topografie über Ascona als weiblichen Busen gelesen hat (Kat. 1980).

Bei der Suche nach einer Antwort, wie Betrachter:innen Bilder aus einer umweltbewussten Perspektive wahrnehmen können, lassen sich anhand des Dürer'schen Holzschnittes drei grundlegende Ansätze illustrieren, wie die natürliche Umwelt und unser menschliches Bewusstsein als Synthese zu begreifen wären.

Der erste Ansatz hinterfragt die Souveränität des Wissenssubjekts (Adorf/Gebhardt 2020: 7), im Dürer'schen Holzschnitt in der Gestalt des Zeichners verkörpert, und beschreibt dessen Wahrnehmungs- und Darstellungskonventionen kritisch. Ausgehend von Foucaults Überlegungen in *Die Ordnung der Dinge* (1974) ist der Gedanke zu verfolgen, dass sich die Natur und die Kultur reziprok bedingen, da Naturerkenntnis immer kulturell vermittelt ist und Erkenntnis immer in einem bestimmten Kontext unter bestimmten Bedingungen erzeugt wird. Somit ist die im Dürer'schen Holzschnitt vorliegende Anordnung – erkennendes Subjekt inspiziert erkanntes Objekt – politisch zu hinterfragen.

Der zweite Ansatz besteht darin, den Dualismus zwischen der natürlichen Umwelt und dem menschlichen Bewusstsein, der für die abendländischen Wissenschaften prägend ist, aufzulösen und zudem den Menschen für diverse komplexe Verhältnisse (zwischen der natürlichen Umwelt und dem menschlichen Bewusstsein) zu sensibilisieren. Besagter Dualismus ist unter anderem gemäß Horkheimer und Adorno (1969) als problematisch zu betrachten, weil die Idee, dass sich der Mensch als vernunftbegabtes, sich selbst bewusst seiendes Wesen von der restlichen Umwelt abhebt, einerseits zu der Vorstellung führt, der Mensch könnte die Umwelt vernunftgemäß beherrschen und umgestalten (s. v. a. Rappel 1996, von Winterfeld 2006, Grober 2013, Haraway 1991); andererseits grenzt sich der Mensch infolgedessen aus dem Naturzusammenhang aus (s. v. a. Horkheimer/Adorno 1969, Kutschmann 1986). Diese zugleich machtbezogene und ausgrenzende Konstellation lässt sich auch als Prozess des *Othering* (Hall 1997: 215–287; Hall 1991: 21; Haraway 1991: 177) beschreiben. So wird anhand der verschiedenen Versionen des Dürer'schen Holzschnitts offensichtlich, dass allfällige Asymmetrien, wie sie zwischen dem Zeichner und der bildlichen Repräsentation von *race*, *class* und *gender* sowie der natürlichen Umwelt (Abb. 4 bis Abb. 7) herrschen, einer kritischen Auseinandersetzung bedürfen.

Der dritte Ansatz besteht in der unablässigen Neuverhandlung des Verhältnisses zwischen Kultur und Natur. T. J. Demos, Emily Eliza Scott und Subhankar Banerjee heben in der Einleitung zum jüngst (2021) erschienenen, bislang umfassendsten Sammelband zu *Visual Culture Studies* und Klimawandel (*The Routledge Companion to Contemporary Art, Visual Culture, and Climate Change*) hervor, dass die methodische Ausrichtung der Kunstgeschichte eine Öffnung derselben für Umweltanliegen geradezu verhindere:

> Meanwhile, art history as a discipline has admittedly been slow in considering ecology and related environmental studies, whether because of the field's attachment to formal analysis, its consummate and particularly anthropocentric humanism, or the human-centered tendencies of its dominant methodologies (e. g., social art history, psycho-analysis, post-structuralism, non-ecological Marxism), rendering it ill-equipped in wrangling with the more-than-human world and our differentiated relations to it. (Demos et al. 2021: 2 u. 3)

Am Beispiel der Baum-Version des Dürer'schen Holzschnitts (Abb. 7) lässt sich diese neue Herausforderung, die sich für die bild- und kunstwissenschaftliche Forschung nach Ansicht der zitierten Autor:innen stellt, erfassen: Eine umweltbewusste Bildbetrachtung findet zu einem Teil in der medialen Welt der Bilder statt und fußt zum anderen auf natürlichem Grund und Boden, was wir – die Betrachter:innen – als eine Mischung aus natürlicher Umwelt begreifen. Um die Seite der visuellen Erzeugnisse zu untersuchen, bedarf es eines Mixes an kunst- und bildanalytischen Methoden, wie ihn die *Visual Culture Studies* vorsehen. Um die Seite der physischen Natur zu untersuchen und diese in die kunst- und bildwissenschaftliche Forschung zu integrieren, müssen neue Wege beschritten werden. Die Akteur-Netzwerk-Theorie Bruno Latours, die im vierten Teil der vorliegenden Arbeit in die umweltbewusste Betrachtung von Bildern integriert wird, bietet die Möglichkeit, die mannigfaltigen Beziehungen zur physischen Umwelt einzubeziehen, die jedes Bild auf Produktions-, Distributions-, Rezeptions- und Bedeutungsebene zur physischen Umwelt herstellt.

1.1 Infragestellen des souveränen Wissenssubjekts

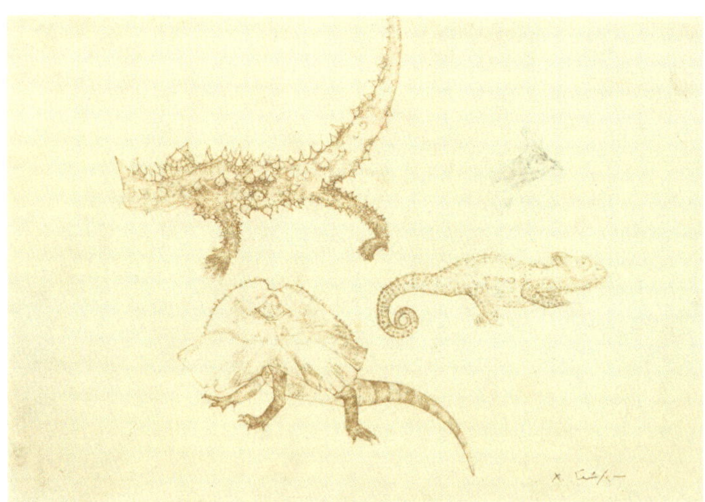

Abb. 8: Christiana Soulou: *Thorny Devil and Dragons*, 2013, Blei- und Farbstift auf Papier, 21 x 30 cm. In: Soulou: *The Book of Imaginary Beings after Jorge Luis Borges*, S. 44, mit freundlicher Genehmigung der Künstlerin

Mit ihren zarten Zeichnungen fabelwesenhafter Kreaturen bezieht sich die griechische Künstlerin Christiana Soulou auf den argentinischen Schriftsteller Jorge Luis Borges, der wiederum in einer Kurzgeschichte eine alte chinesische Enzyklopädie zitiert (Abb. 8). Diese unterteilte alle Tiere nach für abendländische Verhältnisse ungewöhnlichen Klassifikationen, z. B. Tiere in kaiserlichem Besitz, Milchschweine, Fabeltiere, herrenlose Hunde etc. Das schiere »Erstaunen« darüber, wie sehr dieser Text »alle Vertrautheiten unseres Denkens auf[zu]rütteln« vermochte (Foucault 1974: 17), war Michel Foucault Anlass zu seinem Buch *Die Ordnung der Dinge. Eine Archäologie der Geisteswissenschaften* (*Les mots et les choses*, 1966). Foucault unternahm darin eine Analyse der Entwicklung verschiedener Disziplinen seit der Renaissance bis zum 19. Jahrhundert. Er zielte darauf ab, ein gemeinsames Denkschema herauszuarbeiten, und beobachtete, dass bis Ende des 16. Jahrhunderts »die Ähnlichkeit im Denken (*savoir*) der abendländischen Kultur eine tragende Rolle« spielte (Foucault 1974: 10 u. 46). Wissen sei in der Renaissance mit dem Sammeln und Entziffern von Zeichen und Signaturen in der Natur gleichgesetzt worden, wobei die »Gelehrsamkeit« oder sogar »Magie« (Foucault 1974: 63) darin bestand, den Ähnlichkeiten einen Sinn abzugewinnen. Mehr noch: Dem Denkschema des 16. Jahrhundert zufolge habe Gott die Oberfläche der Dinge mit Zeichen und Signaturen versehen. Sie durchwirkten unsere Welt und ließen auf Analogien zwischen Mikro- und Makrokosmos schließen. Zur Veranschaulichung führt Foucault das Beispiel des Walnusskerns an, der schlau machen und gegen Kopfschmerzen helfen solle, weil er dem menschlichen Gehirn ähnle. In Anlehnung an das Prinzip der Ähnlichkeit habe die Beschreibung eines Tieres oder einer Pflanze alles umfassen können, was dem äußeren Anschein nach Gedankenverbindungen erlaubte. Folge man diesem Wissenscode, dann offenbare sich die Welt mit ihren metaphorischen Bedeutungen gleich der Lektüre eines Buches (Foucault 1974: 58).

Foucault entsprechend ließen sich die Wissenscodes verschiedener Kulturen am besten anhand von historischen Bruchkanten identifizieren. Eine solche konstatiert er in Hinblick auf den Übergang vom 16. zum 17. Jahrhundert: »Die Ähnlichkeit ist nicht mehr die Form des Wissens, sondern eher die Gelegenheit des Irrtums, die Gefahr, der man sich aussetzt, wenn man den schlecht beleuchteten Ort der Konfusion nicht prüft« (Foucault 1974: 83). Vor allem René Descartes (1596–1650) und Francis Bacon (1561–1626) hätten das Ähnlichkeitsdenken der Renaissance kritisiert und eine sichere Erkenntnis durch Rationalität respektive Empirizität gefordert. An die Stelle geheimnisvoller Analogien sei die wissenschaftliche Ordnung getreten, während das Unterscheiden zur prinzipiellen Geste der Erkenntnis geworden sei (Foucault 1974: 82 f.).

Mark Dions Arbeit *New England Digs* aus dem Jahre 2002 kann als Kritik an der frühmodernen Vorstellung gelesen werden, dass durch Ordnen und Unterscheiden von Dingen eine allgemeingültige Erkenntnis erzielt werden könne (Abb. 9).[5] Die Arbeit besteht aus einer Vitrine, in der alltägliche Fundgegenstände ausgestellt sind, die der Künstler zusammen mit einer Gruppe von Helfer:innen an den Ufern der Themse ausgegraben hat (Engler 2003): Porzellanfi-

5 Zu den Berührungspunkten zwischen Kunst und Konstruktivismus vgl. Witzgall (2003: 280–283); Kat. (2002: 14).

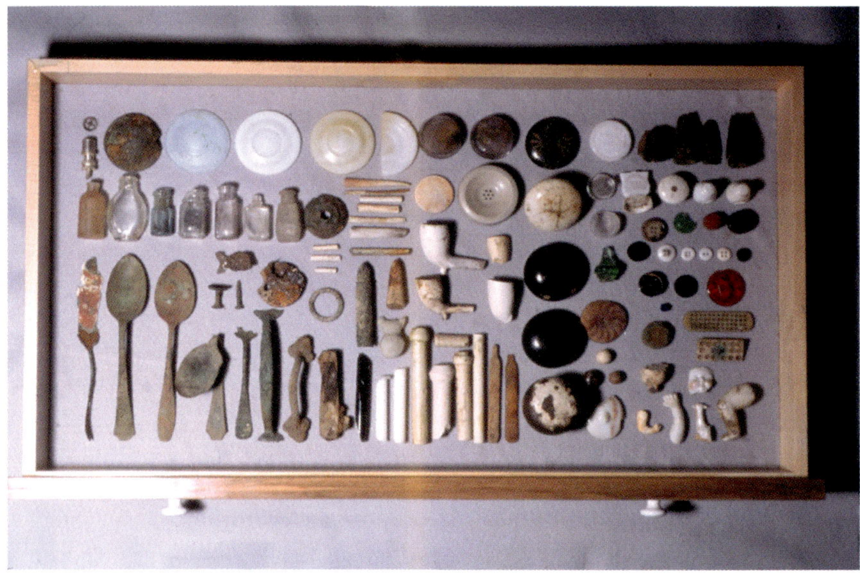

Abb. 9: Mark Dion: *New England Digs* (Detail), 2002. Mit freundlicher Genehmigung des Künstlers und der Tanya Bonakdar Gallery, New York/Los Angeles

gürchen, Pfeifen, Knöpfe, Löffel, Glasfläschchen. Der/Die Betrachter:in erkennt auf den ersten Blick, dass die Gegenstände nicht achtlos in die Vitrine gelegt, sondern sorgfältig geordnet platziert wurden. Um das Ordnungssystem zu durchschauen, muss sich der/die Betrachter:in allerdings etwas näher mit der Anordnung der kleinen Objekte befassen: Wurden die Gegenstände nach Farbe, Form, Größe, Material, Funktion geordnet oder danach, ob sie unbeschädigt oder kaputt sind? Müssten die Pfeifen nicht näher bei den Porzellanfiguren liegen, weil beide aus nichtorganischem Material geschaffen sind? Oder müssten sie neben den Löffeln platziert werden, weil man sie in den Mund nimmt? Und wie steht es um den Klang, den Geruch, das Gewicht und den Schmelzpunkt der verschiedenen Materialien? Wären das auch mögliche Ordnungskriterien? Die Rätsel, die die Vitrine mit den kleinen Objekten aufgibt, münden in allgemeineren Problemstellungen, die ihren Ursprung in den postmodernen Theorien haben. Es fragt sich, ob noch mehr Gegenstände in der Themse gefunden wurden, die es gar nicht in die Vitrine geschafft haben. Daran schließt sich die Überlegung an, wer die Ordnungskriterien bestimmt, wie sich die Ein- und Ausschlussverfahren gestalten und welchem Zweck es dient, dass die Gegenstände so und nicht anders geordnet sind.

Man kann *New England Digs* als institutionskritische Arbeit lesen, als Kritik am Ordnungs-, Inventarisierungs-, Katalogisierungs- und Systematisierungswahn, der in der Museologie im 18. und 19. Jahrhundert eingesetzt und zur

Trennung zwischen Hochkultur und Populärkultur geführt hat.[6] Das Aussortieren der Kunst aus den Wunderkammern in der Ära des Klassizismus markierte den Beginn des Kunstmuseums.[7]

Da es sich bei den penibel angeordneten Ausstellungsstücken ursprünglich um Fundgegenstände oder sogar Abfall handelt, wird exemplarisch veranschaulicht, dass es weniger darauf ankommt, was in den Fokus einer wissenschaftlichen Betrachtung gerät, sondern vielmehr, wie es angeordnet ist. Mehr noch: Durch das Ordnen von Realien werden Tatsachen, Wirklichkeiten und Geschichte konstruiert. Dions Arbeit folgt also Foucault, der in *Die Ordnung der Dinge* die fundamentalen Denkmuster verschiedener historischer Perioden aufzudecken versucht und dabei Folgendes feststellt: »Die fundamentalen Codes einer Kultur, die ihre Sprache, ihre Wahrnehmungsschemata, ihren Austausch, ihre Techniken, ihre Werte, die Hierarchie ihrer Praktiken beherrschen, fixieren gleich zu Anfang für jeden Menschen die empirischen Ordnungen, mit denen er zu tun haben und in denen er sich wiederfinden wird« (Foucault 1974: 22). Demnach erfolgt die Erkenntnis des vermeintlich souveränen Wissenssubjekts nicht losgelöst von historischen Denkmustern. Es konstruiert die Bedingungen seiner Erkenntnis sogar mit, indem es die Figuren des Wissens systematisch ordnet.

Foucault und Dion zeigen mit ihrer jeweiligen Arbeit, dass Wissen, Wahrheit und Erkenntnis Begriffe sind, die kontextual begriffen werden müssen. In diesem Sinne wird Wissen nicht entdeckt oder aufgedeckt, sondern konstruiert. Dieser – doch schon postmodern oder poststrukturalistisch anmutende – Hinweis hat Folgen für eine Bildbetrachtungsweise, die es sich zum Ziel gesetzt hat, Bilder der abendländischen Wissenschaften aus einer umweltbewussten Perspektive zu betrachten. Die Wahrnehmung und die Darstellung der physischen Umwelt sind auch in den Wissenschaften kulturell vermittelt und niemals diskursunabhängig oder überhistorisch. Entsprechend wird es im Folgenden darum gehen, die Bedingungen naturwissenschaftlicher Bildherstellungsprozesse offenzulegen. Im Rahmen der Stilanalyse zu *BCTU* ist zu prüfen, ob naturwissenschaftliche Visualisierungen ebenso einem stilistischen Wandel unterliegen wie z. B. Bilder der Kunst. Darüber hinaus gilt es, den technischen Herstellungsprozesses von *BCTU* genauer anzusehen und der Vermutung nachzugehen, dass naturwissenschaftliche Bilder keineswegs unabhängig vom Einfluss des menschlichen Bewusstseins entstehen. Und schließlich bemühen sich die künstlerischen Interventionen in dieser Arbeit darum, Produktionskontexte aufzudecken.

---

6 Die *Visual Culture Studies* betrachten die Trennung zwischen Kunst und Populärkultur als überholt und berücksichtigen heute in ihren Analysen visuelle Erzeugnisse aus der Populärkultur und den Naturwissenschaften (Schade/Wenk 2011: 9); zur Einebnung von Kunst und Populärkultur vgl. auch Held/Schneider (2007: 52).

7 Zur Museologie des 18. und 19. Jahrhunderts vgl. Waidacher (2005: 297–299) sowie Hartung (2010: 27–36).

1.2 Das Auflösen von Dichotomien

> [... dass] der Mensch, indem er dem Naturzusammenhang sein Bewusstsein entgegensetzt, sich selbst zelebriert. (Horkheimer/Adorno 1969: 50)

Im Folgenden wird die Aufgabe einer umweltbewussten Bildbetrachtung hergeleitet, Dichotomien aufzulösen. »Auflösen« meint hier, Gegensätzliches zu integrieren oder zumindest wechselseitige Bedingtheiten aufzuspüren. Dabei steht die Gegensätzlichkeit von menschlichem Bewusstsein und natürlicher Umwelt, die wiederum eng mit Dualismen wie beispielsweise menschlich – nichtmenschlich verbunden ist, im Fokus.

Wie im vorangegangenen Teilkapitel anhand von Foucaults Ausführungen festgestellt werden konnte, hat sich in den Wissenschaften die Überzeugung, dass Wissen durch Unterscheiden und Bilden von Kategorien gewonnen werden könne, im 17. Jahrhundert mit dem cartesianischen Rationalismus und dem Empirismus Bacons durchgesetzt (Foucault 1974: 83 f.). Auch die binäre Opposition zwischen natürlicher Umwelt und menschlichem Bewusstsein wird auf die beiden frühneuzeitlichen Denker zurückgeführt (Rappel 1996: 290–292; von Winterfeld 2006: 40–110). Descartes und Bacon haben in den Wissenschaften eine strikte Trennung zwischen Geist und Materie, Mensch und Natur sowie Subjekt und Objekt festgeschrieben.[8]

Descartes begründete mit seiner Abhandlung *Discours de la méthode pour bien conduire raison et chercher la vérité dans les sciences* im Jahre 1637 die wissenschaftliche Wahrheitssuche neu. Nachdem er seine eigene Erkenntnisfähigkeit grundlegend hinterfragt und ausnahmslos alles in Zweifel gezogen hatte, blieb eine letzte, unumstößliche Gewissheit: »Ich denke, also bin ich« (Descartes 1986: 45). Der französische Philosoph legte damit die Basis für ein in zweierlei Hinsicht verändertes Weltbild und Naturverständnis. Erstens nimmt der Satz »Ich denke, also bin ich« den Grundgedanken der Aufklärung vorweg. Das denkende Subjekt zieht unabhängig von gesellschaftlichen Traditionen und gesellschaftlichen Normen, von Kirche und Herrschaft Schlüsse in Bezug auf seine menschliche Existenz. Diese ist somit sogar unmittelbar an den Akt des Denkens, an die Vernunft gebunden. Zweitens steckt hinter dem Satz ein Konzept, in dem der Geist als vom Körper separat verstanden wird.

Descartes schied den immateriellen Geist von der physischen Materie und läutete den bis heute tradierten Dualismus zwischen Geist und Körper ein (Descartes 1986: 47). Die Existenz des Subjekts wird demnach durch den immateriellen Geist (*res cogitans*) bestimmt, während das Körperliche (*res extensa*) allein durch seine räumliche Ausdehnung gekennzeichnet ist (Descartes

---

8 Zum cartesianischen Rationalismus vgl. Röd (1982), zum Empirismus vgl. Krohn (2006).

1986: 46). Da bei Descartes die *res extensa* nicht qualitativ, sondern quantitativ bestimmt ist, kann sie nach Art der Geometrie in kleine Bestandteile zerlegt, in ihren Strukturen entschlüsselt und später neu zusammengesetzt werden, während der Geist indivisibel ist (Descartes 1986: 105; Rappel 1996: 290). Ulrich Grober kritisiert, dass die Trennung von Geist und Materie den »Tod der Natur« zur Folge habe:

> Descartes' Weg führt zu der Vorstellung, der Mensch könne und müsse die Natur – er bevorzugt das Wort Materie – beherrschen, für seine Zwecke zurichten, neu einrichten, konstruieren. Sie erscheint als blosses Ressourcenlager, das nach rationalen Kriterien zu ordnen und auszubeuten sei. In der Konsequenz bedeutet das eine radikale Entwertung der Natur: Die Trennung von Geist und Materie bereitet dem »Tod der Natur« den Weg. (Grober 2013: 70)

Im Gegensatz zum cartesianischen Rationalismus begreift der Bacon'sche Empirismus den Prozess der Welterschließung und Naturerkenntnis nicht als Deduktion, sondern als Vorgang, bei dem vom Speziellen auf das Allgemeine geschlossen wird. Mit anderen Worten: Die Naturgesetze entsprechen nicht Konstruktionen, die dem vernünftigen Denken entspringen und der physischen Natur eingeschrieben werden. Vielmehr werden gemäß der Bacon'schen Empirie die Naturgesetze durch Beobachtung und Erfahrung aus der Natur abgeleitet. Beiden wissenschaftstheoretischen und philosophischen Positionen ist gemeinsam, dass sie die Mathematik als Hilfswissenschaft einsetzen, um die Gesetzmäßigkeiten der Natur zu erschließen, weil ihre Gegenstände und Operationen auf rationalen Prinzipien beruhen und – wie Descartes schreibt – »klar und deutlich« (zit. nach Rappel 1996: 290–292) erfasst werden können.[9] Darüber hinaus werden durch den Einsatz der Mathematik die Erkundungen der Natur in ein abstraktes Zeichensystem übertragen, wobei mit dem Transfer zwischen dem Menschen und der Natur eine Distanz erzeugt wird, die zur Objektivität deklariert wird.[10] Objektivität bedeutet also nicht nur, dass sich das erkennende Subjekt zurücknimmt und die Projektion eigener Interessen vermeidet. Vielmehr beinhaltet der Begriff auch eine einseitige Offenbarung zwischen erkennendem Subjekt und erkanntem Objekt, Geist und Materie sowie Kultur und Natur. Er ist somit maßgeblich an der eingangs erwähnten Dichotomie beteiligt, die im Zentrum der Kritik der umweltbewussten Bildbetrachtung steht.

Was die frühneuzeitliche Wissenschaftskultur allerdings von früheren Naturbetrachtungen unterscheidet, ist das Ziel der Erkenntnisbemühungen. Um ein Beispiel zu nennen: Im Unterschied zur Naturbetrachtung der Renaissance, wel-

---

9 Descartes Ausführung lautet: »Es bleibt mir noch zu untersuchen übrig, ob es materielle Dinge gibt [...] Zum wenigsten weiss ich nun, dass sie, soweit sie Gegenstand der reinen Mathematik sind, existieren können, da ich diese klar und deutlich erfasse« (Descartes 1986: 92).

10 Zum Thema Objektivität naturwissenschaftlicher Bilder vgl. Daston/Galison (1992) und den Sammelband *Konstruierte Sichtbarkeiten. Wissenschafts- und Technikbilder seit der Frühen Neuzeit* (Heßler 2006b). Ich komme hierzu in Kapitel 2.3.3 nochmals ausführlich zurück.

che die Natur gemäß Foucault so nimmt, wie sie ist, und vor allem nach Analogien sucht, zeichnet sich die frühneuzeitliche Wissenschaftskultur vor allem dadurch aus, dass sie nach Veränderung strebt und die Natur umgestalten will (Kutschmann 1986: 46 u. 190). Das Ziel der frühmodernen Wissenschaft ist nicht mehr allein Wahrheitsfindung um der Wahrheit selbst willen. Hingegen dient das erworbene Wissen als Mittel zum Zweck und soll zu menschlichem Wohl und wirtschaftlichem Erfolg gereichen. Simone Rappel spricht in diesem Zusammenhang von der »Funktionalisierung der Schöpfung« und hebt hervor, dass sich in ihr ein »euphorisches Vertrauen in die Macht des Menschen« manifestiere, »dem es gelingt, die Geheimnisse der Welt durch wissenschaftliche Beherrschung zu entschlüsseln und ihre Daten innovativ zu nützen. Natur als unerschöpfliche Ressource, Verbesserung der allgemeinen Wohlfahrt« (Rappel 1996: 290–292). Das 1598 von Bacon formulierte Credo »For knowledge itself is a power«, das sein wissenschaftliches und gesellschaftspolitisches Potenzial ab der Aufklärung entfalten sollte, verweist ausdrücklich auf den Zusammenhang von Wissen und Macht (Bacon 1613: 180). Max Horkheimer und Theodor Adorno kritisieren Bacons mit Machtstreben verbundenen Wissenschaftsoptimismus in ihrer *Dialektik der Aufklärung* aus dem Jahr 1944 scharf:

> Trotz seiner Fremdheit zur Mathematik hat Bacon die Gesinnung der Wissenschaft, die auf ihn folgte, gut getroffen. Die glückliche Ehe zwischen dem menschlichen Verstand und der Natur der Dinge, die er im Sinne hat, ist patriarchal: der Verstand, der den Aberglauben besiegt, soll über die entzauberte Natur gebieten. Das Wissen, das Macht ist, kennt keine Schranken, weder in der Versklavung der Kreatur noch in der Willfährigkeit gegen die Herren der Welt. (Horkheimer/Adorno 1969: 10)

Der aufklärerische Wunsch, sich durch Vernunft aus natürlichen Sachzwängen herauszulösen und an Freiheit zu gewinnen, habe sich ins Gegenteil verkehrt: »Jeder Versuch, den Naturzwang zu brechen, indem Natur gebrochen wird, gerät umso tiefer in den Naturzwang hinein« (Horkheimer/Adorno 1969: 19).

Abb. 10 illustriert einen Vergleich zwischen traditioneller Naturbetrachtung und den empirisch-analytischen Wissenschaften der frühen Neuzeit. Die obere Zeile veranschaulicht das Mensch-Natur- respektive Geist-Körper-Verhältnis der traditionellen Naturbetrachtung. Letztere begreift die Natur in Analogie zum Menschen respektive den Menschen in Anlehnung an die Natur: Der Mensch und die Natur sind gleich beschaffen, sie bestehen beide aus Geist und Körper. Der Mensch ist somit zwar in sich gespalten, da er sich aber aus denselben Komponenten zusammensetzt wie die physische Natur, die ihrerseits auch von animistischen Kräften bestimmt wird, ist er durch die gemeinsamen Schnittmengen mit ihr verbunden (Welsch 1989: 188; Adorno 2002: 22–43). Viel mehr noch ist der Mensch aufgrund seines Leibes Teil der Natur.

Die untere Zeile veranschaulicht das Mensch-Natur- bzw. Körper-Geist-Verhältnis der frühneuzeitlichen Wissenschaften. Seit der Etablierung der empirisch-analytischen Wissenschaften werden Mensch und Natur nicht mehr als

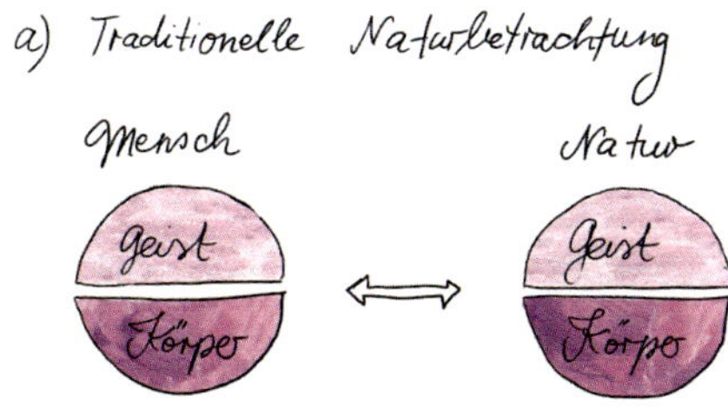

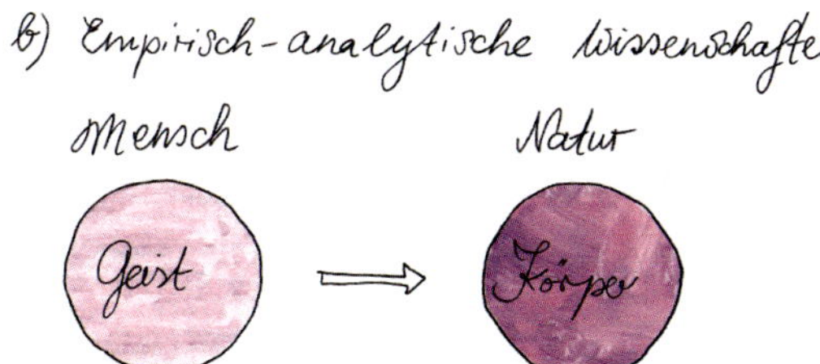

Abb. 10: Traditionelle Naturbetrachtung, frühneuzeitliche Wissenschaften. Skizze: M. L. T.

aus demselben Stoff geschaffen gesehen. Der Mensch wird zum geistigen Wesen erhoben, die Natur zum seelenlosen Körper degradiert. Das Verhältnis zwischen Mensch und Natur wird eindimensional, entsprechend zeigt der Pfeil nur noch in eine Richtung: Der Geist findet sich auf der Seite des Menschen, dieser allein ist – kraft seiner Vernunft – in der Lage, die Natur zu erkennen, zu erforschen, zu berechnen und schließlich zu beherrschen. Es kommt zu ungleichen Machtverhältnissen zwischen erkennendem Subjekt und erkanntem Objekt. Um nochmals Descartes zu zitieren: »Jener Komplex von Gliedern, den man den menschlichen Leib nennt, bin ich nicht« (Descartes 1986: 47). Die Folge ist, dass der Mensch seine eigene Natürlichkeit nicht mehr erkennt und sich aus dem Naturzusammenhang löst: »Die Menschen bezahlen die Vermehrung ihrer Macht mit der Entfremdung von dem, worüber sie die Macht ausüben« (Horkheimer/Adorno 1969: 15). Kutschmann hat die Rolle des Körpers in den frühneuzeitlichen Wissenschaften untersucht und spricht in diesem Zusammenhang von der »Desanthropomorphisierung der Natur« oder von der »Leibfreiheit der Naturerkenntnis« (Kutschmann 1986: 192 f.).

Wenn die vorliegende Arbeit vorschlägt, die *Visual Culture Studies* als Basis einer umweltbewussten Bildbetrachtung zu wählen, begründet sich das unter anderem in der Verwandtschaft zwischen der dichotomischen Ausgestaltung gesellschaftlicher Konstruktionen (*race*, *class* und *gender*) einerseits und den kulturellen Repräsentationen der Natur andererseits. Frauen, People of Color, Tiere und im Grunde die gesamte Materie dienen in patriarchischen, kolonialistischen und kapitalistischen Systemen dazu, dem weißen westlichen Mann das

Andere gegenüberzustellen, damit er sein Selbst in Abgrenzung ausbilden und stabilisieren kann, wie Donna Haraway ausführt:

> To recapitulate, certain dualisms have been persistent in Western traditions; they have all been systemic to the logics and practices of domination of women, people of color, nature, workers, animals – in short, domination of all constituted as others, whose task is to mirror the self. Chief among these troubling dualisms are self/other, mind/body, culture/nature, male/female, civilized/primitive, reality/appearance, whole/part, agent/ resource, maker/made, active/passive, right/wrong, truth/illusion, total/partial, God/man. The self is the One who is not dominated, who knows that by the service of the other, the other is the one who holds the future, who knows that by the experience of domination, which gives the lie to the autonomy of the self. (Haraway 1991: 177)

In ihrem *Cyborg Manifesto* entwirft Haraway das Konzept des sogenannten Cyborgs, eines Mischwesens aus Frau, Tier und Maschine, um besagte Dualismen vor dem Hintergrund feministischer, sozialistischer und materialistischer Theorien kritisch zu hinterfragen (Haraway 1991: 150).

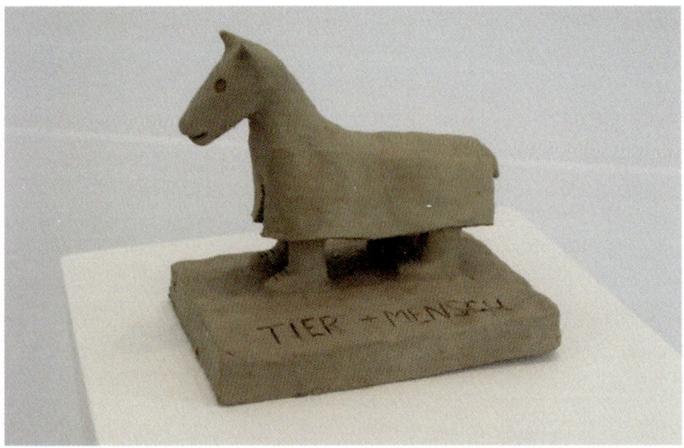

Abb. 11: Peter Fischli und David Weiss: *Beliebte Gegensätze. Mensch und Tier*, 1981, ungebrannter Ton, Ausstellungsansicht Galerie Pablo Stähli, Zürich. Mit freundlicher Genehmigung der Künstler

In ähnlicher Weise stellt die in Abb. 11 gezeigte Plastik *Beliebte Gegensätze. Mensch und Tier* den Dualismus zwischen Mensch und Tier zur Disposition. Sie zeigt zwei als Pferd verkleidete Menschen, wobei von den Menschen nur die Füße zu sehen sind, während ihr restlicher Körper von einem Pferdekostüm bedeckt wird. Da von den Menschen wesentlich weniger sichtbar ist als vom Pferd und von diesem lediglich das Wesentliche, nämlich der Kopf und der Rumpf, könnte man meinen, die kleine Tonplastik zeige das Menschliche im Tier. Dagegen spricht jedoch der Umstand, dass auch das Pferdekostüm menschengemacht ist. Vielmehr kann die in Abb. 11 gezeigte Tonplastik als Kritik an Begriffen wie »Mensch« und »Tier« – im Sinne von feststehenden Größen oder einer Opposition – betrachtet werden. Die ungebrannte Tonplastik ist Teil einer 250-teiligen Serie kleinformatiger Plastiken, die das Künstlerduo Peter Fischli und David Weiss 1981 modelliert hat. Der Titel dieser Serie, die das Universum der menschlichen Kultur systematisch-enzyklopädisch (Haase 2013: 52) erfassen soll, lautet *Plötzlich diese Übersicht*. Innerhalb dieser Serie gibt es eine Gruppe, die »beliebte Gegensätze« wie »Gut und Böse« oder »Innen und Aussen« erläutert. Die Tonplastik in Abb. 11 gehört zu dieser Gruppe (Kat. 2006: 123 f.). Die »beliebten Gegensätze« verwerfen – ganz im Sinne der postmodernen Praxis – das linear und polar argumentierende Denken der abendländischen Kultur, indem sie es ironisieren und zeigen, dass die Grenzen zwischen den Gegensatzpaaren unscharf, mehrschichtig und multipolar sind.[11] Im Film *Der geringste Widerstand* (1980/81) gelingt es Fischli/Weiss, die Grenze zwischen Kultur und Natur, Mensch und Tier aufzubrechen und das anthropozentrische Weltbild zu unterminieren, und zwar insofern, als die Tierkostüme Ratte und Bär einen Perspektivenwechsel auf die menschliche Kultur und den Kunstbetrieb ermöglichen.

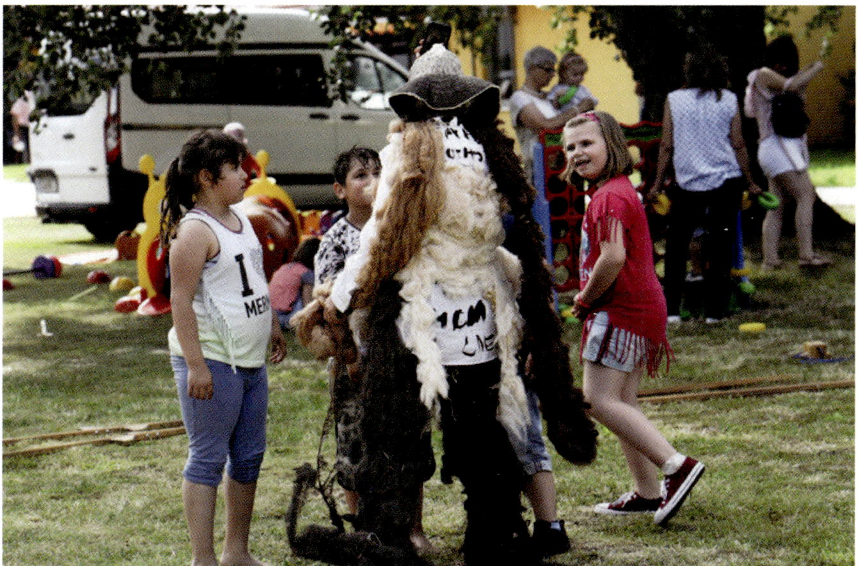

Abb. 12: Dorothea Rust: Dokumentation der Performance *L'animoteur 10 + 11* Ritual für einen Kaktus-Esel und das Que(e)re, Lebenshilfe Galerie Turnhalle Bad Dürckheim, Peter Empl

Noch weiter geht die Performancekünstlerin Dorothea Rust. In ihrer Werkserie *l'animoteur* befasst sie sich mit der gleichzeitig robusten, energieeffizienten und sturen Natur des Esels (Rust 2020). Rusts Performances sind aus umweltbewuss-

11 Im Hinblick auf die postmodernen Praktiken ist das durch Jacques Derrida und Paul de Man in den 1960er-Jahren entwickelte Verfahren der Dekonstruktion besonders zu erwähnen, weil es ausdrücklich darauf abzielt, Ordnungssysteme aufzubrechen und Klassifikationssysteme infrage zu stellen. Zum Dekonstruktivismus vgl. de Man (1986); Derrida (2006); Nünning (2013: 123–126).

ter Perspektive radikaler als *Plötzlich diese Übersicht*, weil die Künstlerin nicht zu einem externen Medium (wie beispielsweise einer ungebrannten Tonplastik) greift, um die Grenze zwischen Mensch-, Tier- und Geschlechterrepräsentationen zur Diskussion zu stellen (Adorf/Gebhardt Fink 2020: 7; Gebhardt Fink 2011: 79 ff.), vielmehr setzt sie ihren eigenen Körper ein und vermeidet auf diese Weise Dualismen wie Geist versus Körper oder Kultur versus Natur (Abb. 12). Rust bezeichnet ihre wertneutrale, körperhafte Arbeitsweise als »somatisch«: »Im Zustand einer somatischen Präsenz, was so viel meint wie feinstofflich, körperlich, leibhaftig, leiblich, organisch, physisch, agiere ich körperlich wie verbal« (Rust 2020: 76). Wenn die Fusion von Umwelt und Bewusstsein das Ziel ist, dann gilt es, die eigene Natürlichkeit in Form des menschlichen Körpers anzuerkennen (Alaimo 2008, 2010, 2012). Leibhaftigkeit und Naturerkenntnis sind dialektisch verquickt. Die Natur lässt sich ohne Körper, Wahrnehmungs- und Sprechorgane nicht in die kulturelle Praxis überführen; ein Nachdenken über die Umwelt ist ohne das physische Gehirn nicht möglich.

Nicht nur ist also das Wissen über und das Bild von der natürlichen Umwelt kulturell vermittelt, wie im vorhergehenden Kapitel erläutert wurde. Vielmehr wird auch das menschliche Bewusstsein und die Kultur durch die natürliche Umwelt geformt. Mit Blick auf das einleitende Zitat von Horkheimer und Adorno besteht die Reintegration des Menschen in den »Naturzusammenhang« (Horkheimer/Adorno 1969: 50) im Rahmen einer umweltbewussten Bildbetrachtung unter anderem darin, die Trennung zwischen natürlicher Umwelt und dem menschlichem Bewusstsein sowie von Kultur und Natur aufzubrechen. Bilder werden quasi aus der Perspektive der Dichotomien und aus der Gegenperspektive angesehen. Mit der Trennung einhergehende Asymmetrien gilt es kritisch zu betrachten.

Zwei Einwände, die gegen diese Vorgehensweise konsequenterweise erhoben werden können, seien abschließend vorweggenommen: Erstens bleiben, wie Lisa Krall hervorgehoben hat, kritische Untersuchungen zur Dichotomie zwischen Umwelt und Bewusstsein respektive Natur und Kultur selbst »nicht frei von problematischen Reproduktionen«, sodass unter Umständen »eben jene Begriffsverständnisse« »wiederholt werden, von denen man sich distanzieren wollte« (Krall 2014: 19). Zweitens ist – dies hat Uta von Winterfeld in Anlehnung an Adorno formuliert – »kritisches Denken« selbst auf Unterscheidungen angewiesen. Kritik sei nichts anderes als die »Scheidung« unterschiedlicher Komponenten. Wenn nun das Unterscheiden als Verfehlung des Denkens angeprangert werde, dann stelle es sich »im Grunde gegen kritisches Denken selbst« (von Winterfeld 2006: 365).

Aufgrund dieser beiden antizipierten Beanstandungen besteht eine umweltbewusste Bildbetrachtung nicht ausschließlich aus der kritischen Beschreibung der Dualismen, sondern auch aus der Suche nach alternativen Wahrnehmungs- und Darstellungsmöglichkeiten. Sie lassen sich unter anderem erreichen durch:

- den Dialog mit der Kunst und der kunstpädagogischen Praxis,
- die Suche nach künstlerischen Techniken, die der Natur eine Stimme geben,
- das Que(e)ren von Mensch-Tier-Verhältnissen und
- das Aufstellen von Akteur-Netzwerken. Hierbei können alternative Erkenntnisprozesse und Erzählungen aufgezeigt sowie demokratische Verhältnisse zwischen Akteuren entworfen werden.

1.3 Neuverhandlung des Verhältnisses von Natur und Kultur

The arts and visual culture generally have always provided tools and a medium for negotiating the interface between culture und nature, the human and the »more-than-human«.
(Hicks/King 2007: 332)

Im Praxis-Wörterbuch Umwelt, Naturschutz und Landnutzungen wird Natur definiert als »alle nicht vom Menschen geschaffenen Erscheinungen« (Schreiner 2004: 174). Die vorliegende Arbeit schließt sich dieser Definition nicht an, weil sie die Natur im Sinne der von Hall und Haraway beschriebenen Logik des *Otherings* (Hall 1997: 215–287; Hall 1991: 21; Haraway 1991: 177) als das dem Menschen Entgegengesetzte ausweist und den Menschen aus dem Naturzusammenhang ausgrenzt. Sie ist aber auch vor dem Hintergrund des gegenwärtig vieldiskutierten Konzept des Anthropozäns, demgemäß der Mensch seine natürliche Umwelt unumkehrbar und dauerhaft beeinflusst, nicht tragfähig. Zudem erschafft respektive gestaltet der Mensch seine natürliche Umwelt im Prozess der Aneignung mittels seines Bewusstseins mit: Er kann sie nicht losgelöst von seinem Bewusstsein wahrnehmen, beschreiben, abbilden oder messen. Dies gilt, wie anhand der Ausführungen zu Foucaults Ordnung der Dinge in Kapitel 1.1 gezeigt wurde, auch für naturwissenschaftliche Erkenntnisprozesse, die manchen als der Kultur vorgelagert und der Geschichte enthoben erscheinen. Entsprechend schreibt Jonathan Coope: »For when it comes to nature, or statements about ›the nature of things‹, most people will defer to science« (Coope 2008: 81).

Die in dieser Arbeit vorgeschlagene umweltbewusste Bildbetrachtung geht mit den postmodernen Theorien konform, die auf der Annahme beruhen, dass unsere Vorstellung der natürlichen Umwelt kulturell konstruiert ist. Damit verbunden ist eine konstruktivistische Haltung, die die Geistes- und Sozialwissenschaften und insbesondere die französische Philosophie der 1960er- und 1970er-Jahre geprägt hat. Der Konstruktivismus diente den Vertreter:innen des Poststrukturalismus, Postkolonialismus und Feminismus als erkenntnistheoretische Grundlage, um Kategorien wie *race*, *class* und *gender* nicht mehr als natürlich gegeben, sondern als sozial konstruiert zu betrachten. Allerdings lässt die konstruktivistische Denkweise die physische Umwelt außen vor, denn die natürliche Umwelt spielt in einer Welt, in welcher der Mensch alles in seinem Geiste konstruiert,[12] keine Rolle; schließlich ist das konstruktivistische Weltbild »mostly anthropocentric and explains away as a social construction where nature too becomes a social construct« (Oppermann 2003: 21).

Die konstruktivistische Haltung kann zusammen mit dem Fokus auf die formale Analyse, dem Festhalten am vollendeten Humanismus sowie dem Rekurs auf anthropozentrische Methoden[13] als Ursache dafür gesehen werden, dass die kunsthistorische Auseinandersetzung mit Umweltthemen bis dato »marginal« geblieben ist (Stott 2020: 640, Coughlin/Gephart: 2020: 5). Um tradierten Wahrnehmungs- und Darstellungsschemata politisch engagiert zu begegnen, geht eine umweltbewusste Bildbetrachtung Verbindungen mit postmodernen Theorien aus dem Feminismus, Postkolonialismus, Poststrukturalismus und den *Animal Studies* ein. Gleichzeitig ist die physische Natur das zentrale Anliegen, daher muss ein/e umweltbewusste/r Bildbetrachter:in davon ausgehen, dass die Natur auch jenseits kultureller Praktiken existiert. Eine erkenntnistheoretische Einsicht, die infolge solcher Überlegungen entsteht, lautet: Die natürliche Umwelt kann nur vom menschlichen Subjekt gedacht werden. Sie ist jedoch nicht auf die Erkenntnis durch das menschliche Subjekt angewiesen, um zu sein.

Ein Anliegen der umweltbewussten Bildbetrachtung besteht, wie Laurie E. Hicks und Roger King in dem Zitat, das diesem Kapitel vorangestellt ist, betonen, in der Neuverhandlung der Schnittstelle von Kultur und Natur, ihrer Verbindung, mithin ihres Verhältnisses zueinander. Das Wort *interface*, das Hicks und King (2007: 332) verwenden, verdeutlicht, dass es nicht um eine Grenzlinie geht, an der die Natur auf der einen Seite und die Kultur auf der anderen einander gegenüberstehen, geschweige denn, um eine binäre Opposition, bei der ein Pol durch die Abwesenheit des anderen Pols definiert wird, sondern um die Verbindung an der Stelle, was Überlegungen zum Verhältnis der beiden Seiten notwendig macht. Die von Bruno Latour und anderen entwickelte Akteur-Netzwerk-Theorie bietet eine fruchtbringende Möglichkeit, um diese Verbindung in ihrer Komplexität zu erfassen. Mit Hilfe der Akteur-Netzwerk-Theorie kann sichtbar werden, dass selbst ein technologisches Gerät wie beispielsweise ein Computer sehr viel mit Natur zu tun hat, wenn man ihn in seine materiellen Bestandteile zerlegt und seine Produktions- und Distributionsbedingungen nachvollzieht. Gleichzeitig wird anschaulich, dass Natur nicht losgelöst von Kultur gedacht werden kann. Die Akteur-Netzwerk-Theorie rechnet also mit

12 Vgl. dazu auch Rose et al. (2012: 1).

13 Gemeint sind zum Beispiel der sozialkritische Ansatz, die Psychoanalyse, der Poststrukturalismus oder der Marxismus (Demos et al. 2021: 2). Diese Methoden können an dieser Stelle nicht weiter vertieft werden.

hybriden Zuständen und Mehrfachzugehörigkeiten zwischen Kategorien wie natürlich und nicht natürlich respektive Menschlich und Nichtmenschlich. Anstelle einer Definition, die das Eigene durch »das Nadelöhr des Andern« (Hall 1991: 21) definiert, zeichnet sie feine, dynamische Netze.

Die globale Umweltkrise ist so akut, dass alle Disziplinen aufgefordert sind, ihre Möglichkeiten in Hinblick auf eine konstruktive Diskussion über die natürliche Umwelt zu überprüfen. Der Mensch, sein Denken und Handeln sind Gegenstände der Geistes- und Sozialwissenschaften, während die physische Natur im Bereich der Naturwissenschaften verortet wird. Zu den Kernaufgaben der naturwissenschaftlichen Disziplinen gehört es nicht, zu erforschen, wie Bilder Forschungsergebnisse kommunizieren oder – etwa durch das Reproduzieren von Klischees – verhüllen. Die kunst- und bildwissenschaftliche Forschung und insbesondere die *Visual Culture Studies* verfügen hingegen über das nötige methodische Rüstzeug, um die Darstellung der natürlichen Umwelt (auch in Form von Diagrammen etc.) zu analysieren und in ihrem gesellschaftlich-historischen Zusammenhang zu deuten.

In seinem Aufsatz *Against the Anthropocene: Visual Culture and Environment Today* untersucht Thomas J. Demos, wie das sogenannte Anthropozän auf einschlägigen Websites repräsentiert wird (Demos 2017). Demos zeigt auf, dass das Anthropozän nicht etwa durch fotografische Beobachtungen unserer natürlichen Umwelt auf Augenhöhe visualisiert wird, sondern durch hochaufgelöste Satellitenbilder, die einen Blick von oben auf die Erde herab gewähren und das Gefühl von Kontrolle, gar Allmacht suggerieren. Dabei handle es sich um Werkzeuge der Datenvisualisierung, die in einen spezifischen politischen und ökonomischen Kontext eingebettet seien und ein vermeintlich »unschuldiges« Bild lieferten, das eigentlich techno-militärisch geprägt sei (Demos 2017: 31). Demos folgert daraus, dass die Bebilderung des Anthropozäns »tends to reinforce the techno-utopian position that ›we‹ have indeed mastered nature, just as we've mastered its imaging – and in fact the two, the dual colonization of nature and representation, seem inextricably intertwined« (Demos 2017: 32).

Die Kunstgeschichte und insbesondere die *Visual Culture Studies* können ein derartiges Repräsentationsdilemma kritisch beschreiben; Kunst und kunstpädagogische Praktiken »can guide their viewers to see nature and the human impact on nature with a different eye and sensibility« (Hicks/King 2007: 333). Weder die einen noch die anderen sind jedoch in der Lage, empirische Daten über die Natur und den Fortgang der Klimakrise zu erheben. Daher ist die kunst- und bildwissenschaftliche Forschung immer auf Wissen angewiesen, das von den Naturwissenschaften produziert wird. Umweltbewusste Bildanalyse beruht auf der Prämisse, dass die bestehenden Naturideen wesentlich durch Bilder geprägt sind (Heise 1997: 4). Sie fragt, wie wir die Natur wahrnehmen und anhand kultureller Erzeugnisse darstellen. Will man visuelle Repräsentationen aus einer umweltbewussten Perspektive betrachten, darf allerdings nicht außer

Acht gelassen werden, dass auch umgekehrt die physische Umwelt unser Denken über die natürliche Umwelt und deren Darstellung mitgestaltet. Und dies nicht nur, weil der Mensch – wie im vorangegangenen Kapitel erläutert wurde – beim Nachdenken über die Natur auf seine eigenen physisch-natürlichen Prozesse, sein Gehirn, angewiesen ist, sondern auch, weil kein Bild voraussetzungslos aus dem Nichts entsteht. Jedes Bild stellt auf Produktions-, Distributions-, Rezeptions- und Bedeutungsebene mannigfaltige Beziehungen zur physischen Umwelt her. Entsprechend gehört es auch zu den Aufgaben einer umweltbewussten Bildbetrachtung, Bilder und Kunstwerke mit der physischen Umwelt – inklusive ihrer ökologischen Kontexte – in Beziehung zu setzen.

Diese Überlegungen führen zu terminologischen Klärungen und der Frage, ob »ökologisch« oder »nachhaltig« adäquate alternative Begriffe sind, um die Zusammenhänge einer umweltbewussten Bildbetrachtung zu beschreiben. Immerhin ist die Ökologie die »Wissenschaft von den Beziehungen der Organismen untereinander und mit ihrer Umwelt« (Schaefer 2012: 198).[14] Als Wissenschaft vermag die Ökologie jedoch weder inhaltlich noch methodisch alles abzudecken, was Gegenstand einer umweltbewussten Bildanalyse werden könnte. Gleichzeitig wird eine umweltbewusste Bildbetrachtung der wissenschaftlichen Ökologie nicht gerecht. Dasselbe gilt für den Begriff »Nachhaltigkeit«. Er bedeutet ursprünglich, dass in der Forstwirtschaft nur so viele Bäume gefällt werden dürfen, wie durch Aufforsten nachwachsen können (Carlowitz 1713: 105).[15] Die Brundtland-Kommission, die 1987 den Bericht *Unsere gemeinsame Zukunft* veröffentlichte, in dem das Konzept der nachhaltigen Entwicklung erstmals für einen globalen Kontext definiert wurde (Hauff 1987), baute auf den neoliberalen Glaubenssatz des ökonomischen Wachstums, um die Unterstützung der entwickelten nördlichen Länder gewinnen zu können, während für die Vertreter:innen des Südens die Umweltschutzauflagen auf keinen Fall die Industrialisierung behindern oder zusätzliche Kosten verursachen durften (Grober 2013: 265).[16]

Die in der vorliegenden Arbeit entwickelte umweltbewusste Bildbetrachtung, die ihre kunst- und bildwissenschaftlichen Grundlagen aus den *Visual Culture*

---

14 Zum Begriff Ökologie vgl. auch Haeckel 1866: 286; Mcintosh 1985: 16 u. 257; Kingsland 1991: 12; Valsangiacomo 1998: 210; Wittig 1993: 235; GfÖ 1986: 6; Stugren 1986: 15.

15 Zu diesem Begriff vgl. Grober 2013: 119; Müller 2007: 71; Hauff 1987: 9 f.; Lubbers 2002.

16 Nach dem »Erdgipfel« von Rio 1992 hat sich das Dreieck der Nachhaltigkeit als Leitbild durchgesetzt. Es verbindet die drei Eckpunkte Ökologie, Ökonomie und soziale Gerechtigkeit, wobei einer nicht ohne die anderen beiden auftreten kann (Grober 2013: 21). Anstelle von Ecken eines Dreiecks wird in der Forschung teilweise auch von Säulen, Dimensionen oder Zielen gesprochen, mancherorts werden zusätzliche Bereiche integriert. Hartmut Bossel entwirft ein ganzheitliches Bild und schlägt acht Dimensionen vor: eine physische, materielle, ökologische, ökonomische, soziale, kulturelle, psychologische und eine ethische Säule (Bossel 1998: 28). Den Modellen ist gemeinsam, dass sie nachhaltige Entwicklung als multidimensionales, integratives Konzept verstehen (Müller 2007: 76).

Studies bezieht, wird der ökonomischen Ausrichtung des Nachhaltigkeitsbegriffs nicht gerecht. Umgekehrt ist der Nachhaltigkeitsbegriff zu eng, um dem Gegenstand der Untersuchung angemessen zu begegnen. Zudem: In der vorliegenden Arbeit werden aufgrund der exemplarischen Studie zu *BCTU* die ikonografischen Motive Hirnzelle, Universum und Struktur vor dem Hintergrund der drei gesellschaftlichen Bereiche Wissenschaft, Kunst und Religion analysiert. Es ist anzunehmen, dass sich mit zukünftigen Untersuchungsgegenständen neue Themen- und Fragehorizonte eröffnen werden, die allein durch die wissenschaftliche Ökologie oder den Begriff Nachhaltigkeit nicht zu bewältigen sind. So bleibt es bei dem Adjektiv »umweltbewusst«, welches die ökonomische Perspektive außer Acht lässt und das breitere Verständnis der sich der eigenen Umwelt (und ihrer Gefährdung durch den Menschen) bewussten Sichtweise zulässt.

In den nachfolgenden Kapiteln wird es unter anderem darum gehen, die Werkzeuge und medialen Möglichkeiten in der kunst- und bildwissenschaftlichen Forschung sowie in der Kunstpädagogik auszuloten »for negotiating the interface between culture und nature, the human and the ›more-than-human‹« (Hicks/King 2007: 332). Anhand verschiedener Herangehensweisen an *BCTU* wird illustriert, wie es mit einer breit angelegten Kombination kunst- und bildwissenschaftlicher Methoden aus den *Visual Culture Studies* möglich ist, die kulturelle Bedingtheit naturwissenschaftlicher Bilder zu beleuchten. Was vor dem Hintergrund ihrer poststrukturalistischen und dekonstruktivistischen Grundlagen (vgl. Alpers et al. 1996: 29; Evans/Hall 2006: 43; Elkins 2003: 32) allerdings ein Umdenken verlangt (Katzeman 2021: 1), ist das Bestreben, die physische Umwelt in die Betrachtung von Bildern zu integrieren. Die Akteur-Netzwerk-Theorie eröffnet hier einen Weg.

So lässt sich einstweilen festhalten: Mit einer umweltbewussten Bildbetrachtungsweise wird die kulturelle Vermittlung der Natur insbesondere durch Bilder in den Blick gefasst. Es handelt sich um eine kunst- und kulturwissenschaftliche Herangehensweise, die den postmodernen Theorien verpflichtet ist und zugleich die natürliche Umwelt in den Blick fasst. Entsprechend nimmt eine umweltbewusste Bildbetrachtung die natürliche Umwelt nicht als Ausgangspunkt, sondern integriert diese auch in ihren Betrachtungen (Heise 1997: 4; Oppermann 2003: 21).

2 Studie zu *Brain Cell the Universe*

Ein Bild mit einer ebenso dynamischen wie ungewöhnlichen Rezeptionsgeschichte ist Gegenstand der folgenden Untersuchung. Es erschien 2006 zum ersten Mal, und zwar in der *New York Times* unter der Rubrik »Science Illustrated«. In den darauffolgenden Jahren griffen es grenzwissenschaftlich-esoterisch gefärbte Internetforen auf und legten es spiritualistisch aus. Noch im Jahr 2009 war im Internet eine intensive, längere Recherche nötig, um *BCTU* zu finden, es lagen keine präziseren Angaben zu betreffenden Webseiten oder der Name einer jpg-Datei vor. Wie jedoch der 2013 erstellte Screenshot (Abb. 13) zeigt, taucht das Bild wenige Jahre später unzählige Male auf, nachdem »BCTU« bzw. »Brain Cell the Universe« in die Suchmaschine Google eingegeben und die Recherche mit der Einschränkung »Bilder« verfeinert wurde.

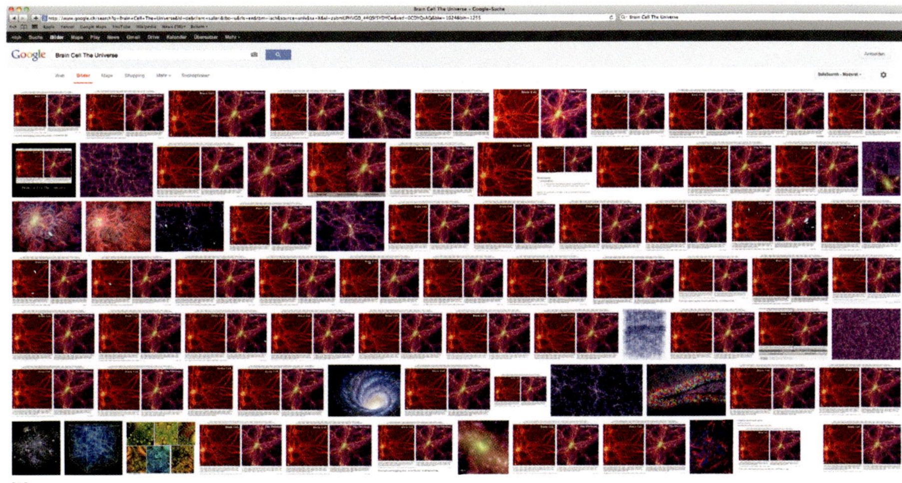

Abb. 13: Bildschirmfoto: Ergebnis der Google-Recherche aufgrund der Suchbegriffe »Brain Cell the Universe«, 4. Januar 2013, Bild: M. L. T.

Werden die Ergebnisse der Google-Bilderrecherche angeklickt, sodass eine Weiterleitung zu den Websites erfolgt, wo die einzelnen Bilder veröffentlicht sind, fallen zwei Dinge auf:

Erstens: Aneignung durch esoterische Strömungen

Die Websites, die *BCTU* erwähnen, sind esoterisch-pseudowissenschaftlich gefärbt. Ihr gemeinsames Merkmal ist das Vermengen von naturwissenschaftlichen Fakten mit Lehrsätzen unterschiedlicher religiöser Bewegungen, um spirituelle Fragen zu beantworten. Im Kommentar zu Abb. 14 heißt es beispielsweise:

> See below how today's physicists just proved Veda teachings of Hinduism is right! They show brain cells have the same pattern as that of the cosmos. (Global Indian Blog [Zugriff: 25.09.2016])

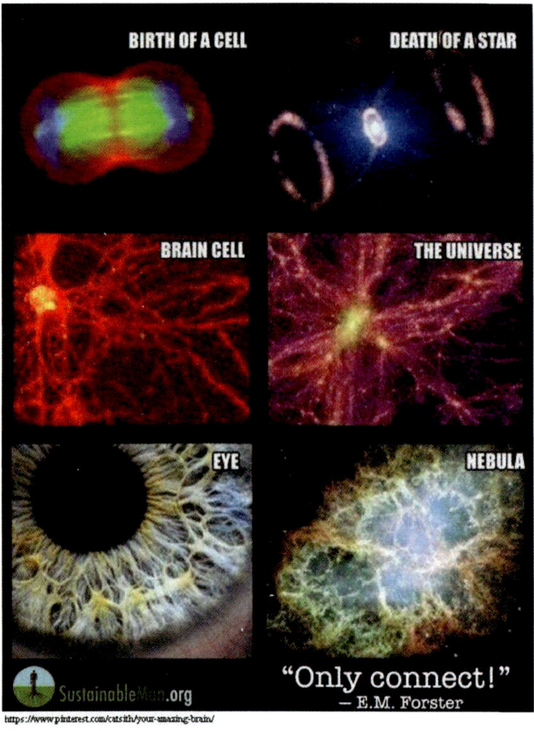

Abb. 14: *BCTU* im Vergleich mit der menschlichen Iris und einem Nebelfleck, Urheber:in unbekannt o. O.

Der Grund für die Vereinnahmung des Bildes durch esoterisch-pseudowissenschaftlich gefärbte Online-Communities, die im Zuge der digitalen Revolution Hochkonjunktur haben (Pohl 2018: 144), liegt darin, dass *BCTU* scheinbar wissenschaftliche Fakten zur Beweisführung eines holistischen Weltbildes anführt. Die beiden Abbildungen stellen etwas unermesslich Kleines (*Brain Cell*) einer unermesslich großen Sache (*The Universe*) gegenüber. Das Bild zeigt links ebenso wie rechts eine allumfassende Netzwerkstruktur. *BCTU* vermittelt die Idee der Gleichbeschaffenheit und Verbundenheit aller Dinge: Alles besteht aus denselben Grundbausteinen, das Kleine existiert im Großen und das Große im Kleinen. *BCTU* vermag sogar vermeintlich unüberwindbare Gegensätze – wie jenen zwischen dem immateriellen Geist und der physischen Natur – außer Kraft zu setzen, denn das ikonografische Motiv der Netzwerkstruktur kann die kleinsten Bausteine, aus denen sich alles im Universum zusammensetzt, verkörpern, und zugleich ein universelles Muster, eine Gesetzmäßigkeit oder eine Kraft symbolisieren. Stünde die netzwerkartige Struktur in *BCTU* tatsächlich für so etwas wie einen konzeptuellen Bauplan des Universums, dann würde das Bild etwas aus dem Bereich der Metaphysik veranschaulichen. Zudem visualisiert *BCTU* in diesem Fall die Idee, dass wir alle von demselben (göttlichen) Geist erschaffen und durchwirkt sind. Da die beiden Visualisierungen, aus denen sich *BCTU* zusammensetzt, aus dem Bereich der Naturwissenschaften stammen, liefern sie scheinbar einen objektiven und wissenschaftlichen Beweis, der unter anderem auch für sinn- und trostspendende religiöse Botschaften verwendet werden kann. Bei den Zusammenstellungen in Abb. 14 entsteht sogar der Eindruck, es bestünde eine Analogie zu romantischen Unendlichkeitssymbolen.

Entsprechend heißt es im Kommentar zu Abb. 14:

> We're like micro-cosmos. You're like Shiva! [...] See science also proved ... All Human, Animals, Plants are DIVINE ... anybody is inferior or superior ... only different manifestations of the same Cosmos (supreme force). [...] Shiva and Shaki resides in each DNA, each Cell ... so relax ... don't search them outside or wait till death! (Global Indian Blog [Zugriff: 25.09.2016])

BCTU zeigt einem/r solchen Betrachter:in Geist und Körper zugleich und deutet auf deren dialektische Verquickung hin. Um die Darstellung der Dichotomie von natürlicher Umwelt und menschlichem Bewusstsein zu hinterfragen, eignet sich folglich *BCTU* als Beispiel.

Zweitens: Modifikationen und Ergänzungen

Unter den zahlreichen Spielarten des Bildes befinden sich eigens von Internetbenutzer:innen angefertigte Gemälde (Abb. 15) und Modifikationen des zweiteiligen Schemas, bei denen die netzwerkartige Struktur in weiteren, ähnlichen ikonografischen Bildmotiven wie etwa der Regenbogenhaut (Abb. 14) oder der schematischen Veranschaulichung des Internets ausfindig gemacht wird (Abb. 16).

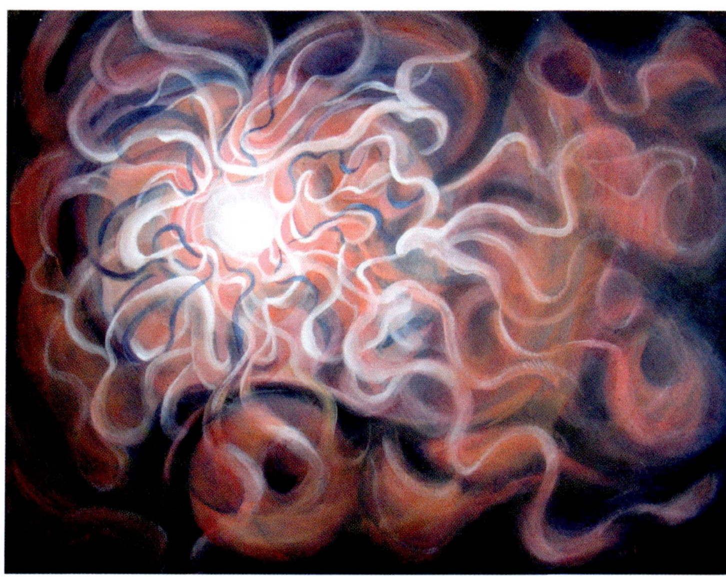

Abb. 15: Barbara Upton: *Emergence*, Acryl auf Leinwand, 55,88 × 71,12 cm, o. J. und o. O.

Die Künstlerin des in Abb. 15 wiedergegebenen Werkes betont, dass sie das Bild gemalt habe, noch bevor sie zum ersten Mal auf *BCTU* gestoßen sei: »I did the painting years before seeing the brain cell or universe picture« (Upton [Zugriff: 25.09.2016]). Die generelle esoterische Ausrichtung der Webseite der Künstlerin legt die Interpretation ihrer Aussage in der Richtung nahe, dass es ihr möglich gewesen sei, aus sich heraus ein ähnliches Bild zu malen, weil das, was *BCTU* im Kern wiedergibt, auch in ihr selbst angelegt ist. Wenn die netzwerkartige Struktur in *BCTU* alles von der Hirnzelle bis zum Universum durchdringt, dann macht sie auch den Menschen aus und mit ihm die Urheberin von Abb. 15.

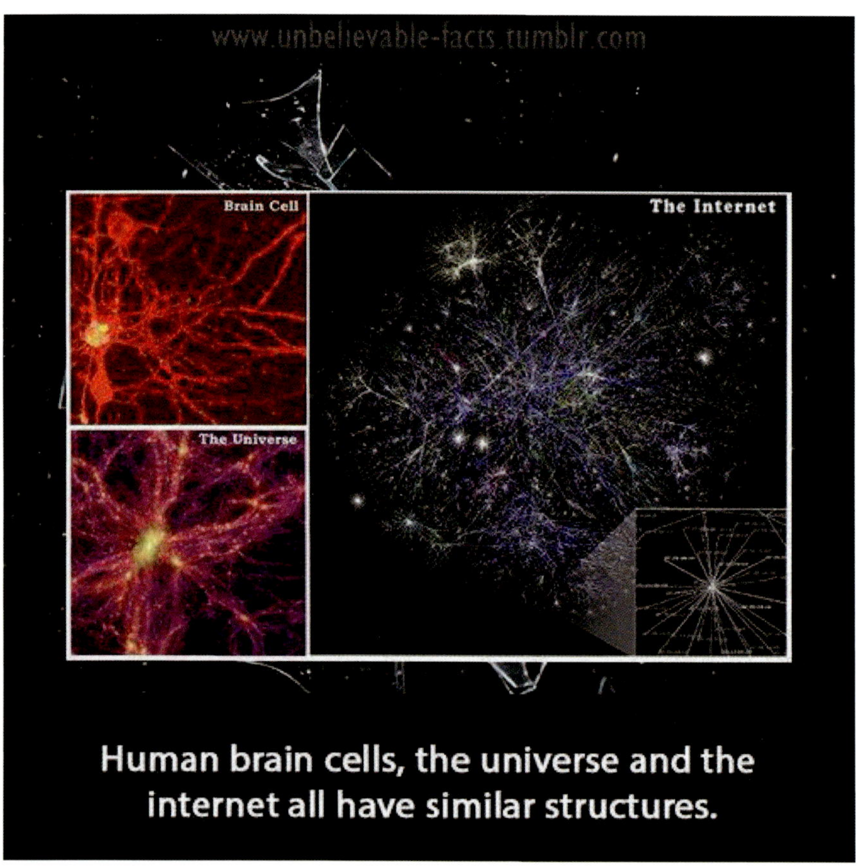

Abb. 16: *BCTU* im Vergleich mit einer systematischen Visualisierung des Internets, Urheber:in unbekannt; o. O.

Eine andere Modifikation zeigt Abb. 16. Laut Kommentar sei es Wissenschaftler:innen gelungen, den göttlichen Code zu knacken (und eine universelle Intelligenz zu beweisen):

> The Structure of the Universe and the laws that govern its growth may be more similar than previously thought to the structure and growth of the human brain and other networks such as the internet or social network of trust relationship between people, according to a new study. (Metanoia-World [Zugriff: 25.09.2016])

Von *BCTU* fasziniert, fühlen sich offenbar zahlreiche Internetbenutzer:innen dazu angeregt, sich kontemplativ in diesem Bild zu versenken, sich darüber zu äußern, es abzumalen und umzugestalten. *BCTU* erzeugt, so die These, eine nahezu universelle Übereinstimmung zwischen unterschiedlichsten Lebenswelten und Weltbildern. Dies soll in den nachfolgenden Kapiteln näher erläutert werden, wobei ich mich dem Untersuchungsgegenstand auf mehrere Arten annähere. Auf die Beschreibung der Urheberschaft und der Rezeptionsgeschichte folgt die Bildbeschreibung, um im Anschluss durch selbst erstellte Bildtafeln verschiedene Konstellationen zu schaffen, die eine Analyse von *BCTU* in seinen Kontexten ermöglichen. Letztlich wird es darum gehen, das Zusammenspiel von Umwelt, Bild und Betrachter:in zu betrachten.

2.1 Gegenstandssicherung: Urheberschaft, Publikation, Modifikation

Die Urheberschaft von *BCTU* ist eine mehrfache. Das Gesamtbild besteht aus zwei separaten Visualisierungen aus dem Bereich der Naturwissenschaften, die von unterschiedlichen Autoren erzeugt wurden (Abb. 17). Beim linken Quadrat wird Mark Miller, ein Doktorand der Brandeis University, als Urheber ausgewiesen. Das rechte Quadrat wurde vom *Virgo Consortium* erzeugt, einer internationalen Gruppe von Astrophysiker:innen, die auf kosmologische Supercomputer-Simulation spezialisiert ist. Hauptniederlassungen des Konsortiums sind das Institut für Computational Cosmology in Großbritannien und das Max-Planck-Institut für Astrophysik in Deutschland (VIRG [Zugriff: 10.10.2018]). Als Quelle für das rechte Quadrat wird die Website *www.visualcomplexity.com* genannt. Hierbei handelt es sich um eine öffentlich zugängliche Sammlung von komplexen Netzwerken im Internet, erstellt von dem Informationsdesigner Manuel Lima. Sie soll ein kritisches Verständnis für unterschiedliche Visualisierungsmethoden fördern (Visual Complexity – about [Zugriff 10.10.2018]). Für die gemeinsame Präsentation der beiden Bilder zeichnet die *New York Times* verantwortlich. Die einflussreiche überregionale Tageszeitung hat sich die beiden naturwissenschaftlichen Visualisierungen angeeignet und das neu entstandene, diptychonartig angeordnete Bild unter dem Titel »They Look Alike but There's a Little Matter of Size« veröffentlicht.

One is only micrometers wide. The other is billions of light-years across. One shows neurons in a mouse brain. The other is a simulated image of the universe. Together they suggest the surprisingly similar patterns found in vastly different natural phenomena. *DAVID CONSTANTINE*

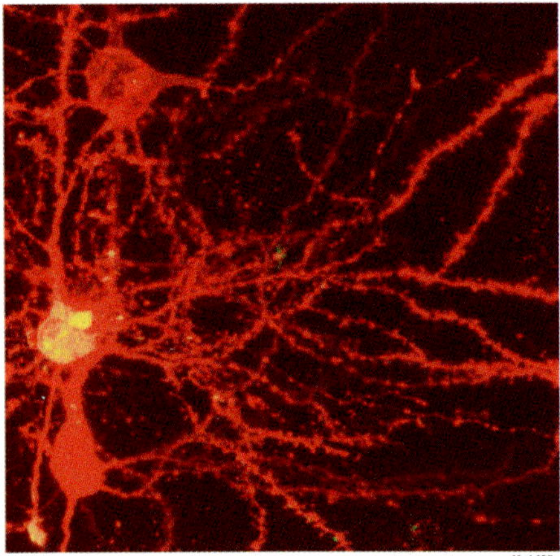

Mark Miller

Mark Miller, a doctoral student at Brandeis University, is researching how particular types of neurons in the brain are connected to one another. By staining thin slices of a mouse's brain, he can identify the connections visually. The image above shows three neuron cells on the left (two red and one yellow) and their connections.

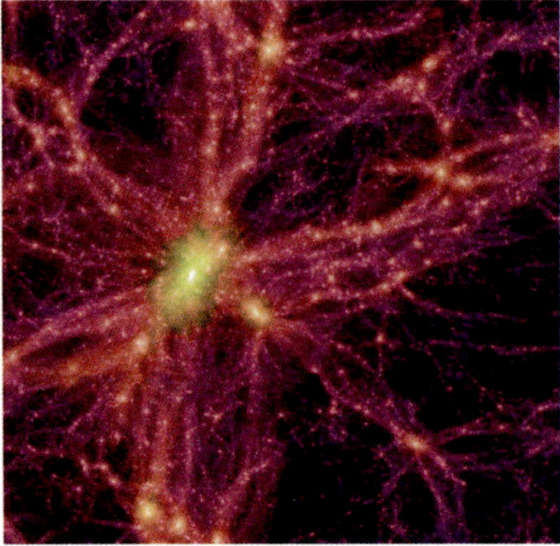

Virgo Consortium

An international group of astrophysicists used a computer simulation last year to recreate how the universe grew and evolved. The simulation image above is a snapshot of the present universe that features a large cluster of galaxies (bright yellow) surrounded by thousands of stars, galaxies and dark matter (web).

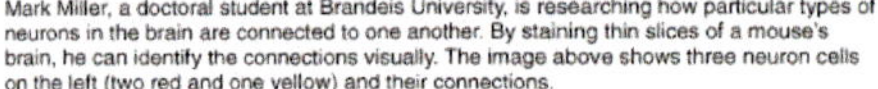

Source: Mark Miller, Brandeis University; Virgo Consortium for Cosmological Supercomputer Simulations; www.visualcomplexity.com

The New York Times

Abb. 17: *Brain Cell the Universe*, 15. August 2006, *New York Times*, No. 53,672, S. 4

In dem Beitrag der *New York Times* vom 15. August 2006 ist das gesamte Doppelbild mit einer Aussage überschrieben, zudem hat jedes der beiden Bestandteile noch eine eigene Legende.[1]

Über dem Bild:

> One is only micrometers wide. The other is billions of light-years across. One shows neurons in a mouse brain. The other is a simulated image of the universe. Together they suggest the surprisingly similar patterns found in vastly different natural phenomena.

Unten links:

> Mark Miller, a doctoral student at Brandeis University, is researching how particular types of neurons in the brain are connected to one another. By staining thin slices of a mouse's brain, he can identify the connections visually. The image above shows three neuron cells on the left (two red and one yellow) and their connections.

Unten rechts:

> An international group of astrophysicists used a computer simulation last year to recreate how the universe grew and evolved. The simulation image above is a snapshot of the present universe that features a large cluster of galaxies (bright yellow) surrounded by thousands of stars, galaxies and dark matter (web).

---

1 Als Autor wird David Constantine genannt; es konnte nicht verifiziert werden, ob es sich um den britischen Autor handelt oder um einen Journalisten der *New York Times* gleichen Namens.

Die genaue Lektüre der drei Bildlegenden legt nahe, dass nicht nur die diptychonartige Anordnung der beiden auf dasselbe Format eingezwängten Bilder eine künstliche ist, sondern auch jedes einzelne Bild für sich genommen eine Konstruktion darstellt: Erstens handelt es sich bei der Aufnahme links nicht etwa um eine menschliche Hirnzelle, sondern um Neuronen eines Mäusegehirns (»neurons [...] of a mouse's brain«). Zweitens wurde das Mäusegehirn zur Sichtbarmachung der Neuronen in dünne Scheiben geschnitten und eingefärbt (»by staining the thin slices«). Der/Die Betrachter:in schaut also nicht dem menschlichen Gehirn bei der Arbeit zu, vielmehr handelt es sich um einen feinen Schnitt eines Tierpräparats, das sich unter anderem durch seine Flächigkeit vom drei- bzw. vierdimensionalen Universum unterscheidet. Drittens ist das Bild des Universums zur Rechten nicht etwa dadurch entstanden, dass der Blick von der Erde in den Himmel hinauf mit gigantischen Teleskopen herangezoomt worden wäre, sondern es handelt sich um ein Standbild (»snapshot«) einer Computersimulation (»computer simulation«), die am Rechner erzeugt wurde und die Evolution des Universums sichtbar machen soll (»how the universe grew and evolved«). Das Standbild hält im Sinne einer Momentaufnahme den gegenwärtigen Zustand des konstruierten (nicht des realen) Universums fest (»a snapshot of the present universe«). In Kapitel 3.1 wird die Technik, die hinter den beiden Bildern steht, ausführlicher erörtert.

Abb. 18 zeigt die gesamte Zeitungsseite, auf der *BCTU* im Jahre 2006 veröffentlicht wurde. Das Verhältnis von Bild und Text ist insgesamt ungefähr ausgeglichen, doch der *BTCU*-Beitrag ist bildlastig. *BCTU* ist im Unterschied zu den schwarz-weiß gehaltenen Porträtfotografien im oberen Bereich der Seite großflächig und farbig abgedruckt. Im Beitrag zu *BCTU* dient das Bild nicht dazu, das im Text Gesagte zu bebildern und zu dokumentieren, vielmehr hat das Bild eine eigenständige Aussagekraft und der dazugehörige Kommentar soll es lediglich zusätzlich erläutern. Die Überschrift der Rubrik, unter der *BCTU* veröffentlicht wurde, »Science Illustrated«, macht den Schwerpunkt auf der Visualisierung deutlich. Ob in der Rubrik die Wissenschaften als solche, ihre Gegenstände, Methoden oder Erkenntnisse gezeigt werden, offenbart sich ad hoc nicht. Ebenso wenig erkennt der/die Leser:in, in welchem Verhältnis die Bilder der Rubrik »Science Illustrated« zur physischen Wirklichkeit und zu den Wissenschaften stehen und ob sie abbildhaft oder symbolisch (Peirce 1982: 53–56) gemeint sind. Offen bleibt zudem, ob nur die Naturwissenschaften gemeint sind oder auch beispielsweise die »humanities« in dieser Rubrik auftauchen können. Das gibt Anlass zur Frage, ob sich die »Ergebnisse des geisteswissenschaftlichen Nachdenkens und Forschens, des Entwickelns von Theorien, des Studiums von Texten und der Recherche von Zusammenhängen« (Ullrich 2006: 309) überhaupt in ähnlicher Weise ins Bild setzen ließen. Oder sperrt sich die geisteswissenschaftliche Arbeit dem Visuellen (Ullrich 2006: 309; Krämer 2001: 347–367)? Diese Frage kann an dieser Stelle noch nicht beantwortet werden, wird aber

F4 N THE NEW YORK TIMES, TUESDAY, AUGUST 15, 2006

LETTERS

A Raw Deal

Coping With Pain

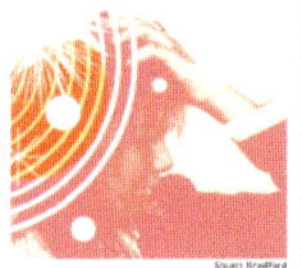

Shortchanging Prevention

Elusive Proof, Elusive Prover: A New Mathematical Mystery

Continued From First Science Page

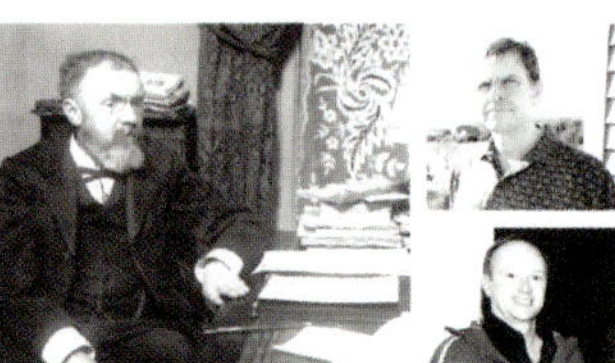

Left, Bulloz-Deutsch Collection/Corbis; top right, Bill Wingell for The New York Times; above, Allison Evans/Clay Mathematics Institute

THE MATHEMATICIANS Henri Poincaré, above left, posed his vexing problem in 1904. In 1986, William Thurston, top right, of Cornell won a Fields Medal for expanding on it. Richard Hamilton, above right, of Columbia invented a way to help solve it.

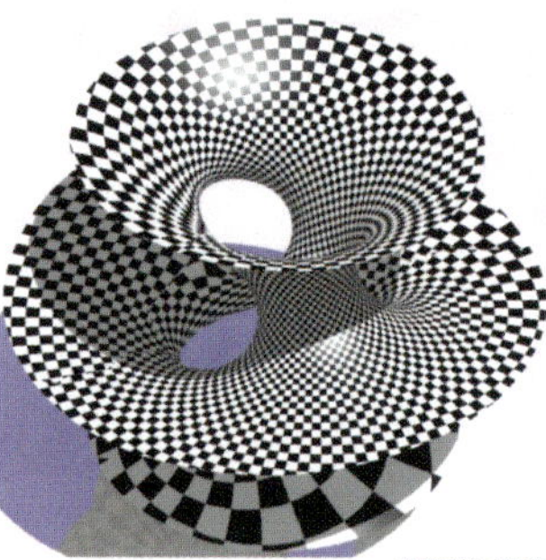

NOT A BUNNY Even topologists don't think this soap film can be made into a sphere.

A century-old conundrum and two of math's most prestigious prizes hang in the balance.

ONLINE: ASK THE WRITER

Dennis Overbye answers questions from readers.

askscience@nytimes.com

SCIENCE ILLUSTRATED

They Look Alike, but There's a Little Matter of Size

One is only micrometers wide. The other is billions of light-years across. One shows neurons in a mouse brain. The other is a simulated image of the universe. Together they suggest the surprisingly similar patterns found in vastly different natural phenomena. DAVID CONSTANTINE

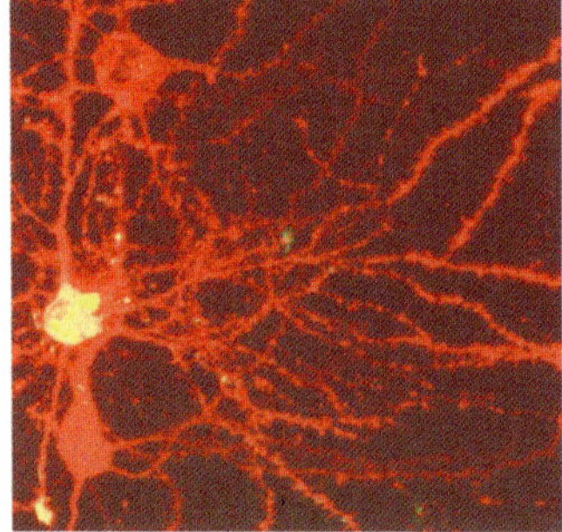

Mark Miller

Mark Miller, a doctoral student at Brandeis University, is researching how particular types of neurons in the brain are connected to one another. By staining thin slices of a mouse's brain, he can identify the connections visually. The image above shows three neuron cells on the left (two red and one yellow) and their connections.

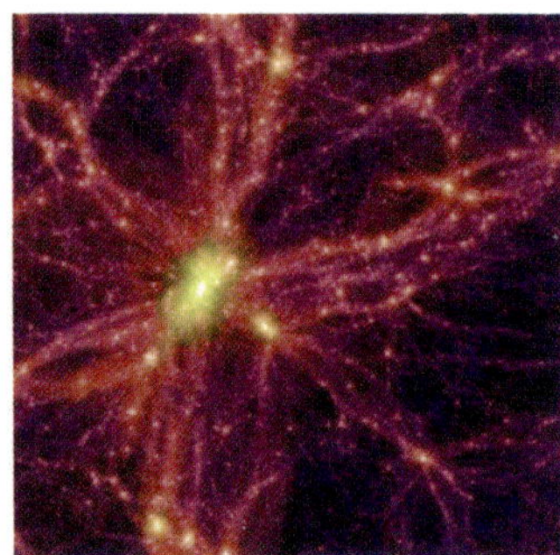

Virgo Consortium

An international group of astrophysicists used a computer simulation last year to recreate how the universe grew and evolved. The simulation image above is a snapshot of the present universe that features a large cluster of galaxies (bright yellow) surrounded by thousands of stars, galaxies and dark matter (web).

Source: Mark Miller, Brandeis University; Virgo Consortium for Cosmological Supercomputer Simulations; www.visualcomplexity.com

The New York Times

Abb. 18: Ursprungsversion von *Brain Cell the Universe* im Publikationskontext der ganzen Zeitungsseite der *New York Times* vom 15. August 2006, No. 53, 672, S. 4

am Ende der Untersuchung nochmals aufgegriffen (vgl. Kapitel 3.4). Vorerst so viel: Unter der Rubrik »Science Illustrated« veröffentlichte die *New York Times* im besagten Jahr 2006 Errungenschaften und Erkenntnisse aus den Bereichen Medizin, Natur- und Ingenieurwissenschaften. Da sich in der Liste der 2006 im Bereich »Science Illustrated« publizierten Beiträge[2] keine Forschungsergebnisse der Geistes- und Sozialwissenschaften befinden, ist anzunehmen, dass die Redaktion von einem an messenden, nachprüfbaren Methoden oder logischen und mathematischen Beweisen orientierten Wissenschaftsverständnis ausgeht, wie es seit dem 19. Jahrhundert vorherrscht (Kučera 2005: 508).

Zu den zwei schon erwähnten Ebenen der Autor:innenschaft – erstens der Anfertigung der beiden einzelnen Visualisierungen durch die Wisssenschaftskollektive und zweitens deren Gegenüberstellung durch die *New York Times* – kommt eine weitere: die Aneignung von *BCTU* durch Foren, in denen sich wissenschaftlich interessierte religiöse Gruppierungen und spirituell empfängliche Wissenschaftler:innen austauschen und Erkenntnisse aus Bereichen wie Neurowissenschaften, Astro- und Quantenphysik mit religiösen und mystischen Konzepten unterschiedlicher Provenienz gemeinsam verhandeln. Diese dritte Ebene der Autorschaft wird bewusst als solche und nicht als Rezeptionsvorgang bezeichnet, weil ihr etwas Produktives anhaftet.

In den Internetforen werden die Bildkommentare häufig weggelassen und allenfalls durch Bildüberschriften ersetzt, sodass in beiden Quadraten oben rechts ein Schriftzug auszumachen ist. Es handelt sich um eine Serifenschrift, die etwa ein Dreiundzwanzigstel der Bildhöhe ausmacht. Im linken Viereck lauten die Buchstaben »Brain Cell«, rechts setzen sie sich zu »The Universe« zusammen. In beiden Bildüberschriften beginnen alle Wörter mit Majuskeln, allerdings ist rechts der Artikel »The« angegeben, während er links fehlt. Abb. 19 zeigt diese Bildversion, deren weite Verbreitung dazu geführt hat, dass der Untersuchungsgegenstand in dieser Arbeit *Brain Cell the Universe* genannt wird.

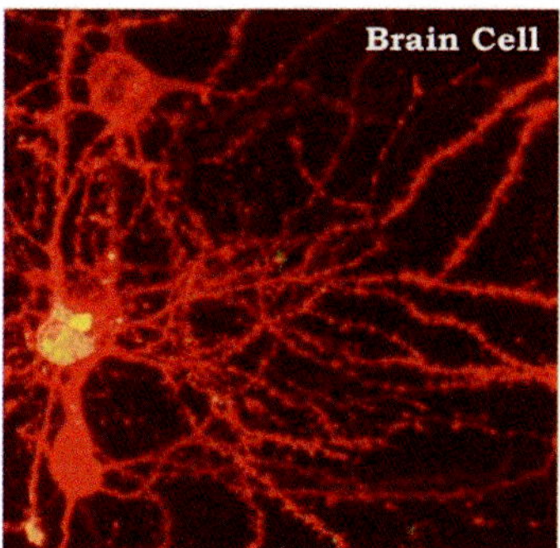

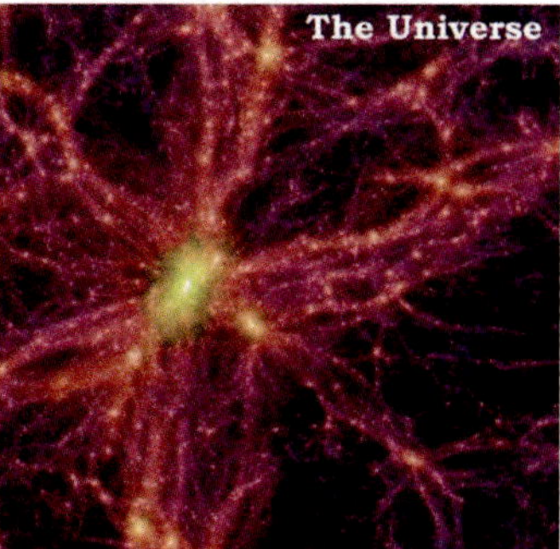

Abb. 19: *Brain Cell the Universe*. Quelle: https://www.quora.com/Does-the-brain-cell-vs-the-Universe-theory-make-sense (Zugriff: 10.10.2018)

2 Eine Liste findet sich unter http://www.nytimes.com/ref/science/scienceillustrated.html (Zugriff: 10.10.2018).

Die Überschrift »Brain Cell« ist insofern falsch, als das linke Quadrat gemäß Bildlegende mehrere Neuronen zeigt und daher im Englischen in der Mehrzahl »Brain Cells« heißen müsste. Zudem ist die fehlende Information über die Herkunft der Zelle(n) problematisch – dass es sich nämlich um tierische und nicht um menschliche Zellen handelt. Auf diese Weise wird das linke Quadrat zusätzlich zur »Projektionsfläche für kollektive Identifikationen (Hoffnungen, Ängste und Deutungen)« (Paul 2006: 14). Auch die Information, dass es sich rechts um ein Standbild einer am Computer errechneten Simulation handelt, fällt in Abb. 19 weg. Schließlich werden Analogien zwischen den beiden Quadraten nahegelegt, da nicht auf den unterschiedlichen Herstellungsprozess hingewiesen wird. Diese Aspekte gilt es, an späterer Stelle zu vertiefen. Zunächst folgt jedoch eine genaue Beschreibung des Gegenstands und dann seine Einordnung als Grundlage für die weiteren Überlegungen.

2.2 Bildbeschreibung

Der Untersuchungsgegenstand *BCTU* besteht aus zwei gleich großen quadratischen Aufnahmen, die Seite an Seite ausgerichtet sind (Abb. 1). Der weiße Grund umrahmt sie und trennt sie in der Mitte voneinander. Im linken Quadrat überwiegt die Farbe Rot, das rechte Viereck ist größtenteils violett. Beide Darstellungen zeigen eine spinnweb- oder netzwerkartige Struktur, die sich sternförmig ausbreitet, wobei sich die ausgreifenden Tentakel vielfach verästeln. Die Struktur ist links leuchtendrot und liegt auf tiefrotem Hintergrund, rechts ist sie violett und wird von dunkelblauem Grund umgeben. Auf beiden Seiten mündet die jeweilige Netzwerkstruktur in einen Hauptknotenpunkt, der jeweils links der vertikalen Mittelachse liegt. Im linken Quadrat ist er etwas weiter nach unten gerückt. Obwohl die Kernzonen der netzwerkartigen Gebilde, also diejenigen Punkte, aus denen die Tentakel herauswachsen, in beiden Fällen gelb sind, unterscheiden sich die Bilder in den Kernzonen oder Knotenpunkten am wesentlichsten: Während das gelbe Strukturzentrum im rechten Quadrat leuchtet und die Empfindung von Licht weckt, wirkt es links flach. Im rechten Viereck weist der Hauptknotenpunkt der Netzwerkstruktur das Farbspektrum eines schimmernden Lichtkörpers auf. Die Farben verlaufen – von außen nach innen – von schmutzigem Braun über kräftigem Rosa und mattem Gelb zu strahlendem Weiß. Dasselbe gilt für die vielen kleineren Knötchen oder Wurzeln der Verästelungen: Sie leuchten, weil sie nach innen immer heller werden. Die verschiedenen gelben Farbtöne, die Variation ihrer Helligkeitswerte und insbesondere die Glanzlichter wirken auf die Illusion des Lichts hin. Im rechten Quadrat entsteht durch das Vorhandensein von Licht und Dunkelheit der Eindruck von räumlicher Tiefe. Anders das linke Viereck: Hier wirkt das leuchtendrote Muster mit seinen wenigen gelben Flecken flach und unbewegt. Einzig die Tatsache, dass sich die Tentakel des Musters mancherorts überlagern, deutet auf eine räumliche Dimension hin.

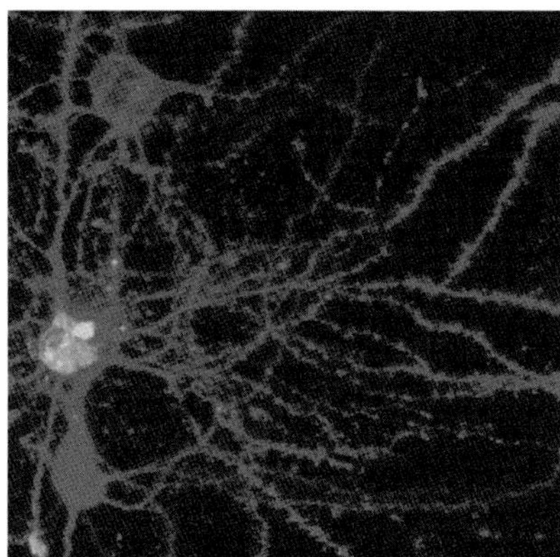

Abb. 20: Das linke Quadrat von *Brain Cell the Universe*, aus der *New York Times* vom 15. August 2006, S. 4, durch die Autorin freigestellt und auf Informationen bezüglich Hell-Dunkel reduziert

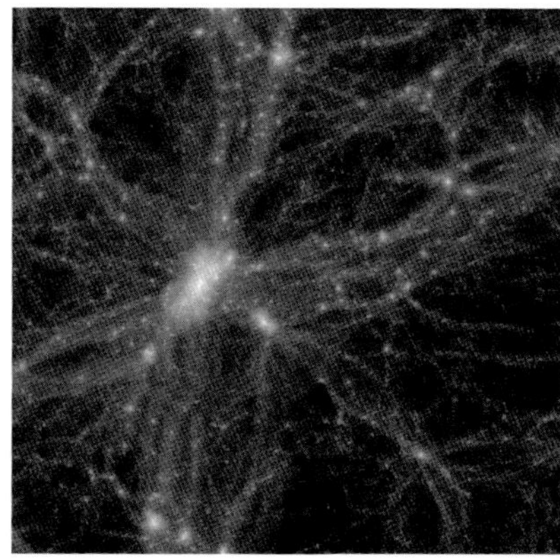

Abb. 21: Das rechte Quadrat von *Brain Cell the Universe*, aus der *New York Times* vom 15. August 2006, S. 4, durch die Autorin freigestellt und auf Informationen bezüglich Hell-Dunkel reduziert

Die Farbgestaltung im linken Quadrat erinnert an die Autonomie der Farbe in der modernen Malerei, in der sich die Farbe weder am Gegenstand orientiert noch an Licht- und Raumverhältnissen; sie erzeugt keine Illusion, sondern deutet auf sich selbst hin. Entsprechend scheint auch *Brain Cell* flächig, schablonenhaft und ohne äußere Referenz. Die Differenz in der Farbgestaltung der beiden Quadrate wird deutlicher, wenn man die Farbtöne in beiden Bildteilen unterschlägt, sodass nur noch ihre Helligkeitswerte sichtbar sind (Abb. 20 u. Abb. 21). Die Abbildungen in Schwarz-Weiß zeigen, dass *The Universe* insgesamt plastischer ist als *Brain Cell*, wenngleich – oder gerade weil – die Farbtöne wegfallen. Auch die Lichtpunkte entfalten in der monochromen Version von *The Universe* ihr Flimmern, während *Brain Cell* aufgrund des begrenzten Hell-Dunkel-Spiels matt bleibt.

2.3 Die Methode der Erstellung von Bildtafeln

Im Folgenden wird der Versuch unternommen, *BCTU* in der Gesamtheit des sehr umfangreichen Bilderuniversums zu verorten. Hierfür ist zu prüfen, welche ikonografischen Motive das Bild ausmachen und in welche gesellschaftlichen Bereiche diese Motive Einblick gewähren, was sie gewissermaßen zu sehen geben.[3] In den nachfolgenden Darstellungen werden, um erste Anhaltspunkte hierzu zu erhalten, Bildtafeln zu *BCTU* hergestellt, indem der Untersuchungsgegenstand um weitere Bilder und Motivgruppen ergänzt wird.

Den Anstoß zu dieser Methode der Bildtafeln gab *Mnemosyne*. Der im Jahr 1924 von Aby Warburg initiierte Bilderatlas bestand aus etwa achtzig Holzrahmen, die mit schwarzem Leinen bespannt waren. An die so entstandenen Bildtafeln hat der Hamburger Kunsthistoriker und Kulturwissenschaftler Abbildungen aller Art aus unterschiedlichen Epochen und Gegenstandsbereichen – unter anderem Inseraten, Pressefotos und Briefmarken – geheftet. Das Material hat er zwar nach ikonografischen Kriterien organisiert, aber ihre Zuordnungen waren für ihn nicht endgültig (Kat. 2016; Warnke 2000: VIII f.; Hoffmann 1995). Im Gegensatz zur Tiefenlogik der Ikonologie eines Erwin Panofsky (1975),[4] die eine unumstößliche Bildbedeutung in drei Stufen fixieren will, führte Warburg vor, dass die Bedeutungen der Bilder je nach Kontext variieren.

Die Beschäftigung mit den Warburg'schen Bildtafeln ähnelt einer Partie Schach im Sinne von Ferdinand de Saussures Schachspielmetapher. Der Schweizer Linguist gab Anfang des 20. Jahrhunderts zu bedenken, dass das Verhältnis zwischen den Dingen unserer Lebenswelt und der Sprache, mit der wir darauf verweisen, völlig willkürlich ist (de Saussure 1967: 77–79). Es gibt z. B. keinen augenfälligen Grund dafür, dass wir das längliche, rundliche Objekt, das aus einer Wurzelknolle gefräst und mit einem Mundstück aus Acryl, Horn, Bernstein oder Kautschuk versehen ist, ausgerechnet Pfeife nennen. Das reale Objekt sieht weder aus wie das Schriftbild [Pfeife], noch klingt es wie der Wortlaut [ˈp͡faɪ̯fə]. Andere Bezeichnungen wie [pipe], [pipa] oder [rör] sind nicht minder unpassend, kommen nur aus anderen Sprachen. Das Verhältnis zwischen dem Instrument zum Rauchen und dem Wort, das auf dasselbe verweist, beruht auf Konvention: Wir haben uns im deutschsprachigen Raum darauf geeinigt, das Rauchinstrument Pfeife zu nennen. Mehr noch: Die Bedeutung des Wortes Pfeife ergibt sich erst im Beziehungsgeflecht zu anderen, ähnlichen Gegenstän-

3 Zu den Strategien des »Zu-Sehen-Gebens« vgl. Schade/Wenk 2005.

4 Erwin Panofsky entwickelte seine Theorie der ikonologischen Methode zwischen 1930 und 1955. Das dreischichtige Analyse- und Interpretationsmodell beinhaltete die vorikonografische Beschreibung, die ikonografische Analyse und die ikonologische Interpretation. Anhand dieser Methode sollen etwa Schülerinnen und Schüler lernen, ein Bild zu erkennen, zu verstehen und zu erfassen (Panofsky 1975: 36–67). Thürlemann erläutert die Genese des »Schichtenmodells« (Thürlemann 2009: 219).

den. De Saussure hat dieses Phänomen anhand seiner »Schachspielmetapher« erklärt (de Saussure 1967: 77–79). Beim Schachspiel hängt die Bedeutung der einzelnen Figuren von ihrer Stellung auf dem Spielfeld und von der Differenz zu den anderen Figuren – beispielsweise ihren figureigenen Bewegungsmöglichkeiten – ab. Entsprechend können wir sagen, dass sich die Bedeutung des Wortes Pfeife in Abgrenzung zu anderen – inhaltlich ähnlichen – Wörtern ergibt. Eine Pfeife ist keine Zigarette, weil sie nicht aus Papier, sondern aus Wurzelholz ist. Eine Pfeife ist keine Shisha, weil sie ohne Wasserdampf geraucht wird. Eine Pfeife ist kein Löffel, weil man damit nicht umrührt, isst oder schlürft, sondern raucht.

Die Bedeutung des Wortes Pfeife ergibt sich also aus den Differenzen zu anderen Wörtern mit ähnlicher Bedeutung. Aus strukturalistischer Perspektive ist die Suche nach Bedeutung nicht so etwas wie der Kern einer Sache, zu dem man einer Logik der Tiefe folgend vordringen kann, wie beispielsweise beim Zwiebelschälen verschiedene Schichten abgelöst werden können, sondern vielmehr ein strukturelles Phänomen, das durch Ordnung und Relation bestimmt ist.

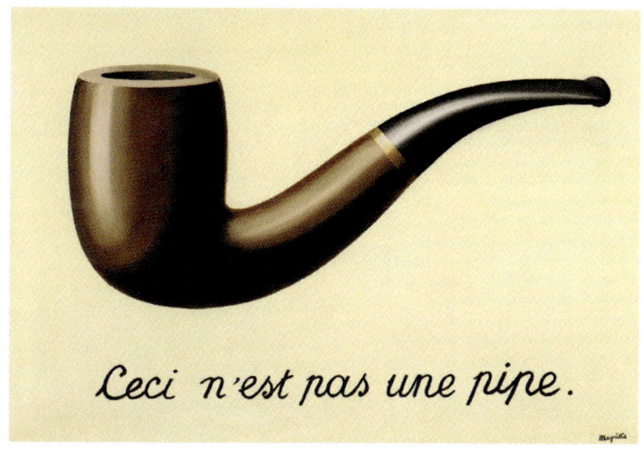

Abb. 22: René Magritte: *La trahison des images*, 1929, Öl auf Leinwand, 59 × 65 cm, Los Angeles County Museum of Art, © VG Bild-Kunst, Bonn 2022

Ganz im Geiste des Strukturalismus hat René Magritte im Jahre 1929 eine Pfeife realitätsgetreu gemalt und mit den Worten »Ceci n'est pas une pipe« in fein säuberlicher Handschrift kommentiert (Abb. 22). In seiner gleichnamigen Abhandlung liest Michel Foucault das Gemälde des Surrealisten als zweifaches Paradox (Foucault 1974: 16), weil es nicht nur die Beliebigkeit zwischen realen Objekten und den Worten, die sie bezeichnen, aufzeigt, sondern auch den Widerspruch zwischen Bildern und der Sprache verdeutlicht, der bei Foucault zum »Lanzenst[o]ss« und zur »Schlacht« gereicht (Foucault 1974: 18): »Was von der Aussage Magrittes verneint wird, ist offensichtlich die unmittelbare und wechselseitige Zusammengehörigkeit zwischen der Zeichnung der Pfeife und dem Text, in dem von dieser Pfeife die Rede ist. Bezeichnen und Abzeichnen decken sich nicht […]« (Foucault 1974: 19).

Ursächlich für diese Nicht-Deckungsgleichheit könnte sein, dass Bilder – gerade, wenn sie sich wie Magrittes Pfeife in wirklichkeitsgetreuer Manier präsentieren – vorgeben, etwas zu sein, während die Sprache gar nicht erst versucht, die physische Wirklichkeit nachzuahmen. (Davon ausgenommen sind die sogenannten Onomatopoetika, die unsere Klang- und Geräuschwelt imitieren.) Mit dem Bildtitel *La trahison des images* (Abb. 22) greift Magritte eine bilderkritische Diskussion auf, die sich bereits bei Platon andeutet: Gemäß Platons Ideenlehre lügen Bilder zweifach, denn ein Maler ist nur ein Nachahmer eines Erscheinungsbildes, einer mit der Idee verwechselten Wahrheit. Entsprechend könnte die Malerei – als Nachahmung der Nachahmung – von der Welt der Ideen nicht weiter entfernt sein (Platon 1994: 517 f.; Mersch 2006: 412).

Analog zu de Saussures sprachlichem Beispiel lässt sich im Hinblick auf Warburgs Bilderatlas sagen, dass die Bedeutung des einzelnen Bildes in einer kulturellen *longue durée*[5] von seiner Stellung auf der Bildtafel respektive seiner Position im Universum von Bildtafeln abhängt. Indem Warburgs Verfahren im (antizipierten) (post-)strukturalistischen Sinne Deutungsweisen aufzeigt, wirkt es sich ungemein befruchtend auf Bildanalysen aus. Es zeichnet sich gegenüber Erwin Panofskys Dreistufenmodell aber nicht nur dadurch aus, dass es Bilder nicht auf eine endgültige Bedeutung fixiert, sondern auch dadurch, dass es in Bildern denkt und nicht so rasch auf die Sprache ausweicht.[6] *Mnemosyne* verweilt gewissermaßen länger in der Welt der Bilder als Panofskys ikonografisch-ikonologische Methode. Entsprechend betont Georges Didi-Huberman, dass Warburg der wahre Begründer der ikonologischen Disziplin sei (Didi-Huberman 2004: 8).[7] Hingegen wird Panofskys Idee der eigenständigen Wirkungsmacht von Bildern und dem *iconic turn* nicht gerecht, weil sie in Texten nach der Bedeutung einzelner Bildmotive sucht und damit dem Text und dem *linguistic turn* den Vorrang gibt.

Warburg starb 1929, fünf Jahre, nachdem er das Projekt begonnen hatte, daher blieb *Mnemosyne* unvollendet. Heute ist es nicht mehr erhalten, doch existieren Fotografien der einzelnen Tafeln, die in Martin Warnkes Buch *Aby Warburg. Der Bilderatlas Mnemosyne* (2000) publiziert sind. Abb. 23 zeigt die Tafel Nummer 77, die unterschiedliche Artefakte wie Briefmarken, Postkarten und Grafiken zusammenführt (Warnke 2000: XVI; Haase 2020: 258). Warburgs

---

5 Der geschichtswissenschaftliche Begriff *longue durée* verweist auf die langjährigen, unmerklich langsamen Veränderungen in historischen Prozessen. Er geht auf die Schule der Annales, insbesondere auf Fernand Braudel, zurück (Braudel 1977: 47–85).

6 Zur »strukturellen Offenheit« des Bilderatlasses und zum »Stellenwert der Bilder als autonome[] symbolische[] Formen und selbstständige Wissens- und Gedächtnisspeicher« vgl. Diers (2009: 196 u. 201). Diers zeigt auf, dass Warburg die Sprache nicht als Konkurrenzsystem zu den Bildern verstanden haben wollte, sondern als komplementäres, die Arbeit mit den Bildern erhellendes System.

7 Vgl. zu diesem Argument auch Thürlemann (2009: 232).

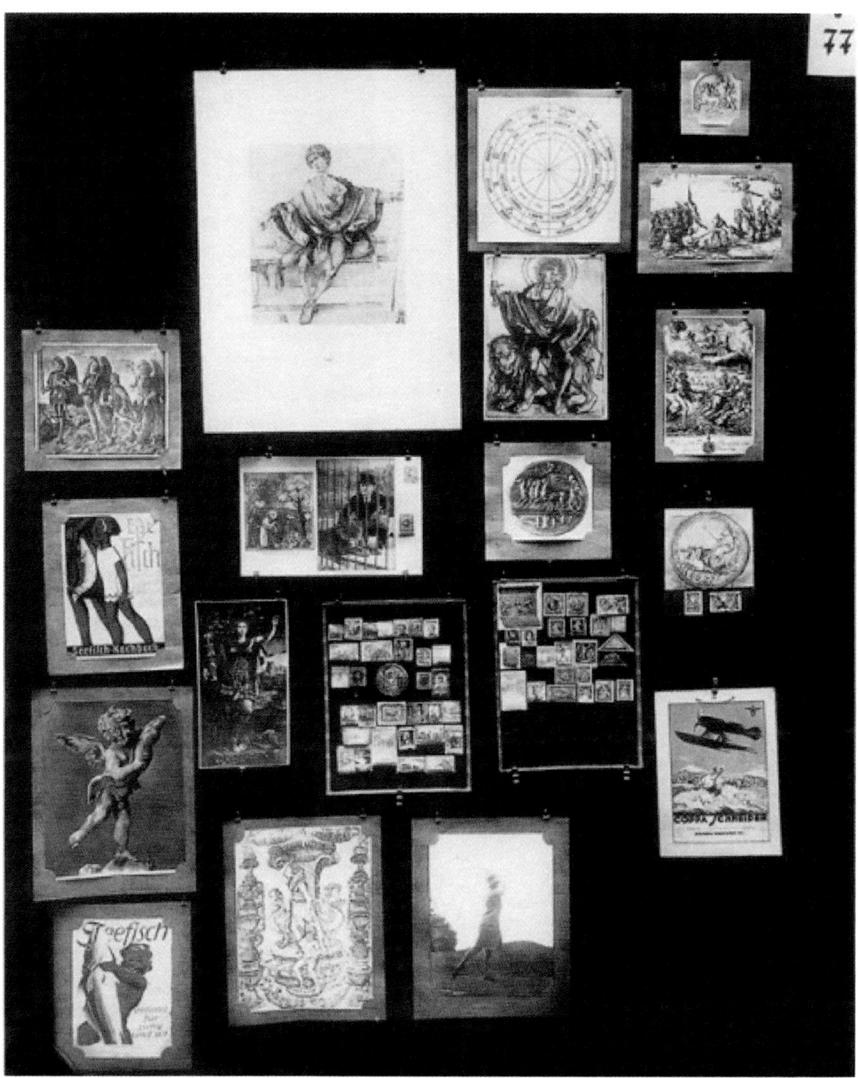

Abb. 23: Tafel 77 aus der sogenannten »vorletzten« Fassung des Bilderatlas, 1929, S. XVI

Bilderatlas *Mnemosyne* und das mit ihm verbundene methodische Vorgehen können insofern als Vorläufer der *Visual Culture Studies* bezeichnet werden, als Warburg keine hierarchisierenden Wertungen vorgenommen und Bilder aus dem Bereich der Populärkultur ganz selbstverständlich in seine Analysen einbezogen hat. Darüber hinaus hat er sich intensiv mit dem kollektiven Bildgedächtnis auseinandergesetzt. Benannt nach der Göttin des Gedächtnisses und der Erinnerungskunst, *Mnemosyne* (Haase 2020: 254), ist sein Atlas zwar ein

»unvollendeter« (Warnke 2000: IX), aber grundlegender Versuch, die Rezeption der Antike und ihr Weiterleben in der florentinischen bzw. italienischen Kunst des Quattrocento zu untersuchen. Warburg hat die Absichten seines Atlas wie folgt formuliert:

> Der Atlas zur *Mnemosyne* will durch seine Bildmaterialien diesen Prozess illustrieren, den man als Versuch der Einverseelung vorgeprägter Ausdruckswerte bei der Darstellung bewegten Lebens bezeichnen könnte. Er will in seiner bildmaterialen Grundlage zunächst nur ein Inventar sein der antikisierenden Vorprägungen, die auf die Darstellung des bewegten Lebens im Zeitalter der Renaissance mitstilbildend einwirkten. Eine solche vergleichende Betrachtung musste sich, besonders da systematisch zusammenfassende Vorarbeiten auf diesem Gebiet fehlen, auf die Untersuchung des Gesamtwerkes von wenigen Hauptkünstlertypen beschränken, dafür aber versuchen, durch eine tiefer eindringende sozialpädagogische Untersuchung den Sinn dieser gedächtnismässig aufbewahrten Ausdruckswerte als sinnvolle geistestechnische Funktion zu begreifen. (Warburg 2000: 3)

Im Unterschied zu Warburgs doch schon sehr komplexen Fragestellung, die er mit seinem Bilderatlas bearbeiten wollte, fällt diejenige bescheiden aus, die in diesem Kapitel an die zu *BCTU* gestalteten Bildtafeln gerichtet wird. Wie eingangs schon erwähnt, geht es vor allem darum, erste Anhaltspunkte dafür zu finden, welche ikonografischen Motive auf den beiden naturwissenschaftlichen Visualisierungen abgebildet sind und welche sozialen und kulturellen Kontexte sich damit verbinden. Es soll hinterfragt werden, welche gesellschaftlichen Bereiche darüber bestimmen, wann, wie und wo diese Bildmotive gezeigt werden. Das Ziel ist also eher, einen Fragehorizont aufzuzeigen, als Fragen zu beantworten. Aufgrund der offenen Fragestellung und der relationalen und auf Differenz beruhenden Anlage des Bilderatlas habe ich nicht nur eine, sondern zwei Bildtafeln zu *BCTU* erarbeitet, die im Folgenden vorgestellt werden.

2.3.1 Bildtafel 1: Ikonografische Fragen an *BCTU*

Bildtafel 1 (Abb. 24) gliedert sich nach ikonografischen Gesichtspunkten. Das heißt, dass hinterfragt wird, was der Untersuchungsgegenstand zu erkennen gibt, um ihn im Kontext inhaltlich verwandter Bildmotive betrachten zu können. Oben wurde schon skizziert, was in *BCTU* dargestellt ist, nämlich – so beschreiben es die Bildlegenden – *neurons* und *the universe*. Wenn die erste Begegnung mit *BCTU* jedoch ohne dieses Vorwissen und ohne die Kenntnis von Hirnzellen- und Universumsbildern stattfindet, bezeichnet der Betrachter oder die Betrachterin das, was in *BCTU* zu sehen ist, vielleicht allgemein als netzwerkartige Struktur. Daher wird die ikonografische Betrachtung um diesen Aspekt ergänzt.

Entsprechend sind die Bilder, zu welchen *BCTU* in Beziehung gesetzt werden kann, den Themen Hirnzelle, Universum und Struktur zuzuordnen. Das Segment Hirnzelle befindet sich oben links und besteht aus knallig-bunten Bildern, die die Neuronen entweder als zweidimensionale Muster oder als dreidimensionale spinnenartige Gebilde zeigen, die aus einer Kugel bestehen, aus der fadenartige Tentakel herauswachsen. Das zweite Segment liegt weiter rechts und setzt sich aus Bildern des Universums zusammen, die einen Ausschnitt des Weltalls als glühenden Feuerschwall, Ellipse, Feuerwerk oder als Spirale zeigen. Den Bildern ist gemeinsam, dass sie das Gefühl eines lodernden Mittelpunktes vermitteln und die berstenden Feuerkörper vor einem schwarzen Hintergrund vorführen. Im dritten Segment, das unterhalb von *BCTU* lokalisiert ist, befinden sich Bilder von verschiedenen Strukturen. Letztere sind gitter-, stern- oder spiralförmig. Ihnen ist gemeinsam, dass einzelne Bildelemente systematisch repetiert werden. Darüber hinaus sind sie in sich farblich abgestimmt.

Die erste Bildtafel (Abb. 24) bildet die Grundlage für die inhaltliche Auseinandersetzung mit dem Untersuchungsgegenstand. Daraus folgt konkret, dass in den Kapiteln 2.3.1.1, 2.3.1.2 und 2.3.1.3 die drei genannten Motive näher betrachtet werden, wobei die Struktur wegen des allgemeineren Charakters an erster Stelle steht. Das Ziel besteht allerdings nicht darin, einen Überblick

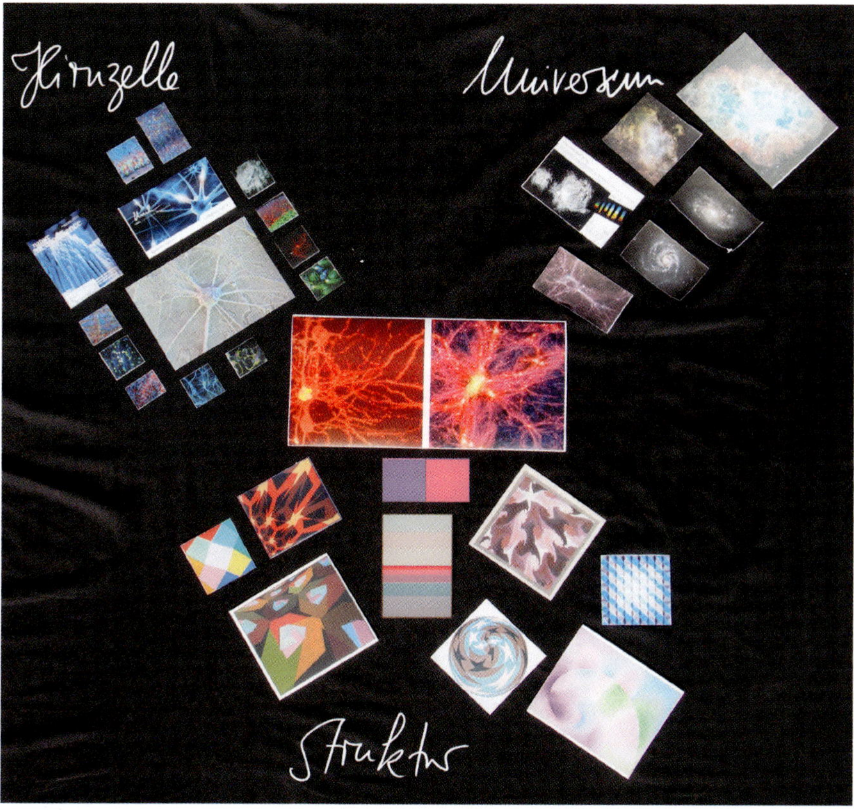

Abb. 24: Die erste Bildtafel ist nach den ikonografischen Bildmotiven Struktur, Hirnzelle und Universum geordent. Bild: M. L. T.

über die Art und Weise zu bieten, wie Strukturen, Hirnzellen oder Universen in Vergangenheit und Gegenwart bildlich dargestellt werden. Vielmehr geht es darum, einzelne Momentaufnahmen auszuwählen und diese vor dem Hintergrund des Verhältnisses von natürlicher Umwelt und menschlichem Bewusstsein zu betrachten, sie also in den Kontext der zentralen Frage der umweltbewussten Bildbetrachtung zu stellen. Entsprechend wird die Struktur im Zusammenhang mit künstlerischen, geistes- und naturwissenschaftlichen Positionen der 1960er- und 70er-Jahre beleuchtet, während die Hirnzelle im Kontext von Lernpsychologie und Neurowissenschaften untersucht wird. Das Kapitel zum Universum befasst sich mit dem Verhältnis von Mensch und Umwelt in Hinblick auf Universumsdarstellungen aus der abendländischen Renaissance und der Mathematik.

2.3.1.1 Das Motiv der Struktur

Die erste Bildtafel, die in Anlehnung an Aby Warburgs Bilderatlas *Mnemosyne* ausgehend von *BCTU* entstanden ist (Abb. 24), legt drei mögliche ikonografische Bildmotive nahe. Während sich die Motive Hirnzelle und Universum förmlich aufdrängen, weil sie in *BCTU* visualisiert werden, scheint das Motiv, das an dieser Stelle Struktur oder Netzwerk genannt werden soll, weniger explizit. Doch können die Hirnzelle und das Universum ihrem Anschein nach als Struktur beschrieben werden, die sich über beide Quadrate erstreckt. Die Struktur ist somit der kleinste gemeinsame Nenner des Untersuchungsgegenstandes. Nachfolgend sollen ihre ikonografischen Eigenschaften im Kontext von Geistes-, Sozial- und Naturwissenschaften sowie Kunst und Architektur erfasst werden. Ziel ist, ein besseres Verständnis der Struktur in *BCTU* zu erlangen, um dem Verhältnis von natürlicher Umwelt und menschlichem Bewusstsein näherzukommen.

Die Frage nach den formalen und inhaltlichen Eigenschaften der Struktur führt zurück in die 1960er- und 1970er-Jahre, denn das »strukturelle Denken« war charakteristisch für die gestalterischen und intellektuellen Äußerungen der damaligen Zeit (Lohse 2002: 210).[8] Es herrschte in den Wissenschaften die Meinung vor, dass nicht die Dinge selbst, sondern vielmehr die Strukturen zwischen den Dingen bedeutsam seien. Entsprechend schrieb Gyorgy Kepes 1967 in der Einleitung des Sammelbands *Struktur in Kunst und Wissenschaft*:

> Wissenschaftler z. B. haben erkannt, dass die Haupteigenschaften von verschiedenartigen Materien eher nach der Anordnung und Verbindung ihrer Atome – die Elementar-Bausteine im Aufbau der Natur – bestimmt werden, als nach dem Grund-

8 »Keine andere Kunstform [als die konstruktive] hat innerhalb der visuellen Gestaltung einen so grossen Anteil an der Entwicklung des für unsere Epoche charakteristischen Phänomens: des strukturellen Denkens« (Lohse 2002: 210). Lohses Aufsatz »Normung als Strukturprinzip« stammt aus dem Jahr 1973.

> stoff der Materie, wie man früher glaubte. Der Unterschied zwischen festen, flüssigen und gasförmigen Zuständen wird durch die Anordnung der Atome und den relativen Abstand ihrer Moleküle erklärt. Struktur durchzieht alles […]. (Kepes 1967: XI)

Diese Erkenntnis der Wissenschaft – dass das, was die Materie im Wesentlichen ausmacht, nicht in den Elementarbausteinen selbst liegt, sondern in ihrer »Anordnung« und dem »relativen Abstand« zu anderen Elementarbausteinen – findet sich in ähnlicher Weise in der oben erwähnten strukturalistischen Sprachphilosophie Ferdinand de Saussures. Demnach wohnen Bedeutungen sprachlichen Zeichen nicht a priori inne, sondern ergeben sich in Differenz zu anderen sprachlichen Zeichen.[9] Abb. 25 soll anschaulich machen, dass sich die Bedeutung des Wortes Struktur in Differenz zu den Worten *map* (Landkarte), Muster, *grid* (Gitter), Raster und Matrize ergeben könnte. (Dass Abb. 25 einige der verwendeten Begriffe in englischer oder französischer Sprache wieder-

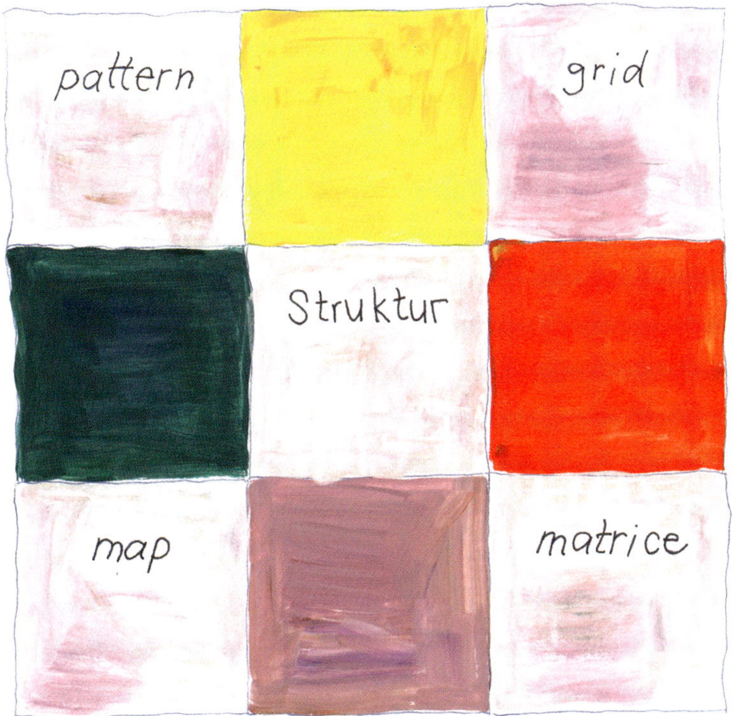

Abb. 25: Strukturmotiv im Sinne des Strukturalismus. Bild: M. L. T.

9 Siehe Kapitel 2.3 und die dortigen Ausführungen zur Schachmetapher. Unter »Zeichen« werden hier nicht nur sprachliche Begriffe, sondern auch andere kulturelle Ideen und Praktiken wie etwa Bilder, Gesten, Töne und komplexe Bedeutungssysteme (z. B. Theorien) subsumiert (D'Alleva 2005: 9; Hall 1997: 19; Schade/Wenk 2011: 50, Anm. 24).

gibt, ist auf die Literatur zurückzuführen, die der schematischen Darstellung zugrunde liegt.)

Die im Paris der 1960er- und 1970er-Jahre aktiven Vertreter:innen des Poststrukturalismus stimmten mit dem klassischen Strukturalismus darin überein, dass Zeichen ihre Bedeutung nicht durch den Verweis auf eine äußere Wirklichkeit, sondern durch Unterscheidung von anderen Zeichen erhalten.[10] Allerdings verstanden sie die Strukturen zwischen den Zeichen und der Wirklichkeit nicht als überhistorisch wirksam, sondern sie betonten Diskontinuitäten, Brüche und Machtformationen, die den Bedeutungskonstruktionen inhärent sind oder sein können. In Bezug auf Saussures Metapher des Schachspiels wird die Variabilität der Bedeutung der einzelnen Figuren noch komplexer, weil die Regeln des Spiels vor dem Hintergrund unterschiedlicher sozialer Kontexte variieren können. Das zweidimensionale Bild des Schachbretts aus dem klassischen Strukturalismus (Abb. 25) wird im Poststrukturalismus zu einem Gefüge von komplexerer Varianz, wobei verschiedene Ereignisse dazu führen können, dass Felder weiter zergliedert oder zusammengeführt werden. In der Folge kann sich das Schachbrett und somit der Bedeutungsbereich eines Begriffes erweitern, während ein anderer Begriff von der Bildfläche verschwindet.

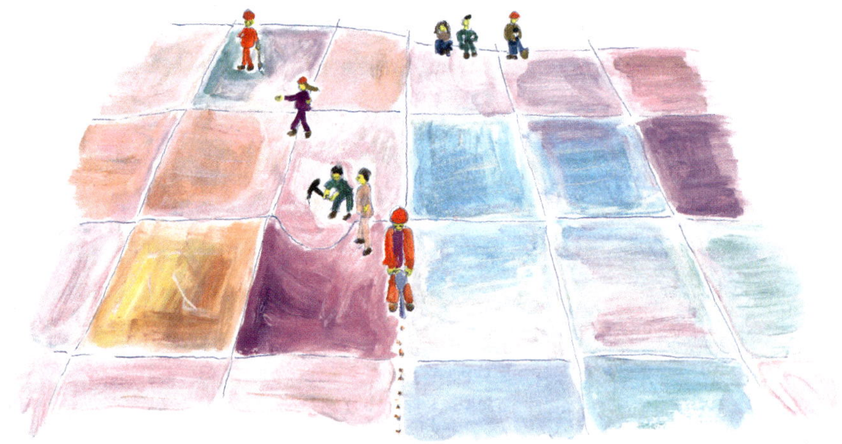

Abb. 26: Strukturmotiv im Sinne des Poststrukturalismus. Bild: M. L. T.

10 Die Vertreter:innen des Poststrukturalismus setzen sich in erster Linie mit dem Verhältnis zwischen sprachlicher Praxis und sozialer Wirklichkeit auseinander. Ihre geistes- und sozialwissenschaftlichen Zugänge und Methoden variieren, doch gilt als verbindendes Element die Ansicht, dass Sprache die Wirklichkeit nicht abbildet, sondern herstellt. Dies hat zur Folge, dass die Sprache – aber auch andere gesellschaftliche Praktiken – die Wirklichkeit niemals objektiv erfassen können. Dem Poststrukturalismus zugezählt werden unter anderen: Roland Barthes, Jacques Derrida, Michel Foucault, Julia Kristeva, Jean-François Lyotard. Einführend zum Poststrukturalismus vgl. Derrida (1974) (er ist auch ein Vertreter des Dekonstruktivismus); Foucault (1973); Dosse (1996/1997); Hübner (2010); Münker/Roesler (2000).

In Abb. 26 sind die Mechanismen, die auf die Konstellationen der Felder einwirken, in Form von kleinen Figuren gezeichnet, die das Schachbrett umbauen, Grenzen neu ausrichten, Linien ausradieren oder neue Linien ziehen. In der Kritik des Poststrukturalismus handelt es sich dabei um sogenannte Ein- und Ausschlussverfahren, die beispielsweise bestimmen, was zu einem bestimmten Thema wie gesagt oder gezeigt werden darf und was nicht. Stellt man sich Abb. 26 als Momentaufnahme eines Ausschnitts der abendländischen Kultur der Sechziger- und Siebzigerjahre vor, dann würde der Geltungsbereich des Begriffs Struktur relativ großflächig ausfallen, weil in den damaligen Wissenschaften viel über Strukturen diskutiert wurde. Daraus ergibt sich, dass die Mechanismen, die für die Hierarchisierungen oder Unterschiede der Geltungsbereiche der Begriffe verantwortlich zeichnen und auf diese Weise den Eindruck von ungleichen Machtverhältnissen entstehen lassen, im Hinblick auf sprachliche Begriffe oder Objekte der Dingwelt nicht natürlich gegeben, sondern menschengemacht sind.

Dies wäre ein Versuch, den klassischen Strukturalismus und den Poststrukturalismus anhand des ikonografischen Bildmotivs der Struktur zu erklären, respektive die Metapher des Schachspiels aus dem klassischen Strukturalismus für den Poststrukturalismus weiterzuentwickeln. Kim Levin (1979: 52) hat – allerdings bezüglich der Kunst und hier zur Unterscheidung zwischen Moderne und Postmoderne – einen ähnlichen Versuch unternommen und *the grid* (das Raster) der Moderne zugedacht, während sie *the map* (die Landkarte) mit dem Postmodernismus in Verbindung bringt:

> If the grid is an emblem of Modernism, as Rosalind E. Krauss has proposed – formal, abstract, repetitive, flattening, ordering, literal – a symbol of the Modernist preoccupation with form and style, then perhaps the map should serve as a preliminary emblem of Postmodernism. Indicating territories beyond the surface of the artwork and surfaces outside of art. Implying that boundaries are arbitrary and flexible, and manmade systems such as grids are superimpositions on natural formations. Bringing art back to nature and into the world, assuming all the moral responsibilities of life. Perhaps the last of the Modernists will someday be separated from the first Postmodernists by whether their structure depended on gridding or mapping.[11]

Levins Überlegungen decken sich großteils mit dem Bild der Struktur, das zur Unterscheidung zwischen dem klassischen Strukturalismus und dem Poststrukturalismus dient. Während Levin das Bildmotiv des Rasters aufgrund seiner Flächigkeit, Abstraktion, Ordnungsliebe und Unmittelbarkeit mit der Moderne und ihrer Beschäftigung mit stilistischen und formalen Fragen assoziiert, fasst sie die Landkarte als Denkbild der Postmoderne auf, weil sie (*the map*) auf politische Themen jenseits der Kunst und rein stilistische Fragen verweist. Dies ist

11 Levins Verweis auf Rosalind E. Krauss geht auf Krauss' Artikel »Grids« in der Oktoberausgabe des *The Arts Magazine* (1979) und auf ihre ebenfalls *Grids* genannte Ausstellung (1979) in der New Yorker Pace Gallery zurück; vgl. auch Krauss (1986).

angesichts der vorhin erwähnten komplexen Variabilität von Bedeutungen, die im Zusammenhang mit dem Poststrukturalismus hervorgehoben wurde, gut nachvollziehbar: Denkt man an verschiedene geopolitische Landkarten, die z. B. eine Aussage über sprachliche, religiöse oder ökonomische Verhältnisse machen, dann ist es naheliegend, dass auf die momentane Konstellation immer Partikularinteressen einwirken und dass – wie in Levins oben zitierter Aussage formuliert – Grenzen arbiträr und flexibel sind. Darüber hinaus verbergen sich hinter punktgenauen Koordinaten komplexe Verstrickungen im alltäglichen Weltgeschehen (Kriege, Grenzkonflikte, Handelsbeziehungen etc.).

Nachfolgend möchte ich mich genauer mit der Struktur in der von Levin erwähnten Moderne auseinandersetzen. Es gibt innerhalb der Kunstgeschichte verschiedene Einzelkünstler:innen und Gruppierungen, die seit den 1920er-Jahren ihren Blick auf Strukturen und ihre formalen und stilistischen Eigenschaften richten. Dazu gehören avantgardistische Bewegungen (Russischer Konstruktivismus, Zürcher Konkrete, Abstrakter Expressionismus, Op Art) aus mehreren Ländern (Sowjetunion, USA, Brasilien, Italien, Schweiz). An dieser Stelle beschränke ich mich exemplarisch auf die Arbeitsweise der Zürcher Konkreten; das Strukturmotiv in der ersten Bildtafel (Abb. 24) ist vornehmlich um Arbeiten der Zürcher Konkreten Kunst ergänzt.

»Struktur durchzieht alles«: Diesem Credo der 1960er- und 1970er-Jahre folgten die Vertreter:innen der *Konkreten* oder *Konstruktiven Kunst*, wenn sie sich mit »ästhetisch-gestalterischen« »struktur- und ordnungsprinzipien«, befassten, nach denen die grundlegend überdachten Gestaltungsmittel wie Farbe, Form, Fläche, Bewegung, Raum und Licht eingesetzt werden sollten. Die künstlerische Auseinandersetzung beschränkte sich bei den Zürcher Konkreten jedoch nicht auf »objektive gestaltungsmöglichkeiten« und »materialeigenschaften«, vielmehr sollten »vorher nur in der vorstellung bestehende abstrakte ideen in konkreter form sichtbar gemacht« werden. Solche abstrakten Ideen waren beispielsweise geometrisch-mathematische Gesetze. Konkrete Kunst sei »ohne äusserliche anlehnung an naturerscheinungen [...] ausdruck des menschlichen geistes«, materialisiere sich jedoch in der physischen Wirklichkeit (Bill 1977: 150 u. 61).

Was konkrete Kunst für weitere Studien zu *BCTU* aus der Sicht einer umweltbewussten Bildbetrachtung fruchtbar macht, ist das enorme Spannungsfeld, das die diametral entgegengesetzten künstlerischen Grundlagen erzeugen, die mit der Opposition von Geist und Körper in Verbindung stehen. Konkrete Kunst verknüpft das nicht sinnlich Wahrnehmbare in Form von abstrakten Denkkonzepten (z. B. mathematischen Formeln) mit dem Physischen, indem sie die gestalterischen Mittel und das Farbmaterial herausstellt, das nicht im Dienste einer Illusion und der natürlichen Umwelt, sondern autonom für sich selbst steht (Westheider 1995: 69–80). Die dialektische Verquickung von übersinnlicher – im Sinne von sich den menschlichen Sinnen entziehender – Gesetzmäßigkeit, die der Mensch gestalten oder allenfalls erkennen kann, und materieller Manifestation macht die Struktur zugleich menschlich und natürlich. Oder, wie Max Bill es ausdrückt: Konkrete Kunst ist gleichzeitig »real und geistig. unnaturalistisch und dennoch naturnah« (Bill 1967: 150). Dieser Doppelcharakter könnte Anlass dafür gegeben haben, dass die Struktur in gesellschaftlichen Praktiken der 1960er- und 1970er-Jahre in Anlehnung an die Natur und ihre Gesetzmäßigkeiten gedacht wurde.

Zur selben Zeit, als die Geistes-, Sozial- und Naturwissenschaften sowie Kunstschaffende ihre Aufmerksamkeit auf die Struktur richteten, suchte der US-amerikanische Architekt Richard Buckminster Fuller das strukturbestimmende Prinzip seiner sphärischen Kuppelkonstruktion mit Gitterschale aus Dreiecken, die als *Geodätische Kuppel* Verbreitung finden sollte, nicht in der Architekturgeschichte, sondern in der Natur und deren Gesetzmäßigkeiten:[12]

> Was meinen wir mit dem Wort Struktur? Ich habe viel darüber nachgedacht und mich dann entschlossen, ›Struktur‹ von einer deskriptiven Betrachtung ihres natürlichen Auftretens her zu definieren – z. B. ihr Auftreten in chemischen Elementen –, denn die Familie der chemischen Elemente und ihre komplexe Agglomeration wie Superstern-Galaxien sind gleichermassen Grundstrukturen. (Fuller 1967: 66)

Die Natürlichkeit der Struktur wird für Fuller gerade darin offenbar, dass sie vom unendlich Kleinen (wie den »chemischen Elementen«) bis zum Großen (»wie Superstern-Galaxien«) alles durchzieht. Mit dieser Analogie zwischen Mikro- und Makrokosmos scheint eine Parallele zu *BCTU* gegeben, wo das Kleine (Hirnzelle) dem Großen (Universum) gegenübergestellt ist.

Noch größer ist die motivische Übereinstimmung mit *BCTU* im nachfolgenden Passus, in welchem Fuller betont, dass die Strukturprinzipien der Natur sowohl in der »menschlichen Zelle« als auch im »bestirnten Himmel[]« ausschlaggebend seien:[13]

> [Die Strukturprinzipien der Natur] sind universell, sie sind rein mathematisch und gewichtslos. Die die Struktur bestimmenden Prinzipien schreiben nicht nur vor, was der Mensch zusammenfügen kann, sondern wirken auch auf molekularer, auf atomarer und auf nuklearer Ebene. Ebenfalls wirken sie ein Leben lang in einer jeden menschlichen Zelle und in den Strukturprinzipien des bestirnten Himmels. (Fuller 1967: 68)

Die Struktur ist Bauplan der Materie, sie bestimmt, wie sich kleine zu großen Dingen zusammensetzen. Die Struktur ist transzendent (insofern, als sie den Aufbau der Materie »rein mathematisch und gewichtslos« beschreibt) und zugleich immanent (weil sie den Aufbau der Materie bestimmt und vorschreibt, »was der Mensch zusammenfügen kann«). Die Struktur ist sowohl hier als auch

---

12 Zu Richard Buckminster Fuller vgl. Marks (1960).

13 Ungeachtet der Tatsache, dass es sich beim linken Quadrat in *BCTU* um Hirnzellen eines Mäusegehirns handelt.

dort, sowohl Physis als auch Metaphysis, sowohl Chaos als auch Ordnung. Die Struktur wirkt überall, das heißt, Fuller interpretiert sie als absolut und erhaben.

Die Auseinandersetzung mit Strukturen aus der Sicht einer umweltbewussten Bildbetrachtung ist allein deshalb von Bedeutung, weil sie sich ebenfalls im Spannungsfeld extremer Gegensätze formieren.[14] Entsprechend stellt sich die Frage, inwiefern Strukturen hierarchische Ordnungen hinsichtlich Natur und Kultur, Mensch und Umwelt sowie Geist und Körper implizieren.

Die empirische Forschung kann mit Experimenten Strukturen der Materie erfassen, gewissermaßen herauslösen, und gerade wegen des Absolutheitsanspruchs der Grundstrukturen der Natur sollten diese aus der Sicht der modernen Wissenschaften aufgeschlüsselt werden, damit der Mensch seine Umwelt neu strukturieren kann. Entsprechend prognostiziert Fuller in Bezug auf die »Entdeckung der immer gültigen strukturellen Strategie der Natur«:

> Sie ist die wirksamste und grundlegend zweckmässigste Strukturmethode. Diese Struktur muss der Mensch übernehmen, wenn er mit Erfolg den Reichtum der Natur für die gesamte Menschheit einer höheren Lebensstufe anpassen will, als es je geschah. Die Menschen haben begonnen, diese Struktur zu übernehmen; und jene Menschen werden im nächsten halben Jahrhundert die *meist benötigten* sein, die in diesen fundamentalen Strukturprinzipien Erfahrung besitzen (Fuller 1967: 88).

Ausgehend von diesem Zitat sei rekapituliert: Fullers Aufforderung, der Mensch solle die fundamentalen Strukturprinzipien der Natur »übernehmen« und somit mehr »Erfolg«, »Reichtum« und sogar eine »höhere[] Lebensstufe« erreichen, erinnert an das schon besprochene Machtstreben in den frühneuzeitlichen Wissenschaften, an Francis Bacon, den englischen Wegbereiter des Empirismus und an »Wissen ist Macht«. Wobei Wissen – so wurde in Kapitel 1.2 im Zusammenhang mit der cartesianischen Erkenntnislehre ebenfalls erläutert – vor allem dann akkumuliert werden kann, wenn der vernunftbegabte Mensch (*res cogitans*) sich die Gesetzmäßigkeiten einer auf ihr physisches Dasein reduzierten Natur (*res extensa*) aneignet und im Sinne der Menschheit instrumentalisiert.

Die Vorstellung, dass der Mensch seine Welt kraft seines Wissens kontrollieren könne, hat mit den modernen Wissenschaften ihren Höhepunkt erreicht (Lyotard 1985) und zum Ausschluss des Menschen aus dem Naturzusammenhang geführt (Horkheimer/Adorno 1969: 10). Die postmodernen Theoretiker:innen fördern die Verquickung von Macht und Wissen in den modernen Wissenschaften zutage und geben zu bedenken, dass Wissen nicht absolut oder objektiv

---

14 Strukturen sind einerseits gedachte Konzepte, und zwar insofern, als sie die Anordnung von Elementen bestimmen, und andererseits manifestieren sie sich vor allem dann, wenn Materie (Elemente, Bausteine, Teilchen, Farbmaterial) präsent ist. Dem könnte man entgegenhalten, dass die zeitgenössische Kunst aufgrund der gegenwärtigen technischen Möglichkeiten z. B. auch soziale Netzwerke digital darstellen kann und somit eine – wie Gelshorn/Weddigen (2008: 58) hervorgehoben haben – »materielle Faktizität« suggerieren, die ihnen gar nicht zukommt. Mit Blick auf die in Kap. 4 angedeutete Akteur-Netzwerk-Theorie (ANT) Bruno Latours lässt sich jedoch sagen, dass gerade auch den sozialen *mappings* physische Ereignisse vorausgehen.

sein könne. Allen voran der Poststrukturalist Foucault spürt die Verflechtung von Macht und Wissen auf und zeigt, dass jede Form von Wissen das Potenzial für Kontrolle in sich birgt. In dem 1975 verfassten Buch *Überwachen und Strafen* heißt es, »[...] dass es keine Machtbeziehung gibt, ohne dass sich ein entsprechendes Wissensfeld konstituiert, und kein Wissen, das nicht gleichzeitig Machtbeziehungen voraussetzt und konstituiert« (Foucault 2008: 39).

Zum ikonografischen Motiv der Struktur, das in diesem Kapitel aus umweltbewusster Perspektive erläutert werden soll und bisher vor allem im Hinblick auf die Unterscheidung von Strukturalismus und Poststrukturalismus besprochen wurde, lässt sich mithin folgende komprimierte Zwischenbilanz ziehen:

- Im Strukturalismus und in der Moderne (Abb. 25) werden Strukturen ermittelt, exploriert und fixiert. Das intensive Interesse an Strukturen aller Art tritt zeitgleich mit menschlichem Streben nach Welterkenntnis, Wissensvermehrung sowie Machtdemonstration und Naturbeherrschung in Erscheinung.
- Im Poststrukturalismus und in der Postmoderne werden Strukturen aufgeweicht, relativiert und von verschiedenen Blickwinkeln her beleuchtet. Selbst vermeintlich allgemeingültige Strukturen – beispielsweise die strukturbestimmenden Gesetze der Natur – erscheinen im Lichte des Poststrukturalismus und der Postmoderne nicht mehr überhistorisch wirksam respektive nicht unmittelbar erkennbar (Abb. 26).[15]

Nach diesem Einblick in das strukturelle Denken der 1960er- und 70er-Jahre ist zu klären, wo sich die Struktur in *BCTU* verorten lässt. Hierzu lassen sich an dieser Stelle erste Vermutungen anstellen:

Die Struktur in *BCTU* verhält sich hybridisch, das heißt in höchstem Masse Gegensätze verbindend: Sie verflicht nicht nur Mikro- und Makrokosmos, Geist und Körper, Kultur und Natur, sondern verbindet auch verschiedene Lebenswelten und gesellschaftliche Bereiche. Sie spannt eine Brücke zwischen der realen Lebenswelt und fiktionalen Digitalwelten. *BC* geht von einem natürlichen Präparat aus, während *TU* mathematisch am Computer errechnet wurde. Die Implikationen dieses Umstands müssen in der Diskussion (Kap. 3.1) noch genauer erörtert werden. Jedenfalls liegt jetzt schon nahe, dass die Betrachter:innen für *BC* eine Referenz in der Alltagswirklichkeit haben, während *TU* fiktiv ist. Durch die optische Analogie der beiden netzwerkartigen Strukturen wird allerdings suggeriert, dass das, was den beiden Bildteilen kausal zugrunde liegt und eigentlich grundverschieden ist, im Wesentlichen verwandt wäre. Damit erweisen sich die Verstrickungen in *BCTU* noch vielschichtiger als jene, die Levin für Landkarten erörterte. Darüber hinaus zeichnet sich deutlich ab, dass *BCTU* verschiedene gesellschaftliche Bereiche wie Wissenschaft, Kunst und Religion vernetzt, was

---

15 Zu diesem Argument vgl. die Ausführungen in Kapitel 1.1 zu Foucaults *Die Ordnung der Dinge*, wo er der erkenntnistheoretischen Gestaltung verschiedener Epochen auf der Spur ist.

in Kapitel 2.3.2 weiter verfolgt wird. Zur Weiterentwicklung des Strukturmotivs im Strukturalismus (Abb. 25) und Poststrukturalismus (Abb. 26) lässt sich jedoch jetzt schon sagen, dass *BCTU* unterschiedliche Aspekte von Natur und Kultur jenseits von Hierarchien und Disziplinzwang verbindet.

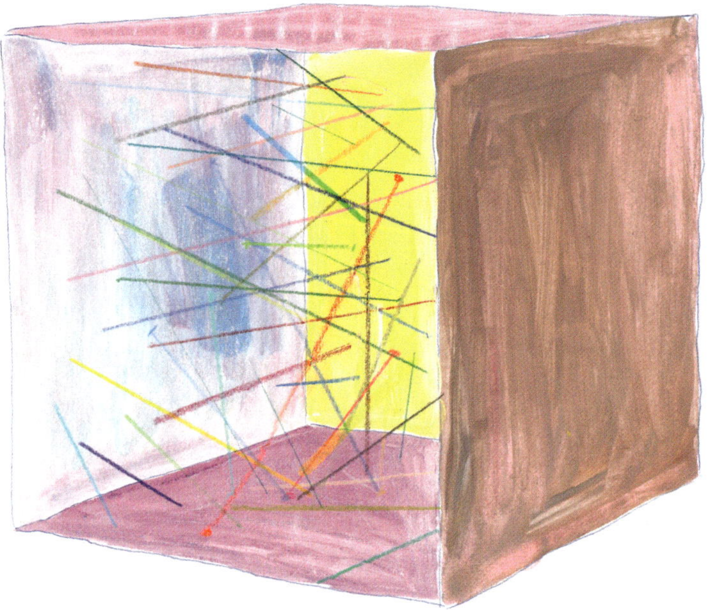

Abb. 27: Strukturschema zu *BCTU*: In mehrfacher Hinsicht wirksame Bezüge: unten–oben, klein–groß, Mikrokosmos–Makrokosmos, Geist–Materie, real–digital, sinnlich–übersinnlich, horizontal–vertikal–diagonal. Bild: M. L. T.

In Abb. 27 ist dieses methodenfreie und radikal vernetzende Denken dargestellt, indem neben der zweidimensionalen Ausdehnung in der Horizontalen und Vertikalen die Ausgestaltung in die Tiefe neu hinzukommt, sodass zum ersten Mal ein dreidimensionales Schema vorliegt. Darüber hinaus enthält die Struktur in Abb. 27 erstmals auch Verbindungslinien in der Diagonale. Abb. 27 kann als Emblem radikal vernetzten Denkens betrachtet werden. So ließe sich die dreidimensionale Struktur in Abb. 27 mit ihren mehrfach wirksamen Bezügen als Leitbild für transdisziplinär denkende Forschungsansätze betrachten. Transdisziplinarität bedeutet, dass lebensweltliche Problemstellungen jenseits disziplinärer oder methodischer Grenzen gelöst werden (Mittelstrass 1992: 250; Jaeger/Scheringer 1998: 14), und kann als Grundvoraussetzung für das Arbeiten im Bereich von Umweltschutz und Nachhaltigkeit angesehen werden. Anders ausgedrückt: Antworten auf komplexe Problemstellungen wie die globale Umweltkrise verlangen kreatives und innovatives Denken. »Das Neue ist«, wie

Helga Nowotny hervorhebt, »immer mehrdimensional, in seinen Voraussetzungen und seinen Folgerungen. Es ist nie nur wissenschaftlich oder technisch, nie nur künstlerisch. Es bedingt andere Seh- und Erkenntnisweisen, eine andere Art, mit den Dingen, der Natur, den Menschen und sich selbst umzugehen« (Nowotny 1997: 153). Unter der Annahme, dass *BCTU* als Leitbild rigoros vernetzenden Denkens dienen kann, übt das Bild aus zwei Gründen Faszination aus:

Erstens verhält sich die Struktur in *BCTU* hybridisch, und zwar, weil sie als Kultur *und* als Natur gelesen werden kann. Sie repräsentiert Geist, wenn sie als universelle Gesetzmäßigkeit gelesen wird, nach der sich die gesamte Materie von der Hirnzelle bis zum Universum formt; und sie repräsentiert Materie insofern, als sie die kleinsten Bausteine offenbart, aus denen sich das Universum zusammensetzt. Es ist dieses Sowohl-als-auch, das die Struktur in *BCTU* zur Vorlage religiöser Kontemplation erhebt. Zweitens handelt es sich um ein szientistisches Denkbild des beginnenden 21. Jahrhunderts. *BCTU* setzt als solches jenes synthetisierende und kreative Denken ins Bild, das nötig ist, um komplexen Problemen wie beispielsweise der globalen Umweltkrise zu begegnen.[16]

2.3.1.2 Das Motiv der Hirnzelle

Das generische Bild einer Hirnzelle respektive eines Neurons (Abb. 28) setzt sich aus drei Komponenten zusammen: Der Zellkörper enthält den Zellkern (*nucleus*), Träger der DNA. Die tentakelartigen Fortsätze, die vom Zellkörper ausgehen und sich an den Spitzen verzweigen, heißen Dendriten. Das Axon ist eine lange, kabelähnliche Verlängerung, die von einer segmentierten, isolierenden Schicht umgeben wird. Letztere nennt sich Myelinschicht und besteht aus Fett und Eiweiß. Neuronen transportieren und verarbeiten Informationen in Form von Nervenimpulsen: Die Dendriten empfangen biochemische Botenstoffe (Neurotransmitter) von anderen Nervenzellen, wandeln sie in elektrische Signale um und geben sie an den Zellkörper weiter. Der Zellkörper übernimmt die Informationen von den Dendriten, interpretiert sie und leitet sie zum Axon. Das Axon übermittelt den Impuls vom Zellkörper weg zum nächsten Neuron, und zwar durch Kontaktstellen, die Synapsen genannt werden. Auf diese Weise werden die elektrischen Impulse von einem Neuron zum nächsten geleitet. Sie sind aber noch zu weit mehr fähig: Kraft ihrer besonderen Form und ihres hohen Grads an Vernetzung können sie Informationen über große Distanzen austauschen (Welsch, U. 2006: 186–188; Kat. 2010: 11). Für sich genommen ist die einzelne Hirnzelle nicht intelligent. Erst das Zusammenspiel unendlich vieler Hirnzellen macht Denken möglich. Aus umweltbewusster Perspektive ist es nun

---

16 Kapitel 2.3.2.3 und Kapitel 4 skizzieren, inwiefern die Kunst kraft ihres genuin entgrenzenden und vereinenden Wesens Forschungsprojekte zu Umweltschutz und Nachhaltigkeit erhellen könnte. Dies lässt sich allerdings nur andeuten. Die Potenziale der Kunst, den ökologischen Diskurs zu erkunden, kann als Forschungsdesiderat für die nächsten Jahre betrachtet werden.

wesentlich, dass Hirnzellen-Bilder in der Lage zu sein scheinen, das dichotome Verhältnis von Geist und Körper sowie Kultur und Natur zu überwinden. Mehr noch: Anhand der grafischen Technik des *Mind Mappings* und des ikonografischen Motivs des Lichts soll vorgeführt werden, dass Hirnzellen-Bilder imstande sind, Übersinnliches, über das sinnlich Erfahrbare Hinausgehendes, anschaulich zu machen.

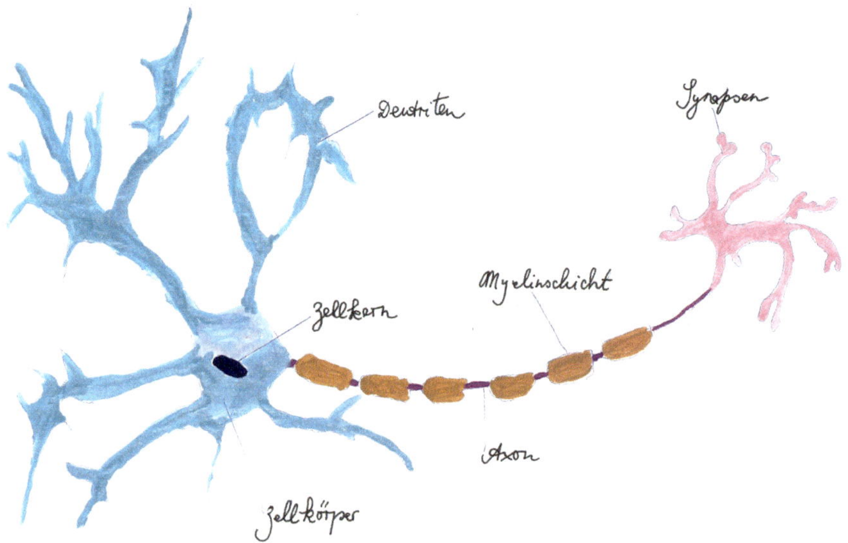

Abb. 28: Das generische Bild einer Hirnzelle. Zeichnung: M. L. T.

Die handschriftlichen Aufzeichnungen, die die rumänische Künstlerin Lia Perjovschi aus politischem Interesse anfertigt, um die Geschichte und Kunstgeschichte ihres Landes festzuhalten, ähneln dem generischen Bild der Hirnzelle nicht nur aufgrund ihres sternförmigen Auseinanderstrebens, sondern auch wegen ihrer Funktionsweise: Perjovschis Notizen speisen sich wie das *Mind Mapping* aus dem Prinzip der gedanklichen Vernetzung. *Mind Maps* liegt die Idee zugrunde, dass wir uns einzelnen, isolierten Lernstoff nur schwer merken können und ihn daher besser gedanklich mit Bildern, Geschichten und Emotionen verknüpfen, weil dies eher der Struktur unseres Gehirns entspricht (Buzan 2004: 33 f.). Sie gelten als besonders »gehirngerecht« (Notz 2012/2013: 239), weil sie »auf der Funktionsweise des menschlichen Gehirns basieren« (Buzan 2004:14). Aber nicht nur bezüglich ihrer Funktion, sondern auch hinsichtlich ihres Aussehens bestehen Ähnlichkeiten zur physischen Hirnzelle. Abb. 29 zeigt Perjovschis *Mind Map* mit dem Titel *research 1999 today*. Es kombiniert sprachliche Kommentare mit Bildern des Gehirns, des Universums und der Quantenphysik. Für den hier diskutierten Zusammenhang ist folgender Kommentar bemerkenswert, weil er das schiere Ausmaß der Konnektivität des menschlichen Gehirns benennt und in Bezug zum Universum vergegenwärtigt: »The human brain is made up of 100 billion neurons and nearly 100 trillion synapses. There is more than 300 times more connections in the brain than there are stars in the Milky Way galaxy« (Abb. 29).

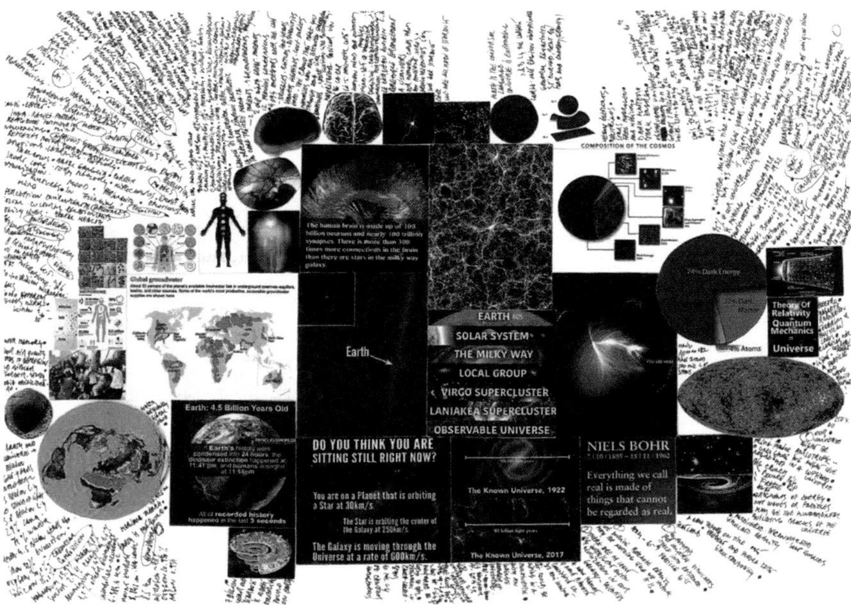

Abb. 29: Lia Perjovschi: *research 1999 today*. Bild: Lia Perjovschi

Aufgrund ihrer Eigenheit, historisches und kunsthistorisches Material zu bewahren und zu strukturieren, wurden Perjovschis *Mind Maps* in der Ausstellung »Lieber Aby Warburg, was tun mit Bildern?« mit dem Kunsthistoriker in Verbindung gebracht, der mit seinem Bilderatlas *Mnemosyne* dem »kulturellen Gedächtnis der Bilder auf der Spur war« (Schmidt 2012/2013: 7). Warburgs Atlas und Perjovschis grafische Technik haben, ebenso wie schon die in der Antike entwickelte Erinnerungskunst und die sogenannte Mnemotechnik, zu tun mit gedanklichen Verknüpfungen. Bei der Mnemotechnik werden Lerninhalte mit bereits bekannten sprachlichen und visuellen Inhalten gedanklich verknüpft (Yates 1994; Berns/Neuber 1998). Im Sinne der antiken Erinnerungskunst stellt sich bezüglich des Atlasses die Frage nach dem Wo: Wo befindet sich ein bestimmtes Bild auf der Bildtafel? Oben links? Unten rechts? Welche Bilder sind in unmittelbarer Umgebung zu sehen? Welche Negativform ergibt sich in der »bedeutsamen dunklen Leere« zwischen den Bildern (Schmidt 2012/2013: 7)?

Mit den visuellen Verknüpfungen, die Bilderarchive zusammenhalten, hat sich auch die schweizerische Fotokünstlerin Batia Suter beschäftigt. Ihr Kunstbuch

Parallel Encyclopedia wurde im Rahmen der obengenannten Ausstellung ebenfalls mit Warburgs Bilderatlas in Verbindung gebracht.[17] Suters Arbeit dehnt sich aber nicht wie Warburgs Bildtafeln in der Fläche aus, vielmehr folgt sie der linearen Logik des Buches, das sich von vorne nach hinten durchblättern lässt. Die visuellen Assoziationen zwischen den Bildern formen gleichsam die verschiedenen Glieder einer Kette. Vollgraff kommentiert Batias Buch wie folgt: »In der Parallel Encyclopedia lassen Texturen, Gesten, Schattierungen und Konturen spontane Zusammenklänge zwischen beispielsweise Brücken und Spinnennetzen oder Vogelschnäbeln und dem Helm eines Renaissancesoldaten anklingen« (Vollgraff 2012/2013: 318).

Hinter den visuellen Konnotationen verbirgt sich das, was sich mit Warburg als »kardinale Praxis« der kunst- und bildwissenschaftlichen Tätigkeit etablieren sollte: das »vergleichende Sehen« (Hensel 2012/2013: 36). Es findet in kunstgeschichtlichen Seminaren in Form der Parallelprojektion Anwendung (Hensel 2012/2013: 40; Didi-Huberman 2004: 12). Thomas Hensel hebt das zugleich oszillierende und verschmelzende Moment des vergleichenden Sehens hervor: Die Methode, zwei Bilder verschmelzen zu lassen, könne »als schematisierter Ausdruck einer Formeinheit, die Auseinandergetretenes zusammensieht und dessen Differenz in sich reflektiert«, betrachtet werden (Hensel 2012/2013: 42). Rekombinierbarkeit und Neukontextualisierbarkeit bleiben derweil unendlich: »In der Komplexität ihrer vielfältigen Assoziationen und Verknüpfungen werden gewohnte Ansichten in Rätsel verwandelt. Die so entstehende neue Grammatik der Verknüpfungen führt zu einer neuen Art des Sehens« (Vollgraff 2012/2013: 319). Für Warburg stellte sich die Frage, ob sich durch das vergleichende Sehen von Motiven, Gesten, Linienführungen eine Art kollektives Bildergedächtnis über Epochen und Kulturen hinweg verfolgen lasse (Seyfarth 2012/2013: 20; Gorsen 1994: 238–242; Haase 2020: 258).

Abb. 30 zeigt die Seiten 254–355 aus *Parallel Encyclopedia #2*, die Suter visuellverknüpfend zu *BCTU* ausgesucht und abfotografiert hat. Auf der Doppelseite sind flimmernde Naturformationen zu sehen.

Suters *Parallel Encyclopedia* und *BCTU* bedienen das vergleichende Sehen in unterschiedlichen Formaten: Während Suters Buch einen alternativen Mikrokosmos zur prädominanten Wirklichkeit bildet, stellt das in der *New York Times* publizierte Bild Mikro- und Makrokosmos in kondensierter Form einander gegenüber. *BCTU* kann aufgrund seiner binären Anordnung als Musterbeispiel visueller Vergleichspraxis angesehen werden. Die formale Übereinstimmung der beiden Seite an Seite angeordneten Bilder ist dabei bemerkenswert.

Ohne Vergleich kommen Visualisierungen von Hirnzellen aus, bei denen wir scheinbar den Zellen »beim Denken zusehen« können: Die dünnen Fasern,

17 2016/2018 hat Batia Suter das zweite Kunstbuch der Serie, *Parallel Encyclopedia #2*, herausgegeben.

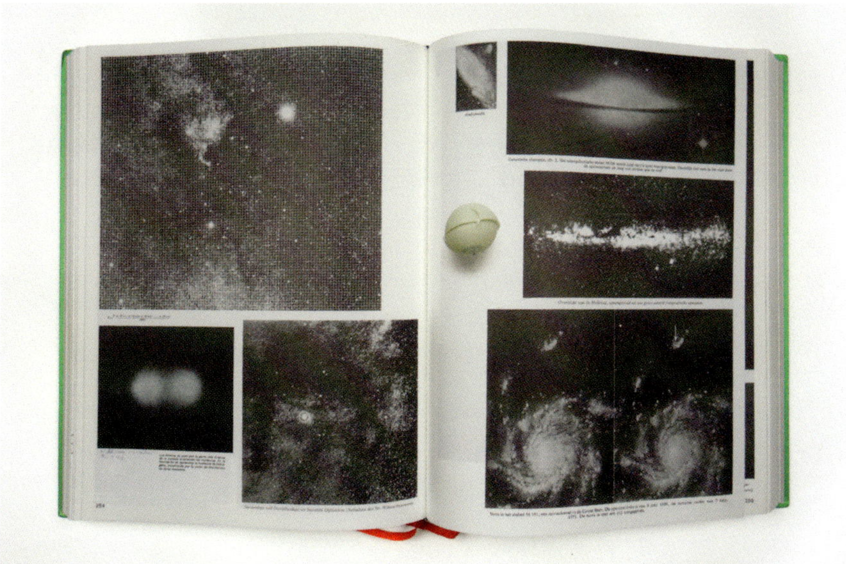

Abb. 30: Batia Suter: *Parallel Encyclopedia #2*, 2016, 21 × 28 cm, S. 254–355, Bild: Batia Suter

die die Zellkörper strahlenförmig umgeben, können »kurzzeitige, elektrische Impulse« zu den Zellkörpern hin- und von den Zellkörpern wegleiten und auf diese Weise kommunizieren (Kat. 2010: 9). Die Informationen, die dadurch ausgetauscht werden, erscheinen auf den Bildern und Animationen im Denken befindlicher Hirnzellen in Form von Licht. Die Université de Lausanne wählte als Motiv für ihre Campus Card vier Hirnzellen (Abb. 31). Im Unterschied zu den Neuronen, die im linken Quadrat von *BCTU* abgebildet sind und ohne räumliche Illusion und Hell-Dunkel-Abstufung auskommen, wirken die Hirnzellen auf der Campus Card plastisch, da sie dreidimensional im Raum angeordnet sind. Von

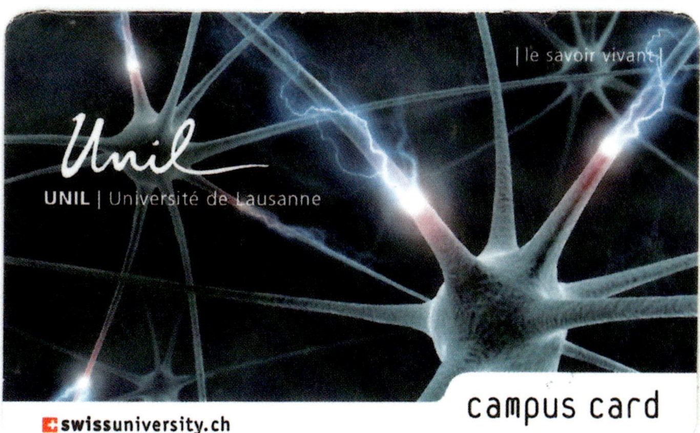

Abb. 31: Campus Card Université de Lausanne (bis 2021)

den kugelrunden Zellkörpern gehen rutenförmige Zellfasern zielgerade weg, um elektrische Impulse abzugeben und aufzunehmen. Letztere erscheinen in Form von aufleuchtendem Licht, das so intensiv ist, dass es gezackte Blitze ausstrahlt.

Licht gilt in der Ikonografie der abendländischen Philosophie als ein Zeichen für die menschliche Vernunft. Bereits Platon (427–347 v. Chr.) hatte das Reich der ausschließlich der Vernunft zugänglichen Ideen (gr. *eidos, idéa*) fernab der Dunkelheit der Schattenwelt dem Licht der Sonne zugeordnet (Platon 1994: 514–517). Und auch zweitausend Jahre später, im vernunftbetonten Zeitalter der Aufklärung des 18. Jahrhunderts, wurde die Lichtmetapher immer wieder aufgegriffen, um die Absage an das bisherige Weltverständnis und den Siegeszug der Vernunft über jegliche Form von Unmündigkeit zu feiern (Kreuzer 2014: 63–84; Becker 1994: XX u. 95–107). Demgegenüber wird das Mittelalter, in dem alle Lebensbereiche der Autorität der Kirche und der Feudalherrschaft untergeordnet waren und das Studium antiker Texte in den Hintergrund trat, gerne als finster bezeichnet.[18] In der heutigen Populärkultur werden zündende Ideen in Form von leuchtenden Glühbirnen visualisiert.

Durch die Symbolisierung des Geistigen in Form von Licht ist es also möglich, metaphysische Größen wie Denken, Intelligenz und Vernunft konstruierend sichtbar zu machen. Hirnzellenbilder üben eine große Faszination auf uns aus, weil sie Dinge ins Bild setzen, die sich unserer Sinneswahrnehmung entziehen. Für eine umweltbewusste Bildbetrachtung ist es von Bedeutung, dass gerade die Bilder, bei denen wir den Hirnzellen »beim Denken zusehen können«, sowohl Geist als auch Körper, sowohl Mensch als auch Umwelt, sowohl Kultur als auch Natur zeigen.

Die aktivierten Hirnzellen auf der Campus Card verweisen nicht nur darauf, dass die Universität Lausanne eine Denkfabrik ist, in der besonders helle Köpfe sitzen, die geniale Geistesblitze haben, sondern auch darauf, dass die Neurowissenschaften gegenwärtig sehr erfolgreich sind (Lynch 2009: 8; Hagner 2006: 389). »Hirnbilder sind«, so Martha Farah, »die Wissensikonen unserer Zeit, die Bohrs Atommodell als Symbolbild für Wissenschaft abgelöst haben« (Farah 2009: 623). Sie symbolisieren Fortschritt und technologische Macht (Dunnit 2003: 36). Felix Hasler legt in *Neuromythologie. Eine Streitschrift gegen die Deutungsmacht der Hirnforschung* seine Ansicht dar, dass die Hirnforschung den Genetik-Hype des ausgehenden 20. Jahrhunderts abgelöst habe (Hasler 2013: 33).

Der Pharmokologe kritisiert, wie schon der Titel besagt, die ungeheure Deutungsmacht, die die Neurowissenschaften für sich reklamieren.[19] Gerade kraft

---

18 Eine irreführende Verallgemeinerung, wie z. B. der Historiker Klaus Arnold (1981) schon im Titel eines Aufsatzes feststellt.

19 Hasler schreibt: »Auf dem Gebiet der Hirnforschung wurden in den letzten Jahren schier endlose Geldmengen für Forschung zur Verfügung gestellt. Entsprechend steigen die Chancen auf eine Forschungsfinanzierung ganz beträchtlich, wenn ewas mit Neuro – üblicherweise Neuroimaging – im Forschungsantrag erscheint« (Hasler 2013: 36). Ein Beispiel für ein gefördertes Pro-

bildgebender Verfahren wie *PET* (*Positronen-Emissions-Tomografie*) und *fMRT* (*funktionelle Magnetresonanztomografie*) weite sich das Gegenstandsfeld der Neurowissenschaften auf Gebiete aus, die früher theoriebasierten Disziplinen wie Philosophie, Psychologie und Theologie vorbehalten gewesen seien (Hasler 2013: 14). Michael Hagner sieht die Ursache für die Überanspruchung der Neurowissenschaften und ihrer visuellen Erzeugnisse darin, dass »menschliche Attribute wie Fühlen, Einschätzen oder Entscheiden bedenkenlos auf das Gehirn selbst appliziert werden«, obwohl Hirnbilder meist das Resultat eines komplizierten mathematischen Umwandlungsprozesses seien, bei dem zwischen der Durchblutungsveränderung im Gehirn und dem errechneten Bild eine nicht unwesentliche zeitliche Verzögerung liege, sodass von »unmittelbarer Evidenz der Repräsentation geistiger Prozesse im Gehirn« nicht die Rede sein könne (Hagner 2006: 401 f.). Es muss mangels eigener Fachkompetenz dahingestellt bleiben, ob diese kritischen Stimmen berechtigt sind. Für vorliegende Arbeit wurden sie deswegen angeführt, weil sie unter anderem die Fiktionalität von Hirnzellenbildern betonen.

2.3.1.3 Das Motiv des Universums

Das Universum kann Projektionsfläche für Fragen nach dem Woher, Wohin und Wozu sein, wobei verschiedene Konstellationen oder Arrangements von natürlicher Umwelt und menschlichem Bewusstsein zum Tragen kommen. Dafür, dass das Universum als »Himmel« eine solche Projektionsfläche für den Ursprung aller Dinge war und ist, gibt es eine ganze Reihe an Beispielen. So schrieb der Philosoph Ludwig Feuerbach 1849 in seiner Abhandlung über *Das Wesen der Religion* in einem Atemzug über den Sitz der Götter und die Gestirne, über Religiöses und Räumliches:

> Gott ist das überirdische, übernatürliche, höchste Wesen; aber auch dieses höchste Wesen ist seinem Ursprung und seiner Grundlage nach nichts anderes als das räumlich oder optisch höchste Wesen: der Himmel mit seinen glänzenden Erscheinungen. Alle Religionen von nur einiger Schwungkraft versetzen ihre Götter in die Region der Wolken, in den Äther oder in Sonne, Mond und Sterne, alle Götter verlieren sich im blauen Dunst des Himmels. Selbst der spiritualistische Gott der Christen hat seinen Sitz, seine Basis oben im Himmel. (Feuerbach 1849: 13, § 10)

---

jekt ist das Human Brain Project der *École polytechnique fédérale de Lausanne* (NZZ 2014 [Zugriff: 23.08.2021]). Sein Ziel besteht darin, innerhalb von zehn Jahren das menschliche Gehirn am Computer simulieren zu können (vom genetischen Code über Netzwerke von Nervenzellen und die Struktur der Hirnareale bis hin zum Bewusstsein). Mit den Ergebnissen sollen die Bereiche Neurowissenschaften, Computertechnik und Medizin gefördert werden (*Human Brain Projekt* [Zugriff: 10.10.2018]). Auch in den USA werden hohe Geldsummen in die Neurowissenschaften investiert: Am 2. April 2013 lancierte die Obama-Administration die mit drei Mrd. Dollar bezifferte BRAIN-Initiative (*Brain Research Through Advancing Innovative Neurotechnologies*). Gemäß Website will das Projekt die Entwicklung und Anwendung innovativer Technologien unterstützen, die ein dynamisches Verständnis der Gehirnfunktion ermöglichen (Brain Initiative [Zugriff: 23.08.2021]).

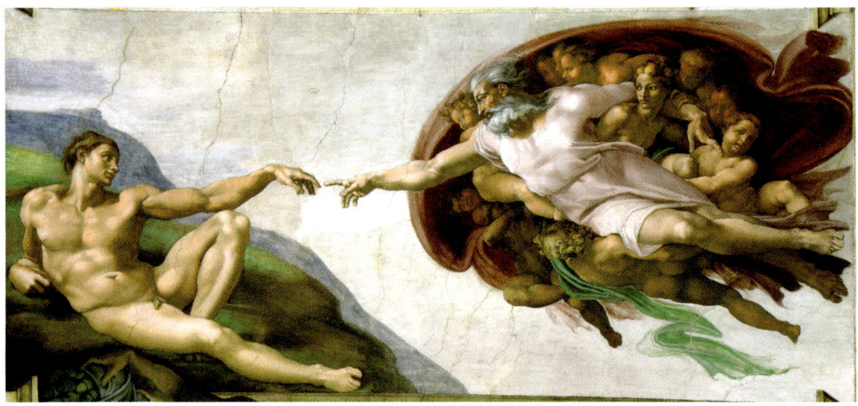

Abb. 32: Michelangelo: *Die Erschaffung Adams* (1508–1512), Rom, Vatikan, Sixtinische Kapelle

Ein Kunstwerk der abendländischen Kunstgeschichte, das den »Sitz« oder die »Basis« Gottes hoch »oben im Himmel« sehr eindrücklich veranschaulicht, ist Michelangelo Buonarrotis Darstellung der *Erschaffung Adams* aus dem Jahre 1512 (Abb. 32).[20]

Dieses Werk scheint das Zitat von Feuerbach regelrecht zu illustrieren, weil der Künstler den »Gott der Christen« »in die Region der Wolken« versetzt hat. Vor allem aber kommt die »räumliche und optische« Überlegenheit des überirdischen, übernatürlichen und höchsten Wesens dadurch zum Ausdruck, dass es sich um ein Deckenfresko handelt, das die Betrachter:innen dazu zwingt, den Kopf in den Nacken zu legen und senkrecht nach oben zu schauen. Gottes Allmacht ist bereits in seiner Blickhoheit angelegt (Belting 2008: 47, 240–257). Der Himmel ist hier die Wohnstätte des personifizierten Gottes des Alten Testaments. Der Himmel, verstanden als sichtbarer Raum, ist eine parallele Sphäre; die Welt ist strukturiert gemäß einer Logik des hier (unten) und dort (oben) Befindlichen, des Diesseits und Jenseits sowie der Immanenz und Transzendenz. Etwas anders sieht das aus, wenn man das in der Renaissance noch vorherrschende geozentrische Weltbild verlässt, über den Himmel hinausblickt und das unendliche Universum ergründet.

Abb. 33 setzt die Struktur des Universums ins Bild, wobei die würfelförmige Beschaffenheit nicht suggerieren soll, dass das Universum ein Kubus wäre, sondern die dreidimensionale Ausdehnung unterstreicht. Der würfelförmige Ausschnitt, der die Struktur des Universums abbildet, differiert seiner Form nach vom rechten Quadrat in *BCTU*, das die Netzwerkstruktur flächig zeigt. Die Betrachter:innen sind als Bewohner:innen der Milchstraße, des Sonnensystems und des Planeten Erde sowohl in Abb. 33 als auch im

20 Zu Michelangelos Kunst in der Sixtinischen Kapelle vgl. Bestmann (1999); Ross (2002).

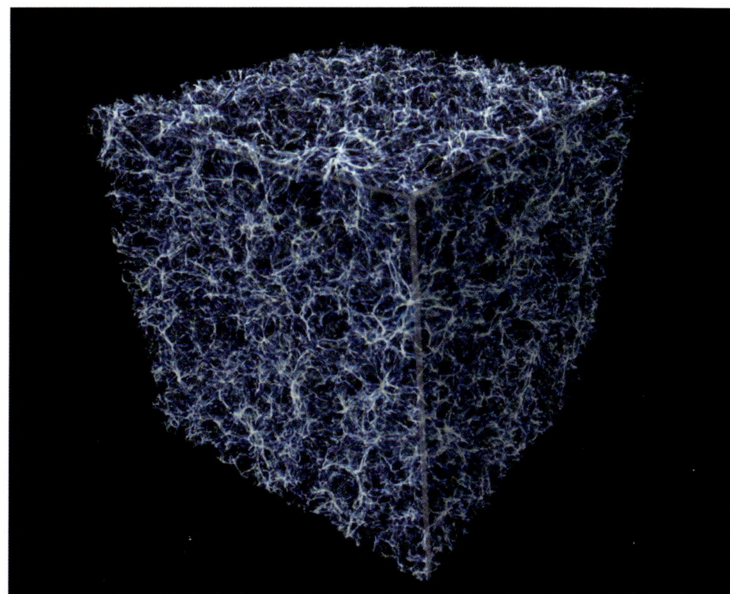

Abb. 33: Struktur des Universums, Computersimulation der NASA. Bild © NASA, ESA, und Eric Hallman (University of Colorado, Boulder)

rechten Quadrat in *BCTU* integriert. Mit anderen Worten: Wir als Betrachter:innen der beiden Bilder sind in beiden Ansichten selbst vorhanden. Das Universum ist die Gesamtheit von Raum, Zeit und aller Materie und Energie darin – und wir sind ein Teil davon. Im Gegensatz zum Himmel, der als übergeordnete Parallelsphäre zum irdischen Dasein gedacht wird, ist das Universum nicht nach einer Logik des hier und dort Befindlichen strukturiert, sondern es umfasst konsequent das Ganze. Der Begriff Universum kommt vom lateinischen *universus* und bedeutet eigentlich »in eins gekehrt«. Es ist eine Zusammensetzung aus den Worten *unus* »einer« und *versus* »gewendet« (Murdin 2001: 3389).

Bezüglich der Blickgestaltung gibt es keine Hierarchie zwischen oben und unten. Daraus ergibt sich die Schlussfolgerung: Wenn wir – die Betrachter:innen – selbst Teil des Universums sind, brauchen wir nicht nach oben zu sehen, um das Universum zu erblicken, denn wir können einfach in uns hineinschauen – selbst beim Anblick einer Hirnzelle wird uns ein Ausschnitt des Universums gewahr, das auch unser Innerstes umfasst. Wenn der Mensch sich als Teil der Natur und des unendlichen Bewusstseins empfindet, dann gibt es die Aufspaltung der Wirklichkeit in dualistische Prinzipien nicht mehr.

Die Naturwissenschaften mit ihren technischen Weiterentwicklungen und den bildgebenden Verfahren, mit denen Bilder auf der Basis von abstraktem Datenmaterial erzeugt werden, machen immer weitere Felder des Universums erklär-, berechen- und sichtbar. Dessen ungeachtet funktioniert es für neuere religiöse Strömungen als Heimstatt ihrer Götter oder der göttlichen Macht. In der Literatur aus dem Umfeld parareligiöser Bewegungen, die sich seit den

1950er-Jahren in den Industrienationen etabliert haben,[21] finden sich Beispiele dafür, dass das Universum mit dem Göttlichen gleichgesetzt wird. So heißt es etwa in Deepak Chopras Publikation *Heilung. Körper und Seele in neuer Ganzheit* erfahren:

> Wenn die physikalischen Kräfte des Universums derart dramatisch reduziert werden müssen, damit ihre Wirkung der menschlichen Daseinsebene zuträglich ist, könnte man sich vielleicht auch Gott wie eine universale Kraft vorstellen, die der Abschwächung bedarf, bevor sie mit uns in Kontakt kommt [...]. (Chopra 2010: 184)

Folgender Satz aus Paulo Coelhos *Handbuch des Kriegers des Lichts* (2001) lässt darauf schließen, dass das Universum nicht nur den Himmel im Sinne eines göttlichen Sitzes abgelöst hat, sondern sogar an die Stelle einer personifizierten Götterfigur tritt: »Das Universum richtet nicht: Es setzt sich dafür ein, dass wir erreichen, was wir wollen« (Coelho 2001: 118). Wenn das Universum mit Gott identifiziert wird und wenn wir als Erdenbürger:innen selbst Teil des Universums sind, dann wird das Göttliche auch uns zuteil. So wird es zumindest von der esoterischen Ratgeberliteratur vermittelt, z. B. im Buch *Bestellungen beim Universum. Ein Handbuch zur Wunscherfüllung* (2007): »Und du wirst keine Angst haben, denn du fühlst deine Verbindung zu deinem Selbst. Du fühlst deine Verbindung zum gesamten Universum. Wenn du deine Wahrheit lebst, wirst du unterstützt werden! Du fühlst es! Du weisst es!« (Mohr 2007: 47) Dabei wird das Universum als »universeller Parcel Service« dargestellt, der das, was wir uns wünschen, erfüllt oder ausliefert (Mohr 2007: 36).[22] Die Autor:innen der drei erwähnten Bücher betonen, dass wir mit unserem Geist oder Bewusstsein die Realität bestimmen, und beziehen sich dabei nicht etwa auf den radikalen Konstruktivismus, sondern auf popularisierte Ergebnisse der Quantenphysik, die frei appropriiert werden. Passend dazu schreibt Mohr (2007: 109): »Du gestaltest Realität durch das, was du über sie denkst [...]. Das ist keine abgehobene Esoterik, sondern auch moderne Quantenphysik«

Physiker wie Niels Bohr und Werner Heisenberg haben in der Mitte des 20. Jahrhunderts festgestellt, dass »das Beobachtersubjekt im wissenschaftlichen Experiment die Wahrnehmung seines Bobachtungsgegenstandes und damit die Erscheinungsform der Quanten weitgehend selbst bestimmt«, während sich der Gegenstand jenseits der Beobachtung in einem undefinierten Zustand zwischen Energiewelle und Elementarteilchen befindet (Iwersen 2001: 199). Diese quantenphysikalische Erkenntnis wird von esoterischen Zirkeln nun so adap-

---

21 Zu dieser Entwicklung vgl. Brand (2011: 6) und Bochinger (1994: 138). Unter parareligiösen Bewegungen werden allgemein Strömungen verstanden, die sich außerhalb des institutionellen (kirchlichen) Zusammenhangs etabliert haben.

22 Ähnlich Chopra: »Den Plan für die Entfaltung des Universums haben wir direkt vor uns [...] Wenn sie einen neuen Wunsch haben, verändert sich das Universum dahingehend [...]« (Chopra 2010: 362).

tiert und interpretiert, dass der Mensch seine Umwelt mit seinen Gedanken formt (Oepen 1999: 323).

BCTU setzt diese quantenphysikalische Feststellung der wechselseitigen Bestimmung von Beobachtersubjekt und Beobachtungsgegenstand, die die esoterische Community frei auf den Bereich des Spirituellen und Parapsychologischen überträgt, durch die optische Ähnlichkeit der beiden netzwerkartigen Konstitutionen ins Bild, wobei ein Bildteil als Ursache des jeweiligen Gegenübers betrachtet werden kann: Das menschliche Bewusstsein (*Brain Cell*) entspringt dem schöpferischen, universellen Bewusstsein (*The Universe*) und umgekehrt (im Sinne der esoterischen Lehre, wonach Gedanken die materielle Realität bestimmen). Das Universum (*The Universe*) nimmt die Gestalt der ordnenden menschlichen Intelligenz an, die durch *Brain Cell* symbolisiert wird. *BCTU* kommt bezüglich dieser menschlichen Ausrichtung der in Abb. 32 abgebildeten Jenseitskonzeption Michelangelos nahe.

Angesichts des Universums stellen sich die großen philosophischen Fragen der Menschheit: Woher komme ich? Wohin gehe ich? Oder, frei nach Goethes Faust: Was hält die Welt im Innersten zusammen? Diese Fragen werden in der modernen westlichen Welt von der Astro-, Teilchen- und Quantenphysik beantwortet (Haraway 1995: 123). Sie legen heute Modelle vor, die die Entstehung und Beschaffenheit des Universums beschreiben, sind jedoch so abstrakt, dass sie nicht mehr rational nachvollziehen sind.

So verwundert es nicht, dass esoterische Zirkel auf die Naturwissenschaften zurückgreifen, um ihre Argumente plausibel zu machen, und sich das Gegenstandsfeld der Naturwissenschaften auf jenes der Religionen ausdehnt, und zwar insofern, als sie Fragen beantworten, die früher den Religionen vorbehalten waren, und Theorien aufstellen, die oft verkürzt und populärwissenschaftlich vereinnahmt werden.

Abschließend ist zu fragen, was diese Überlegungen und Beobachtungen für die umweltbewusste Bildbetrachtung bedeuten, bei der es bekanntlich darum geht, Dichotomien aufzulösen. Wird das Universum als Gesamtheit von Zeit, Raum und aller Materie und Energie darin – einschließlich der Erde und ihrer menschlichen Bewohner:innen – begriffen, dann erübrigen sich besagte Dichotomien, weil es sowohl den Menschen als auch seine Umwelt, sowohl Kultur als auch Natur, sowohl das Geistige als auch das Körperliche umfasst. Es gibt Naturwissenschaftler, die die transzendente Dimension des Universums betonen, wie Max Tegmark in *Unser mathematisches Universum. Auf der Suche nach dem Wesen der Wirklichkeit* (2015). Tegmark ist Kosmologe am *Massachusetts Institute for Technology* (*MIT*) und begründet die These neu, dass unser Universum nur eines von unendlich vielen Paralleluniversen sei und sich zukünftig alles in Mathematik auflösen werde (Tegmark 2015: 355–393). Tegmarks Gedankengang hier herzuleiten und zu diskutieren, übersteigt den fachlichen Rahmen, doch sei seine Schlussfolgerung genannt: Das Universum werde eines

Tages vollständig in Mathematik aufgehen, das heißt, es lasse sich nicht nur mit Mathematik beschreiben, sondern sei selbst nichts anderes als reine Mathematik (Tegmark 2015: 393). Tegmarks These ist aus umweltbewusster Sicht nicht unwesentlich, denn er spricht der gesamten Materie eine transzendente Tragweite zu. Das Universum kann als Gesamtheit aller Materie verstanden werden. Durch die mathematische Gesetzmäßigkeit, die er der Materie zuschreibt, erhält diese eine übersinnliche Dimension, womit die bedenkliche Dichotomie von Kultur und Natur, Mensch und Umwelt sowie Geist und Körper aufgehoben zu sein scheint.

2.3.2 Bildtafel 2: Zu den gesellschaftlichen Bezügen von *BCTU*

Bildtafel 2 (Abb. 34) stellt *BCTU* mittels einer Reihe von Ergänzungen in ein Beziehungsgeflecht verschiedener gesellschaftlicher Kontexte. Wieder liegt eine Gliederung in drei Felder vor, die nunmehr durch die Begriffe Wissenschaft, Kunst und Religion bestimmt sind. Im oberen linken Feld befinden sich Bilder aus dem Bereich der Naturwissenschaften, aus Zeitungen und Fachzeitschriften, wie etwa aus der Publikation *Science*. Das Feld oben rechts in dieser Bildtafel setzt sich aus Bildern aus dem Bereich der Kunst zusammen. Darunter sind Arbeiten konstruktiv-konkreter Künstler:innen wie Max Bill, Hans Hinterreiter, Hans Jörg Glattfelder und Verena Loewensberg. Im dritten Feld unterhalb von *BCTU* sind Motive aus dem Umkreis verschiedener religiöser oder spiritueller Gruppierungen versammelt. Es dominieren fernöstliche Mandalas und Visionen der *New-Age*-Bewegung.[23]

Die Bildtafel zeigt gesellschaftliche Zusammenhänge auf, die im Hinblick auf die Deutung von *BCTU* eine Rolle spielen könnten. Der Bereich Wissenschaft liegt angesichts der Urheberschaft der Motive und der Erstpublikation im Wissenschaftsteil der *New York Times* nahe (vgl. Kap. 2). Der Bereich Religion begründet sich darin, dass *BCTU* im Verlauf seiner Rezeption von parareligiös gefärbten Internetforen aufgegriffen wurde. Zudem verweist *BCTU* aufgrund des ikonografischen Motivs der Struktur auf die strukturalistische Kunst der 1960er-Jahre. Darüber hinaus ist hervorzuheben, dass *BCTU* ein Bild ist, das die drei gesellschaftlichen Bereiche Naturwissenschaft, Kunst und Religion in einen Dialog bringen kann. In den nachfolgenden Kapiteln soll das Bild vor dem Hintergrund dieser Triade beleuchtet werden.

---

23 Es mag vermessen erscheinen, dieses Feld mit dem Begriff Religion zu überschreiben, weil es sich bei der *New-Age*-Bewegung nicht um eine Weltreligion, sondern um eine nicht-institutionalisierte, spirituelle Gemeinschaft handelt. Der Religionsbegriff wird jedoch an dieser Stelle allgemein für Gruppierungen verwendet, die nach transzendenten Kräften fragen. Eine Differenzierung zwischen Religion, Esoterik, spirituell, religiös und parareligiös würde den Rahmen dieser Untersuchung sprengen, da die Terminologie alles andere als geklärt ist.

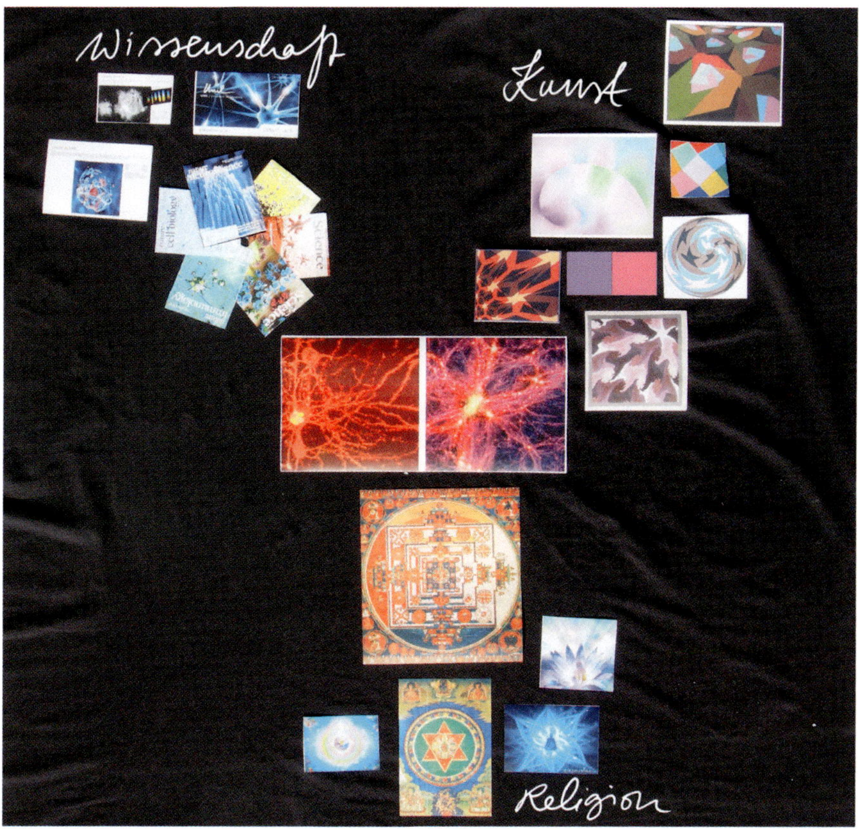

Abb. 34: Die zweite Bildtafel ist nach den drei Bereichen Naturwissenschaft, Kunst und Religion geordnet. Bild: M. L. T.

2.3.2.1 Der naturwissenschaftliche Kontext

Zunächst sei das Wissenschaftsverständnis der vorliegenden Arbeit geklärt, wobei an die Erörterungen zu Foucault in Kapitel 1.1 angeschlossen wird. Das »Erstaunen« über den »exotische[n] Zauber« der chinesischen »Taxonomie« hatte den französischen Poststrukturalisten dazu veranlasst, über die Grenzen unseres Denkens nachzudenken (Foucault 1974: 17). Seine Ausführungen über *Die Ordnung der Dinge* machen deutlich, dass sich das Denkschema der Wissenschaften im Zusammenhang mit historischen und kulturellen Bruchkanten verändert hat (Foucault 1974: 46–84; s. auch Kapitel 1.1). Dass jede Kultur das für sie und ihre Zeit stimmige Wissen hervorbringt, ließ Foucault am wissenschaftlichen Fortschritt zweifeln, denn: »Das heisst nicht, dass die Vernunft Fortschritte gemacht hat, sondern dass die Seinsweise der Dinge und Ordnung grundlegend verändert worden ist« (Foucault 1974: 25). Dennoch wird wissenschaftliche Erkenntnis in der vorliegenden Arbeit keineswegs für beliebig gehalten, im Gegenteil: Wenn Wissenschaft als ein Bereich der Kultur, als eine Dimension menschlicher Weltgestaltung verstanden wird (Speck 1980: 392), dann lässt sich eher Gestaltungsfreiheit gewinnen bezüglich der Erkenntnis, die sie produziert, als wenn davon ausgegangen wird, dass sie eine Unternehmung ist, die etwas Außenstehendes – bestenfalls objektiv und wahrheitsgemäß – entdeckt. Somit kann man eine postmodern informierte Haltung einnehmen und dennoch auf einem verbindlichen Wissenschaftsbetrieb bestehen. Drei Argumente stützen diese These:

Erstens haben die Wissenschaften aus der Sicht der *Visual Culture Studies* hinsichtlich der epistemischen Gegenstände, die sie produzieren, eine soziale Verantwortung. Letztere sind in Bezug auf soziale Konstruktionen wie *race*, *class*, *gender* und *nature* zu evaluieren, wobei im Sinne einer umweltbewussten Bildbetrachtung insbesondere die fiktive Diskontinuität von Kultur und Natur im Fokus steht. In Hinblick auf *BCTU* stellt sich zudem die Frage nach dem epistemischen Erkenntniswert visueller Erzeugnisse aus dem Bereich der Naturwissenschaften. Dieter Mersch unterscheidet in seinem historischen Überblick über das Sichtbarmachen durch Wissenschaft und Technik seit der frühen Neuzeit drei Phasen (Mersch 2006: 407–410):

- die repräsentationale Funktion des Wissenschaftsbildes, das im Sinne einer Illustration eine zuvor da gewesene Idee veranschaulicht (1600–1800);
- die von Lorraine Daston und Peter Galison sogenannte »mechanische« oder »nichtinventorische« Aufzeichnung, die z. B. im Falle der Fotografie etwas real Existierendes dokumentiert (ab 1850);
- die »artifizielle Sichtbarmachung« im Zeitalter der Digitalisierung, die ohne physische Referenz auskommt und somit Visualisierungen von Dingen und Ereignissen errechnet, die gar nicht visuell sind (seit 1960).

Auf *BCTU* angewandt, kann man bei *BC* von einer mechanischen, nichtinventorischen Aufnahme sprechen, bei *TU* von artifizieller Sichtbarmachung, da *TU* im Unterschied zu *BC* ohne optische Referenz auskommt (Kap. 3.1). Demnach sind die beiden Bildteile mit Blick auf Merschs Terminologie kategorial verschieden und jegliche Analogiebildung ist für den wissenschaftlichen Erkenntnisprozess aussagelos. Mit dem Interesse am epistemologischen Status naturwissenschaftlicher Bilder passt diese Arbeit in den Trend der deutschsprachigen Bildwissenschaften.[24]

Im Rahmen des Nationalen Forschungsschwerpunkts des *Schweizerischen Nationalfonds* »Bildkritik« wurde 2005–2017 die Rolle der Bilder als Instrumente

---

24 Für diese Arbeit sind die beiden folgenden Sammelbände besonders zu erwähnen: Heßler, Martina (Hg.), *Konstruierte Sichtbarkeiten. Wissenschafts- und Technikbilder seit der Frühen Neuzeit* (2006), und Sachs-Hombach, Klaus (Hg.), *Bildwissenschaft. Disziplinen, Themen, Methoden* (2005).

einer universellen Kommunikation und Wissensvermittlung untersucht. Die Leitfragen lauteten: »Wie erzeugen Bilder Sinn in der Wissenschaft, im Alltag und in der Kunst?« und »Wo liegt ihre spezifische Macht?« (NFS Bildkritik [Zugriff 19.03.2021]). Auch beim Projekt »Landschaften und Lebensräume der Alpen« spielen Bildanalysen eine zentrale Rolle. In der 2007 daraus hervorgegangenen quantitativen Studie *Die Kraft der Bilder in der nachhaltigen Entwicklung* analysiert Urs Müller, welche Bilder die lokale Bevölkerung zum politischen Engagement für eine nachhaltige Entwicklung der Biosphäre Entlebuch und des Weltnaturerbes Jungfrau-Aletsch-Bietschhorn bewegt haben. Müller liest die Bilder als Fenster zur Welt und lässt ihre immanente Logik außer Acht (Müller 2007).

Demgegenüber liegt der Fokus der vorliegenden Arbeit nicht auf quantitativen Analysen, sondern gerade auf den bildinternen Eigenschaften. Die Frage lautet folglich, wie Bilder durch Sichtbarmachen und Verbergen sowie dadurch, dass sie die Betrachter:innen in eine bestimmte Perspektive versetzen und ihnen eine bestimmte Sehweise vermitteln, die ästhetische Beziehung zu ihrer natürlichen Umwelt organisieren.

Zweitens erfordert die Einsicht, dass jegliche Erkenntnis der Welt historisch, kulturell und disziplinär bedingt ist, Toleranz für unterschiedliche Denkstile und Weltmodelle. Wechselseitige Toleranz ist beispielsweise die Grundvoraussetzung für eine gemeinschaftliche Bearbeitung des komplexen Problems der globalen Umweltkrise, das nur aus einer fächerübergreifenden, komparatistischen Perspektive heraus gelöst werden kann. Toleranz zwischen unterschiedlichen Denkstilen und Weltmodellen ebnet schließlich auch den Weg für die gegenseitige Erhellung von Kunst und Wissenschaft.

Im Sammelband *Kunst, Wissenschaft, Natur. Zur Ästhetik und Epistemologie der künstlerisch-wissenschaftlichen Naturbeobachtung* untersucht eine Reihe von Autor:innen, »inwiefern jüngere Positionen, Praktiken und Projekte im Überschneidungsbereich von Naturwissenschaft und Kunst Einfluss auf unsere Wahrnehmung und Erkenntnis der natürlichen Umwelt nehmen« (Maeder 2017: 10). Aus kunst- und bildwissenschaftlicher Sicht ist Natur in erster Linie das, was die Menschen von ihr anhand von Bildern wahrnehmen, reflektieren und tradieren. Insofern sollte, wie Maeder treffend formuliert hat, »[d]as, was gemeinhin als Natur bezeichnet wird, […] mit neuer Begrifflichkeit und reicheren emotionalen Bezügen in unser soziales und politisches Denken und Handeln integriert werden« (Maeder 2017: 12). Wenn verschiedene Formen von Naturerkenntnis miteinander synthetisiert werden, wenn unterschiedliche Denkstile integriert werden, wenn ein Oszillieren, Vexieren und Flimmern zwischen verschiedenen Wissensformen stattfindet und zu einer fächerübergreifenden transkulturellen Perspektive vereint werden, dann erhalten wir – mit Blick auf Foucaults *Ordnung der Dinge* – vielleicht kein überhistorisches Wissen über die Natur, aber eine differenziertere Idee, die neue Umwelterfahrungen zulässt (Maeder 2017: 15).

Drittens hat sich eine wissenschaftliche Naturerkenntnis mit Bezug auf Latours *Parlament der Dinge* (Latour 2012) um ein demokratisches Verhältnis zwischen Kultur und Natur zu bemühen. Im besten Fall gibt sie der Natur eine Stimme:

> Demokratie lässt sich nur denken, wenn die […] Grenze zwischen Wissenschaft und Politik ungehindert überquert werden kann, um eine Reihe neuer Stimmen der Diskussion hinzuzugesellen, die bisher unhörbar waren […]: die Stimmen der nicht-menschlichen Wesen. Die Diskussion auf die Menschen zu beschränken, auf menschliche Interessen, Subjektivität, Recht, wird in einigen Jahren ebenso befremdlich erscheinen wie die Tatsache, dass Sklaven, Armen und Frauen das Stimmrecht lange Zeit vorenthalten wurde. (Latour 2012: 101)

Jüngere künstlerische Positionen an der Schnittstelle von Kunst und Wissenschaft, die ihre ästhetischen Prämissen aus Materialitätsdiskursen speisen, scheinen dazu prädestiniert, der Natur eine Stimme zu geben. Als Beispiel hierfür sei nochmals die Arbeit der Performancekünstlerin Dorothea Rust angeführt (vgl. auch Kap. 1.2). Rust vermag infolge intensiver Forschungstätigkeit und einer körperbetonten Ausdrucksweise der Vorstellung eines dual abgespalteten Verhältnisses von Geist und Körper respektive Kultur und Natur etwas Integrierendes entgegenzuhalten, das prozessual ineinander übergeht. In diesem Sinne kann Abb. 35 als wesenhafte Verschränkung von Mensch und Stein gelesen werden.

Analog zur Konzeption des umweltbewussten Bilddeutungsmodells empfiehlt es sich auch im Bereich der Kunstpädagogik, Fragen bezüglich der natürlichen Umwelt von den *Visual Culture Studies* aus zu erarbeiten, weil diese gesellschaftskritisch und interdisziplinär ausgerichtet sind und die visuelle Alltagskultur reflektieren (Hicks/King 2007, Chang/Lim/Kim 2012: 19, Graham 2007: 375). Darüber hinaus ist eine ortsspezifische und erlebnisorientierte Pädagogik zu bevorzugen, denn Lernende »need to experience the natural world before they are asked to save it« (Graham 2007: 380). Es ist also wünschenswert, dass lokale menschliche und natürliche Gemeinschaften in die Curricula integriert werden und dass sich Lernende als Teil eines sozialen und ökologischen Gesamtzusammenhangs wahrnehmen.

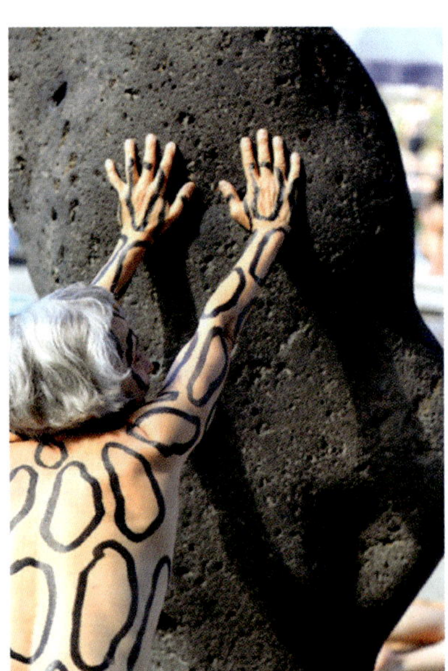

Abb. 35: Dorothea Rust: *Letten Venus*, Rundgang 1, Samstag, 10. Juni 2017, Performance 1. Bild: Roland Schmidt

Eine kreative Technik, die sich dazu eignet, soziale (aber auch ökologische!) Missstände zu identifizieren, zu definieren und zu verbessern, scheint der Einsatz der sogenannten *Photovoice*-Methode. Sie wurde ursprünglich von Caroline Wang entwickelt, um Bedarfsanalysen im Gesundheitswesen demokratisch zu gestalten (Wang/Burris 1997). Eve Tuck hat die Methode während der vergangenen Jahre in Hinblick auf partizipative Bildungsprozesse, die schwarze und indigene Jugendliche einbinden, weiterentwickelt (Tuck/Habtom 2019: 253). Diese Technik trägt besonders dem Umstand Rechnung, dass Umweltprobleme vornehmlich dort zutage treten, wo soziale Probleme bestehen (Mirzoeff 2014: 29; Mirzoeff 2018: 124, Hicks/King 2007: 334).

Demgegenüber bietet die von Peter Bengtsen beschriebene Technik der »Videography« eine Möglichkeit, »to illustrate the researcher's traversal of a certain environment«. Die Vorzüge dieser forschungsbasierten Videotechnik liegt in der Rekonstruktion der Suche nach und der Rekontextualisierung von Erscheinungen und Erfahrungen in der natürlichen Umwelt (Bengtsen 2019). Hingegen empfiehlt Mira Reisberg den Einsatz von sogenannten »multicultural picture books«, um die aus Sicht der *Visual Culture Studies* dringlichen Fragen zu sozialen und ökologischen Zusammenhängen aus einer Position der Freude und Fürsorge zu bewältigen (Reisberg 2008: 251). Mark A. Graham wiederum führt die *Visual Culture Studies* sowie den Orts- und Erlebnisbezug in der Idee des »mapmakings« zusammen:

> For art teachers, mapmaking is a particularly generative learning activity that develops visual thinking and ecological literacy. Making maps can also create connections to the cultural dimensions of landscape and geography. (Graham 2007: 381)

Gerade im kunstpädagogischen Bereich sind künstlerische Praktiken fruchtbar, die dem Zufall Raum geben. Bereits die Surrealisten haben sie angewandt. Bei Techniken wie der *Frottage, Fumage, Decalomanie, Schadographie* und *Assemblage* ist es denn auch möglich, physische Gegenstände und Lebewesen aus der Natur am gestalterischen Prozess teilhaben zu lassen. Die Gymnasiast:innen des *Liceo Artistico* haben solche den Zufall einbeziehenden Techniken hinsichtlich der Frage, wie sie der Natur eine Stimme geben können, weiterentwickelt (Abb. 36–Abb. 41).

Solche beispielhaften Herangehensweisen und Vorschläge stellen keinen Masterplan für eine umweltbewusste künstlerische Auseinandersetzung mit der physischen Natur dar. Doch illustrieren sie, dass die Zugänge und Möglichkeiten grenzenlos und kombinierbar sind. Damit lässt sich einer einseitigen Blickrichtung entgegenwirken und der geforderten Demokratie über den Gestaltungsprozess näherkommen. In Anlehnung an Max Imdahls Erläuterungen zu Jackson Pollocks Riesenbildern könnte man hier ggf. von einem »polyfokalen all-over« sprechen: »Polyfokal heisst, dass die gegebene Struktur eine Vielzahl von optischen Brennpunkten aufweist, und all-over heisst, dass die Struktur das ganze Bild überdeckt« (Imdahl 1996: 255).[25] Eine nuancierte Natur-

---

25 Imdahl präzisiert zum »polyfokalen all-over« wie folgt: »Die mit dem einen Fokus gelieferte optische Informationen ist nicht wichtiger und nicht prinzipiell anders als die in Formation aller

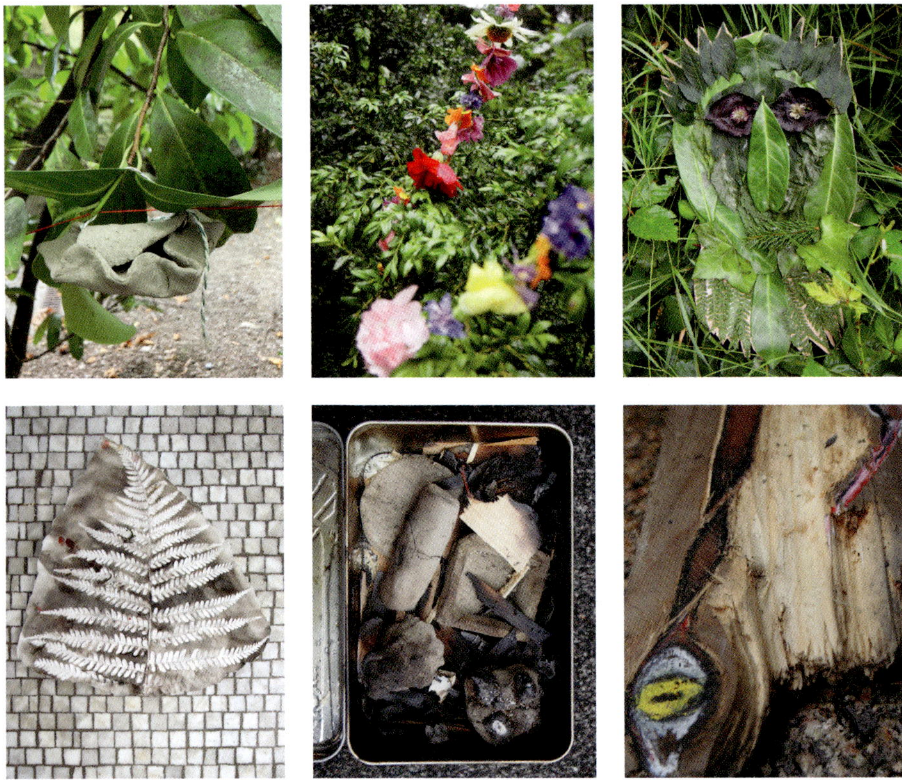

Abb. 36–41: Experimente, Schüler:innenarbeiten

vorstellung, die Zusammenhänge in ihrer Komplexität erfasst, ist nicht zuletzt auch ein Bildungsproblem, wobei ausnahmsweise gilt, dass mehr auch wirklich besser ist (mehr Integration, mehr Kombination, mehr Demokratie, mehr Bildung). Im speziellen Fall von *BCTU* kommt der hohe Grad an Vernetzung, der an dieser Stelle gefordert wird, auch durch die netzwerkartige Struktur in *BCTU* zum Ausdruck.

andern. Es gibt keine Hierarchie […]« (Imdahl 1996: 225). An dieser Stelle bezieht sich die Formulierung nicht auf ein spezifisches Bild (obwohl es in Hinblick auf *BCTU* und insbesondere auf *TU* zu prüfen wäre), sondern auf partizipative und demokratische Gestaltungsprozesse und auf künstlerische Umsetzungen der ANT.

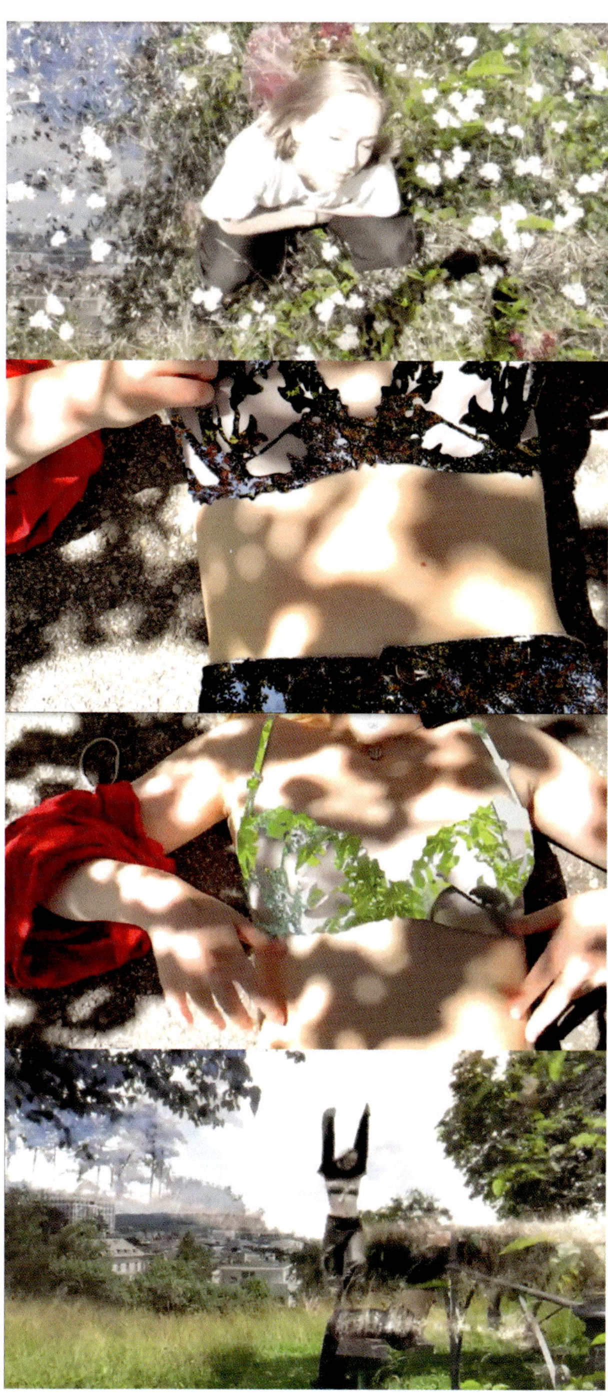

Abb. 42: Standbild,
Schüler:innenarbeit

2.3.2.2 Der religiöse Kontext

Die Ausführungen in diesem Kapitel sollen präzisieren, was in dieser Arbeit unter dem gesellschaftlichen Bereich Religion verstanden wird, der sich anhand der zweiten Bildtafel in Kapitel 2.2.2 herauskristallisiert hat und sich in Abb. 34 unterhalb von *BCTU* findet.

Gemäß Ulrike Peters (2012: 15) verfolgt die Forschungsliteratur bei der Begriffsbestimmung von Religion zwei Wege: Eine Richtung konzentriere sich auf den »substantiellen« Gehalt der Religion und betone das, womit sie sich im Wesentlichen inhaltlich beschäftige, nämlich mit der erlebnishaften Begegnung und mit dem, was gemeinhin mit dem »Göttlichen«, »Heiligen« oder Übernatürlichen umschrieben wird. Die Aussage des Schweizer Kunsthistorikers Jean-Christophe Ammann, »Religion [ist] ein Denken über den Ursprung« (Amman 2005: 189), kann exemplarisch für eine substanzielle Religionsdefinition gelesen werden. Die zweite Argumentationslinie denkt Peters zufolge eher von den funktionalen Vorbedingungen der Religion her und betont »die Tatsache, dass Religion die Gesellschaft, ihre Institutionen und Werte stabilisiert und legitimiert und soziale Identität stiftet« (Peters 2012: 16). Beispiele für solche institutionalisierten Religionen sind das Christentum und der Buddhismus. Solche Religionen werden in dieser Arbeit nur tangiert. Im Fokus stehen vielmehr religiöse Zirkel, die sich mit dem Übernatürlichen befassen, die aber als Gemeinschaft weniger organisiert sind und als »Spiritual, But Not Religious« (Fuller: 2001) oder als nicht kirchliche, nicht institutionalisierte Religion bezeichnet werden können. In den Bereich der spirituellen, aber nicht religiösen Gruppierungen gehören auch die modernen esoterischen Strömungen, die in den nachfolgenden Kapiteln (insbes. Kap. 2.2.5) näher betrachtet werden. Antoine Faivre nennt in seinem Standardwerk *Esoterik im Überblick. Geheime Geschichte des abendländischen Denkens* (2001) neben anderen noch folgende für die Esoterik entscheidende Merkmale:

- die Idee der Korrespondenz bzw. Entsprechung von Mikro- und Makrokosmos,
- die Idee der lebenden Natur,
- Imagination und Meditation,
- die Erfahrung der Transmutation, d. h. die Veränderung durch Erkenntnis.

Für den hier verfolgten Gedankengang sind die Aspekte der inneren Zusammenhänge zwischen Mensch, Welt und Kosmos sowie des Wunsches nach einer Einheit mit der Natur wesentlich, weil *BCTU* als Analogie zwischen Mikro- und Makrokosmos, Mensch und Umwelt interpretiert werden kann.

Innerhalb der enorm vielen Strömungen, die unter Esoterik gefasst werden können – Peters nennt als wichtigste *New Age*, Erdreligion, Neuheidentum, Neoschamanismus und Wicca-Kult (Peters 2012: 28) –, gibt es eine Ausprägung, die nachfolgend ausdrücklich thematisiert wird: die Bewegung des *New Age*. Dies begründet sich darin, dass *New Age* den Beginn der modernen Esoterik markiert (Peters 2012: 120–122; Bochinger 1994: 422). Die Bewegung formiert sich in den 1960er-Jahren an der Westküste der USA aus den Hippie-Bewegungen heraus. Ihre Themen sind die soziale Ungerechtigkeit im Kontext von *race* und *gender*, die ökologische Krise sowie die persönliche Selbstfindung. Überschneidungen mit der naturwissenschaftlichen Welt sind vorhanden, z. B. wird in der Dissertation *»New Age« und moderne Religion* (Bochinger 1994) der Physiker Fritjof Capra dezidiert zu den Vertreter:innen des *New Age* gezählt. Capra hat mit seinem *Tao der Physik* (Capra 1988, engl. Originalausgabe 1975) aus einer Synthese von Quantenphysik und fernöstlicher Spiritualität die ersten Ansätze für seine sogenannte Tiefenökologie entwickelt (Bochinger 1994: 133, 414, 422). In Kapitel 2.3.5 wird der Zusammenhang zwischen der *New-Age*-Bewegung und Quantenphysik unter Bezug auf *BCTU* ausgeführt.

2.3.2.3 Der künstlerische Kontext

Das Kunstsegment, das sich in der zweiten Bildtafel zu *BCTU* (Kap. 2.2.2, Abb. 34) oben rechts herauskristallisiert hat, umfasst vornehmlich Arbeiten konkreter Zürcher Künstler:innen. Das Ziel dieses Kapitels ist jedoch nicht, die Kunst der Konkreten, die in Zürich während der 1960er-Jahre aktiv waren, näher zu erläutern, da dies in Kapitel 2.3.1.1 im Zusammenhang mit dem ikonografischen Bildmotiv der Struktur bereits geleistet wurde. Vielmehr geht es darum, den Begriff Kunst etwas einzugrenzen und eine Spezifizierung festzulegen, die für die weitere Arbeit verbindlich sein kann. Die Begriffsbestimmung, die sich im Verlauf dieses Kapitels herausstellen wird, soll für die Arbeit am umweltbewussten Bilddeutungsmodell Gültigkeit besitzen, ist jedoch nicht absolut zu verstehen. Das, was als Kunst bezeichnet wird, kann nicht abschließend definiert werden, weil der Begriff historisch und kulturell wandelbar ist.[26]

Die Kunstdefinition, die für die weitere Arbeit gelten soll, hat ihren Ursprung im strukturalistischen Denken der ersten Hälfte des 20. Jahrhunderts. In Kapitel 2.3 wurde im Zusammenhang mit de Saussures Schachspielmetapher aufgezeigt, dass die Bedeutung sprachlicher Zeichen diesen nicht innewohnt, sondern relational durch Differenz zu anderen sprachlichen Zeichen festgelegt ist (de Saussure 1967: 77–79). Somit ergibt sich das, was ein Wort bedeutet, in Abgrenzung zu anderen, ähnlichen Worten. Analog dazu wird in dieser Arbeit die Auffassung vertreten, dass auch das, was als Kunst bezeichnet wird, Gegenständen und Ideen nicht inhärent ist und nicht durch intrinsische Qualitäten wie Schönheit, Autonomie, Erhabenheit oder Selbstreflexivität bestimmt sein kann.

---

26 Dies zeigt unter anderem die Übersicht über verschiedene Kunstdefinitionen von der Antike bis zur Gegenwart von Jutta Held und Norbert Schneider (2007: 21–60).

Die entsprechende Kunsttheorie geht auf den amerikanischen Philosoph Arthur Coleman Danto zurück. Danto stieß im April 1964 in einer Ausstellung der New Yorker *Stable Galerie* auf Andy Warhols *Brillo Boxes*. Warhol hatte die Kunstgalerie zu einem Supermarkt arrangiert, indem er Nachbildungen von *Brillo-, Kellogs-, Heinz-* und *Delmonte*-Verpackungen Seite an Seite aufgetürmt hatte. Die Imitationen der Kartonverpackungen waren aus Holz gefertigt, grundiert und mit sechs unterschiedlichen Sieben bedruckt (Bockris 1989: 200). Warhols Inszenierung soll Danto dazu veranlasst haben, die alles entscheidende Frage nach dem Wesen der Kunst neu zu stellen: Anstatt zu fragen: Was ist Kunst?, formulierte Danto angesichts der Warhol'schen *Brillo Boxes* die Problemstellung: Wenn man zwei identisch aussehende *Brillo Boxes* hat und eine davon ist aus Karton gefertigt und steht in einem Supermarkt, während die andere aus Holz besteht und in einer Kunstgalerie ausgestellt ist, was ist dann der wesentliche Unterschied? Weshalb betrachtet man erstere als Konsumartikel, während letztere als Kunst interpretiert werden (Danto 1987: 131; Caroll 1993: 97)? Danto schloss aus seiner neuen Formulierung, dass es nicht eine von allen Kunstwerken geteilte intrinsische oder ästhetische Eigenschaft sein konnte, die den Begriff Kunst ausmachte, sondern eine Übereinstimmung der sogenannten *Artworld* – der Gemeinschaft von Künstler:innen, Kunsthistoriker:innen, Kunstkritiker:innen, Kurator:innen, Galerist:innen und Sammler:innen. Nach Dantos *Artworld*-Essay aus dem Jahre 1964 teilten die Mitglieder der *Artworld* ein gemeinsames Verständnis für die Geschichte und Theorie der modernen Kunst: »To see something as art requires something the eye cannot decry – an atmosphere of artistic theory, a knowledge of the history of art: an artworld« (Danto 1964: 580).

Dantos Theorie, nach welcher institutionelle Rahmungen definieren, was Kunst ist, hat unter der Bezeichnung *Institutionalisierungsthese* Verbreitung gefunden. Was seinen Ansatz vom Saussure'schen Strukturalismus (Kap. 2.2), der die Kunst in Abgrenzung von anderen, ähnlichen Gegenständen und Bedeutungskonstruktionen, z. B. archäologischen Fundgegenständen, Devotionalien, Kuriositäten, Kitsch etc., erfassen würde, unterscheidet, ist, dass er seinen Fokus auf die Ein- und Ausschreibungsmechanismen richtet. In der Folge ist die Frage nach dem Wesen der Kunst bei Danto ständig neu zu verhandeln, weil auch die Institutionen im Wandel sind, die darüber bestimmen, was wir als Kunst rezipieren. Dieses Privileg kommt in der abendländischen Gesellschaft seit dem 18. Jahrhundert unter anderem den Museen, Salons, Galerien und der Kunstkritik zu (Schade/Wenk 2005: 144–184). Danto hat die Frage nach dem Wesen der Kunst durch seinen Fokus auf die Ein- und Ausschreibungsverfahren und die damit verbundenen hierarchischen Ordnungen vom Strukturalismus in den Poststrukturalismus überführt (vgl. Kap. 2.3.1.1). In der Konsequenz hat sich die Trennung von Hochkultur und Populärkultur erübrigt, weil auch sie als sozial konstruiert angesehen werden kann.

Im Grunde bestätigte Danto mit seiner Betrachtung der Warhol'schen *Brillo Boxes* seine eigene Institutionalisierungsthese. Er machte jedenfalls seine Kunsttheorie an einem ganz spezifischen US-amerikanischen Kunstereignis zu einer Zeit fest, in der es allgemeine Bestrebungen der USA gab, zur wichtigsten Kulturgröße aufzusteigen, analog zur politischen Macht. New York sollte Paris als wichtigste Kulturmetropole ablösen (Guilbaut 1997). Dies äußerte sich unter anderem im inszenierten Hype um Jackson Pollock durch die US-Kunstkritik der späten 1940er-Jahre, nach der Pollock Picasso als »grössten Künstler« abgelöst haben sollte.[27] Laut Zöllner (1992) steht der Empfang von Leonardo da Vincis Porträt der Mona Lisa del Giocondo, die im Winter 1963 vom französischen Kulturministerium an die Vereinigten Staaten ausgeliehen wurde, im Zusammenhang mit amerikanischen Machtanstrengungen des Kalten Krieges. Der damals amtierende amerikanische Präsident John F. Kennedy schloss seine aus diesem Anlass gehaltene Rede in Washington im Angesicht des vielleicht berühmtesten Gemäldes der westlichen Zivilisation mit folgenden Worten: »And I want to make it clear that grateful as we are for this painting, we will continue to press ahead with the effort to develop an independent artistic force and power of our own«.[28] Anwesend war zu dem Ereignis die »ganze herrschende Klasse der Vereinigten Staaten«, Kongressabgeordnete, Kabinettsmitglieder der Kennedy-Regierung, Vertreter des Obersten Gerichtshofs, ebenso wie Trustees der *National Gallery of Art* in Washington, Metropolitan Museum Art und Mitglieder der *Atlanta Art Association* (Zöllner 1992: 79). Aus einer poststrukturalistischen oder institutionskritischen Perspektive war Danto, der eine Karriere als »Nation's art critique« machte, selbst konstitutiv für das, was als Kunst rezipiert wurde (*New York Times* 2013: 25, Section A). Er lieferte seine Kunstdefinition zu einem Zeitpunkt, zu welchem sich die USA massiv um Geltung im Kunstgeschehen bemühten, und machte sie an der Kunst eines weißen männlichen New Yorker Künstlers fest. Somit erübrigte sich alles, was in der alten Welt zuvor und danach an Kunst produziert worden war. Dabei hätte sich z. B. anhand der Aktionen der Wiener Künstlerin Valie Export sowie anderer Künstler:innen der Zeit aufzeigen lassen, dass Kunst auch außerhalb institutionalisierter Rahmungen im öffentlichen Raum stattfinden kann.

---

27 In der Ausgabe vom 8. August 1949 veröffentlichte das *Life magazine* einen Artikel über Jackson Pollock, dessen Überschrift lautete: »Is he the greatest living painter in the United States?« Darin bezeichnete der US-Kunstkritiker Clement Greenberg Pollock als Ikone der New Yorker Schule: »The most powerful painter in contemporary America and the only one who promises to be a major one is a Gothic, morbid, and extreme disciple of Picasso's Cubism and Miró's post-Cubism, tinctured also with Kandinsky and surrealist inspiration. His name is Jackson Pollock« Clement Greenberg, 1949, *Life magazine*, August 8, 1949, 42–45.

28 Public Papers of the Presidents of the United States. John F. Kennedy [...] January 1 to November 22, 1963, Washington 1964, 5.

Dantos Institutionalisierungsansatz wird wegen seines politisch-poststrukturalistischen Impetus seitens der Sozialwissenschaften aufgegriffen, findet aber natürlich auch in den Kunstwissenschaften Widerhall.[29] So ist die Frage nach Kunst ein- und ausschreibenden Institutionen für Schades und Wenks These des »Zu-Sehen-Gebens« zentral, die dem umweltbewussten Bilddeutungsmodell konzeptuell zugrunde liegt (Schade/Wenk 2005: 144–184). Dantos Theorie harmoniert schließlich mit Halls Ausführungen zur Konstruktion von Bedeutung (vgl. Kap. 2.3.3), die ebenfalls in die Entwicklung des Modells eingeflossen sind. Konsequenterweise muss der Institutionalisierungsansatz berücksichtigt werden, weil auch eine umweltbewusste Bildbetrachtung auf postmodernen Theorien fußt. Für die Kunst gilt Gleiches wie für die Wissenschaft: Genauso, wie sich in Bezug auf die wissenschaftliche Produktion von Erkenntnis Eigenschaften wie Objektivität und Wahrheit erübrigen, entfallen typische Charakteristika der Kunst, beispielsweise Autonomie, vor dem Hintergrund der Institutionalisierungsthese, weil das Museum nicht mehr der neutrale, emanzipierte, der Religion und feudalen Macht entzogene Ort ist, als der er vom Bürgertum im 18. Jahrhundert konzipiert wurde (Waidacher 2005: 297–299; Hartung 2010: 27–36).

Aus der Tatsache, dass erst der Kontext das Kunstwerk konstruiert, schloss Danto, dass die Kunst an ihr Ende gelangt sei (Danto 1998: 47).[30] Mit Yves-Alain Bois wäre dem entgegenzuhalten, dass der Mythos vom Ende der Kunst letzten Endes dazu dient, ihre Existenz mit aller Vehemenz zu bestätigen (Bois 1990: 230). Ein Blick auf die Schnittmenge zwischen Kunst einerseits und Forschung und Wissenschaft andererseits zeigt, dass sich die Kontexte, in denen Kunst entsteht, gewandelt haben und Kunst nach wie vor ein dynamisches Experimentierfeld ist. Vor allem kann sie den ökologischen Diskurs auf originelle Weise erhellen. Wird der Fokus weg vom in sich abgeschlossenen Kunstwerk hin auf den künstlerischen Forschungsprozess verlagert, erweist sich, dass es das genuin Künstlerische – ungeachtet der Institutionalisierungsthese – gibt und dass es sich dabei um eine eigene Form der Wissensproduktion und des Weltverstehens handelt (Haas 2018: 76).

Der Begriff künstlerische Forschung muss an dieser Stelle kurz geklärt werden. Er ist mit den Bologna-Reformen verknüpft, die in der Schweiz 2003 umgesetzt wurden. Nachdem die schweizerischen Kunsthochschulen, die als Fachhochschulen aufgestellt sind, im Jahr 1998 mit einem Forschungsauftrag betraut worden waren, standen sie vor der Aufgabe, einen dritten Zyklus, d. h. ein postgraduales und forschungsorientiertes Studienangebot, einzuführen (Badura et al. 2015: 13; Dombois 2006: 21). In der Folge entzündete sich eine Debatte über

29 Robert J. Yanal fasst die Rezeption der Institutionalisierungsthese in seinem Beitrag »The Institutional Theory of Art« zusammen (Yanal 2014).

30 Zu Dantos These vom Ende der Kunst siehe Lüthy (2006), Margolis (1997) u. Herwitz (1993).

den Zusammenhang von Kunst und Forschung.[31] Im Folgenden geht es nicht darum, diese nachzuvollziehen und ein vollständiges Bild des – nach wie vor viel diskutierten (Badura et al. 2015: 10; Bippus 2008, 2015) – Begriffs künstlerische Forschung zu zeichnen. Dennoch sollen die für eine umweltbewusste Bildbetrachtung relevanten Aspekte herausgearbeitet werden.

In Hinblick auf eine umweltbewusste Bildbetrachtung stehen nämlich weniger diejenigen Bemühungen im Zentrum, die zum Ziel haben, die verfahrensmäßigen und materiellen Bedingungen künstlerischen Schaffens im Sinne von Grundlagenforschung (Schenker 2006: 151; Dombois 2006: 14) zu optimieren. Vielmehr interessieren die künstlerischen Praktiken, die den Austausch zwischen den Disziplinen fördern. Die Voraussetzung dafür, dass künstlerische Forschung in Forschungsprojekte zu Umwelt und Nachhaltigkeit integriert werden kann, ist die Annahme, dass Kunst einen eigenständigen Beitrag zum allgemeinen Weltverständnis leisten kann. Dies wiederum bedingt, dass nicht nur auf Logik und Empirie (Royo et al. 2014: 28) beruhendes Wissen, sondern auch Handlungs- und Erfahrungswissen, das unter Umständen gar nicht verbalisiert, aber sinnlich erfahren werden kann, ernst genommen wird (Dumbois 2006: 15; Haas 2018: 76). Im besten Fall führt die Integration von künstlerischer Forschung in Forschungsprojekte zur wechselseitigen Befruchtung von Kunst und Wissenschaft: Zum einen ist künstlerische Forschung in der Lage, als synthetisierendes, innovations- und kreativitätsförderndes Moment zwischen den Disziplinen zu fungieren, wobei allerdings eine »Subsumierung von Kreativität und Kultur unter die Postulate der Kreativ- und Kulturwirtschaft« (Mokre 2015: 249) vermieden werden sollte (vgl. dazu auch Wagner 2015; Mayenhofer 2015). Zum anderen ist künstlerische Forschung imstande, die Inhalte und Verfahrensweisen der Wissenschaften zu reflektieren. Ein Beispiel hierzu ist die in Kapitel 1.1 besprochene Arbeit *New England Digs* 2002 (Abb. 9) von Mark Dion, die die Systematisierungsstrategien naturhistorischer Museen kritisch beleuchtet. Und schließlich vermag künstlerische Forschung wissenschaftliche Erkenntnis nicht nur aufzuarbeiten und zur Diskussion zu stellen, sondern – und das ist für den ökologischen Diskurs zentral – sie ist auch fähig, die Ergebnisse der Wissenschaften kommunizierbar zu machen (Peters 2014: 8; Royo et al. 2014: 25).

Im Verlauf des Kapitels mag der Eindruck entstanden sein, dass im Rahmen einer umweltbewussten Bildbetrachtung mit zwei widersprüchlichen Kunstdefinitionen gearbeitet wird. Im ersten Teil wurde Dantos Institutionalisierungsthese erläutert, die der Kunst intrinsische oder ästhetische Eigenschaften, die allen Kunstwerken gemeinsam wären, abspricht, während im zweiten Teil davon ausgegangen wird, dass künstlerische Forschung genuine Beiträge zum

---

31 Im englischsprachigen Raum wurde diese Debatte lange von Christopher Fraylings Essay *Research in Art and Design* (1993/94) und Henk Borgdorffs schmalem Band *The Debate on Research in the Arts* (2006) geprägt.

allgemeinen Weltverständnis beisteuern kann. In der Gesamtbetrachtung können drei Argumente dafür aufgeführt werden, dass Kunst letztendlich exklusive Eigenschaften hat.

Zum einen hat Kunst ihre institutionelle Rahmung ausgedehnt. Künstlerisches Schaffen findet längst nicht mehr nur in Kunstmuseen und Galerien statt, sondern vielerorts, ob im Forschungslabor, im politischen Sperrgebiet oder im Seniorenheim. So entstehen neue Kunstorte und Kunstadressat:innen, die nicht mit Dantos Institutionalisierungsthese in Einklang stehen, welche die Kunst, wie oben beschrieben, über die *Artworld* bestimmt. Zum anderen basiert der Begriff künstlerische Forschung auf der Annahme, dass sich Kunst nicht im Kunstwerk erschöpft, wodurch sich der Schwerpunkt von einer Werk- zu einer Produktionsästhetik, respektive vom Objekt zum Arbeitsprozess, verschiebt (Harboe 2015: 243; Schenker 2006: 148). Und schließlich ist es der *institutional critique* gelungen, die Institutionalisierungsthese so für ihr Kunstschaffen zu verwenden, dass sie einer postmodernen Haltung Rechnung trägt und gleichzeitig eine ureigene Besonderheit der Kunst zutage fördert: Kunst kann ihre institutionellen Bedingungen sowie Ein- und Ausschlussverfahren (Museum, Ausstellungssetting, Geldgeber, Sponsoren, die Frage des guten Geschmacks) mitbedenken und zum Thema machen (Fraser 1991, Haacke 1985).

2.3.3 Nicht von Menschenhand geschaffen?

> Von Kunsthistorikern und Theologen wissen wir, dass viele gefeierte und sakrale Ikonen *acheiropoieta* genannt werden, das heisst nicht von Menschenhand geschaffen. [...] Bei der Wissenschaft ist es das Gleiche. Auch hier gilt Objektivität als acheiropoiete, als nicht von Menschenhand geschaffen. Wenn man die Hand zeigt, die in der menschlichen Textur der Wissenschaft am Werk ist, so wird man angeklagt, die Heiligkeit der Objektivität zu beschmutzen, ihre Transzendenz zu zerstören, jeden Wahrheitsanspruch zu verunmöglichen, an die womöglich einzige Quelle der Aufklärung Hand zu legen. (Latour 2002: 15 u. 17)

Naturwissenschaftliche Visualisierungen gelten als objektiv – mit Latour könnte man sagen, als »nicht von Menschenhand geschaffen« –, weil beim naturwissenschaftlichen Bildherstellungsprozess niemand ein historisch und biografisch bedingtes Subjekt wahrnimmt und die darzustellende Welt mit dem Zeichenstift bewertet und interpretiert. Die Darstellung (und möglicherweise auch die Bewertung und Interpretation) übernimmt ein technisches Gerät, das frei von individuellen Empfindungen ist. Es vermisst die objekthafte Natur systematisch, tastet sie ab und überträgt die Daten nüchtern ins Bild.[32] Lorraine Daston und

32 Zur gerätetechnisch-mechanisch begründeten Objektivität der naturwissenschaftlichen Forschungen (insbesondere des 19. Jahrhunderts) vgl. Lorraine Daston und Peter Galison (1992: 81–128).

Peter Galison nennen die Aufzeichnung, die mit dem Ziel der »Eliminierung der menschlichen Intervention zwischen Objekt und Abbildung« unter Einsatz von Apparaturen geschehe, »mechanisch-metrische Objektivität« (Daston/Galison 2002: 57).

Es sind also zwei Merkmale, die Bildern aus der Wissenschaft einen Wahrheitsanspruch einräumen und Objektivität zugestehen: Erstens zeigen naturwissenschaftliche Visualisierungen die Natur (scheinbar) ohne Bewertung durch den Menschen. Dies gilt auch für ästhetische Belange: Was beim wissenschaftlichen Bildherstellungsprozess (vermeintlich) wegfällt, ist die ästhetische Validierung der darzustellenden Wirklichkeit. Bilder aus dem Bereich der Wissenschaften suggerieren »Nicht-Eingriff« und »Nicht-Gestaltung«. Sie werden als »Bilder ohne Stil« gehandelt (Jäger 2005: 352) und haben den Ruf, die Natur so zu zeigen, wie sie ist: wahr, nackt, a priori, ohne menschliches Beiwerk. Zweitens schöpfen naturwissenschaftliche Visualisierungen – mit Latours Worten – aus der »Quelle der Aufklärung«, weil die Methoden ihrer Herstellung verstandesmäßig sind. Die Abläufe der Bilderzeugung in den Wissenschaften sind streng algorithmisch, das heißt in Einzelschritte sequenziert und definiert (Cormen et al. 2009: 3), und rational nachvollziehbar. Dies kann von Menschenhand nie ganz erreicht werden. Entsprechend können von Menschenhand gestaltete Bilder zwar handwerklich virtuos, aber nie eine perfekte Wiedergabe der Wirklichkeit sein. Von Menschenhand ist es zudem unmöglich, dasselbe Bild mehrmals zu zeichnen oder zu malen – selbst wenn Hilfsmittel wie Raster, Folien und Zirkel herbeigezogen werden, ist Reproduzierbarkeit, eine Prämisse der Wissenschaft, nicht gegeben. Jede Bewegung von Hand ist einmalig.

Aber: Sind naturwissenschaftliche Visualisierungen wirklich Bilder ohne ästhetische Bewertung der Wirklichkeit? Bleibt bei ihrer Herstellung das menschliche Subjekt tatsächlich außen vor? Sind sie das Ergebnis eines wertneutralen technischen Vorgangs oder gleicht ihre Herstellung nicht doch einem gestalterischen Schöpfungsakt?

Dieselben Fragen haben sich gestellt, als der Kunstcharakter der Fotografie zur Diskussion stand und verschiedene Fotograf:innen und Fototheoretiker:innen Antworten darauf suchten, ob die Fotografie die Realität eins zu eins abbilde oder andere Realitäten konstruiere. Zahlreiche Fotografen (László Moholy-Nagy, Alvin Langdon Coburn und die Schweizer Vertreter:innen der Konkreten Fotografie) sowie Fototheoretiker:innen betonen aber seit den 1930er-Jahren das produktive, gestalterische und das konstruierte Moment der Fotografie.[33] So hebt z. B. Susan Sontag (2008) hervor, dass fotografische Erzeugnisse einen Ausschnitt der physischen Wirklichkeit einrahmen und einfrieren.[34] Die einge-

33 Zur Einführung in die Thematik des Verhältnisses von Fotografie und Wirklichkeit vgl. Kemp (2006); Gaggern/Hinrichs (1985).

34 Sontag 2008: »Rahmen« S. 28, »Einfrieren« S. 109.

rahmte oder eingefrorene Wirklichkeit entspricht aber mitnichten jener, der wir im Alltag begegnen. Erstens erscheint die lebensweltliche Wirklichkeit nicht ausgeschnitten und eingerahmt; vielmehr liegt in der Wahl des Ausschnitts ein gestalterischer Akt. Zweitens hält die Alltagswirklichkeit nie still, sondern bewegt sich im zeitlichen Kontinuum, wobei unser Sehsinn immer bloß einen Punkt der im Wandel befindlichen Wirklichkeit scharf sehen kann. Es entspricht also nicht unserer realen Wahrnehmungserfahrung, dass wir einen stillgelegten Wirklichkeitsausschnitt mit unserem Blick abtasten können. In ähnlicher Weise argumentiert John Berger:

> Jedes Bild verkörpert eine bestimmte Art des Sehens, selbst ein fotografisches Bild. Fotos sind eben nicht, wie häufig angenommen wird, lediglich mechanische Aufzeichnungen. [...] Die Sicht des Fotografen spiegelt die Sicht des Malers, in dem, was er malt oder zeichnet, dokumentiert [...]. (Berger 1974: 9 f.)

Demgegenüber interpretiert der französische Philosoph Roland Barthes den vermeintlichen »Nichtstil« der Fotografie als scheinbaren »Realismus«, als spezifischen »Code« oder als »Konnotation« der Fotografie. Zusammen mit der »perfekten Analogie« der Wirklichkeit transportierten Fotografien nämlich die Botschaft, dass das, was im Bild dargestellt sei, genau so stattgefunden habe (Barthes 1993). So sind sie paradoxerweise gerade wegen ihrer gesellschaftlichen Funktion, Dinge und Ereignisse zu belegen und zu dokumentieren, anfällig für Fälschungen etwa in Form von irreführenden Textlegenden, Retuschen und Montagen. Sontag weist entsprechend darauf hin, dass gefälschte Gemälde bloß die Kunstgeschichte entstellten, während manipulierte Fotografien in der Lage seien, die Wirklichkeit zu verfremden (Sontag 2008: 85).

Eine umweltbewusste Bildbetrachtung stützt sich bei der Frage nach dem Verhältnis zwischen technisch hergestellten Bildern und der physischen Wirklichkeit auf den Repräsentationsbegriff von Stuart Hall, einem Hauptvertreter der britischen *Culture Studies*. Laut Hall bedeutet Repräsentation »active work of selecting and presenting, of structuring and shaping: not merely the transmitting of an already existing meaning, but the more active labour of making things mean« (Hall 1982: 64). Demnach gibt jemand, der ein Objekt fotografisch festhält, dieses nicht mit einer Bedeutung wieder, die vorher schon da gewesen wäre. Vielmehr schreiben die Fotograf:innen Dingen Bedeutungen zu, indem sie sie fotografisch *repräsentieren*. Wie bei Warburg hängen diese Bedeutungen jedoch vom Kontext ab (vgl. Kap. 2.3).

Visuelle Repräsentationspraktiken wie das Rahmen, Auswählen, Hervorheben und Ordnen sind Strategien des »Zu-Sehen-Gebens«, die unsere Ausgestaltung und Wahrnehmung der Wirklichkeit nachhaltig strukturieren und – da sie auf Ein- und Ausschlussverfahren beruhen – hierarchische Ordnungen artikulieren und fixieren (Schade/Wenk 2005; Wenk 2006: 100). Für Hall ist die Wirklichkeit jenseits des menschlichen Bewusstseins nicht der Ort von Bedeutung: »The main point is that meaning does not inhere in things, in the world. It is constructed, produced« (Hall 1997: 24). Unter der Annahme, dass Bedeutung den Dingen nicht inhärent ist, sind fotografische Erzeugnisse auch nicht in der Lage, im Vorhinein da gewesene Bedeutungen wahr oder objektiv abzubilden.[35] Das gilt für Bilder aus dem Bereich der Naturwissenschaften ganz genauso. Auch sie können objektimmanente Bedeutungen nicht wahr oder objektiv erfassen, weil Objekte a priori keine Bedeutungen haben. Hall behauptet allerdings nicht – wie etwa der radikale Konstruktivismus –, dass es keine physische Wirklichkeit gäbe, wie folgende Äußerung zeigt:

> According to this [constructivist] approach, we must not confuse the material world, where things and people exist, and the symbolic practices and processes through which representation, meaning and language operate. Constructivists do not deny the existence of the material world. However, it is not the material world which conveys meaning: it is the language system or whatever system we are using to represent our concepts. It is social actors who use the conceptual systems of their culture and the linguistic and other representational systems to construct meaning, to make the world meaningful and to communicate about that world meaningfully to others. (Hall 1997: 25)

Darüber hinaus denkt Hall die physische Dimension von Zeichen mit (»Of course, signs may also have a material dimension« [Hall 1997: 26]). Auch dies kann als Hinweis darauf aufgefasst werden, dass er die physische Wirklichkeit nicht negiert. Insofern lassen sich Halls Ausführungen zur Repräsentation ohne Vorbehalt mit einer umweltbewussten Bildbetrachtungsweise vereinen, die eine physische Wirklichkeit voraussetzt.

Auf den Untersuchungsgegenstand *BCTU* übertragen bedeutet das, dass er nicht eine zuvor da gewesene Bedeutung ins Bild setzt. Vielmehr erzeugt *BCTU* Bedeutung, indem die Hirnzelle und das Universum in einer bestimmten Art und Weise zu sehen gegeben werden (Schade/Wenk 2005). Darüber hinaus ist das Werk das Resultat zahlreicher Gestaltungsschritte und ästhetischer Entscheidungen. Ein:e Hirnforscher:in, der/die ein Mäusegehirn in dünne Scheiben schneidet, die entstandenen Plättchen einfärbt und unter dem Mikroskop betrachtet, zum richtigen Zeitpunkt den passenden Ausschnitt wählt, mehrere Bilder aufnimmt, ein geeignetes aussucht, zurechtschneidet und farblich abstimmt, handelt nicht weniger gestalterisch als eine Künstlerin oder ein Künstler. Ebenso handelt ein Wissenschaftskollektiv schöpferisch, das kalkulierte Daten in den Computer eingibt, den Computer über einen längeren Zeitraum rechnen lässt, bis er eine – im gegebenen historischen und wissenschaftlichen Kontext – überzeugende Simulation der Entstehung und Evolution des Universums erstellt, sodass ein geeignetes Standbild angehalten, koloriert und zurechtgeschnitten werden kann. Den kühnsten gestalterischen Schritt vollzog allerdings die Wissenschaftsredaktion der *New York Times*, indem sie die

35 Vgl. dazu auch die Diskussion zu de Saussure, Foucault und Magritte in Kap. 2.3.

beiden Quadrate Seite an Seite anordnete. Angesichts dessen, dass bei *BCTU* etwas unermesslich Großes und etwas unermesslich Kleines in dasselbe Format gezwungen werden, bekommen bedeutungserzeugende bildnerische Praktiken – wie Einrahmen, Auswählen und Ordnen – nochmals einen ganz anderen Stellenwert, denn durch den formalen Abgleich werden Analogien zwischen Dimensionen provoziert, die ursprünglich unvereinbar sind.

Bei *BCTU* kann also von »Nicht-Gestaltung« oder »Nicht-Stil« (Kemp 2006: 15) keine Rede sein, doch gilt dies für naturwissenschaftliche Visualisierungen ganz allgemein. Martina Heßler zeigt auf, dass wissenschaftliche Bilder ebenso einem ästhetischen Wandel unterworfen sind wie künstlerische Erzeugnisse (Heßler 2006: 67–95; Witzgall 2003: 281–291). Sie hat den ästhetischen Wandel wissenschaftlicher Visualisierungen in zwei Phasen gegliedert und dazwischen einen deutlich sichtbaren Einschnitt festgestellt: Die erste Phase umfasse die 1950er- bis 1980er-Jahre und sei geprägt von einem absichtsvollen Verzicht auf jeglichen Stil: in Schwarz-Weiß gehaltene, schlichte und unauffällige Bilder, die »scheinbar nicht gestaltet« seien und deren »technizistisches« und »funktionales Auftreten« »Objektivität« und »Nichteingriff« suggerierten (Heßler 2006: 86). Die Zäsur sieht Heßler Mitte der 1980er-Jahre. Von da an tauchten wissenschaftliche Visualisierungen nicht mehr nur in fachspezifischen Zeitschriften, sondern auch im populärwissenschaftlichen Umfeld auf. Die Computergrafik und neue Drucktechniken eröffneten nie da gewesene Gestaltungsmöglichkeiten bezüglich Farbigkeit, Design, Bildbearbeitung und Interaktiviät. Der vormals nüchterne »Nachrichtenstil« sei zum schreienden, »verspielten«, bunten (komplementär-, pastell- und neonfarbenen) und »gestylten Popstil« mutiert (Heßler 2006: 86). Heßler führt diesen Wandel aber nicht nur auf das Aufkommen der Computergrafik und neuer Drucktechniken zurück, sondern auch auf die mediale und wirtschaftliche Inszenierung der Bilder und ein neues, breiteres Zielpublikum.

Die Rolle der Bilder in den Naturwissenschaften und darüber hinaus macht jenen kulturellen Wandel deutlich, der mit Termini wie *iconic turn* und »Macht der Bilder« beschrieben wird. In seinem Aufsatz *Wissenschaftsbilder und der neue Paragone zwischen Geistes- und Naturwissenschaften* betont Ullrich, dass Bilder im Bereich der Naturwissenschaften bei der Akquise öffentlicher Gelder immens wichtig sind, denn sie lassen »einen Drittmittelertrag aussichtsreicher oder einen Vortrag spektakulärer werden« (Ullrich 2006: 310). Wissenschaftliche Visualisierungen müssen daher heute ansprechend sein. Der Schweizerische Nationalfonds schreibt jährlich einen Wettbewerb aus, um wissenschaftliche Bilder zu würdigen, »die mit ihrer ästhetischen Qualität und Kraft inspirieren und Erstaunen auslösen«. Im Jahre 2021 setzt sich Nicolas Antille von der *EPFL Lausanne* mit seiner Computersimualtion eines Mäusegehirns bei der Publikumswahl des SNF-Bilderwettbewerbs durch (SNF [Zugriff: 19.03.2021]). In der *Eidgenössischen Technischen Hochschule* (*ETH*) in Zürich findet sich eine ganze Stellwand mit Tipps für absichtsvoll inszenierte, wirksame Bilder. Als Lektüre wird das Lehrbuch *Envisioning Science. The Design and Craft of the Science Image* von Felice Frankel genannt, das konkrete Ratschläge für die Anfertigung interessanter Bilder erteilt (Abb. 43). Beispielsweise empfiehlt sie, die Farbauswahl so zu treffen, dass die Farben das Interesse auf sich ziehen und den Gegenstand betonen, selbst wenn sie nicht mit der Farbgebung der Vorlage übereinstimmen (Frankel 2002: 100 u. 165). Neben vielen anderen Punkten weist sie darauf hin, dass die Hersteller:innen eines Bildes sehr genau bestimmen sollten, welche Stellen des Gegenstandes durch Fokussierung der Kamera scharf gezeichnet werden müssen und welche infolge von Unschärfe in den Hintergrund rücken dürfen.

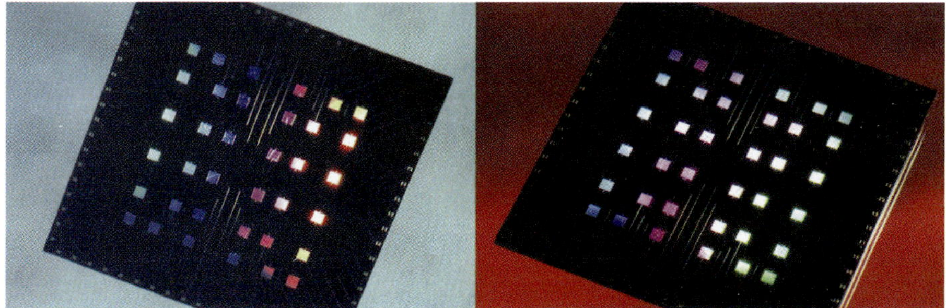

Abb. 43: Frankel 2002: 87, Is one background better than the other for this 1 cm chip?

Dem ästhetischen Wandel naturwissenschaftlicher Visualisierungen (Heßler 2006: 67) unterliegt auch *BCTU*. Somit müsste sich das Bild stilistisch und kulturwissenschaftlich sowie historisch einordnen lassen. Das Bild besticht durch seine Farbigkeit, seine Leuchtkraft, seine weite mediale Verbreitung und seine Nähe zur abstrakten Kunst. Insofern scheint es naheliegend, einen Zusammenhang zum »verspielten, gestylten Popstil« herzustellen, der seit den 1980er-Jahren das Aussehen naturwissenschaftlicher Visualisierungen prägt (Heßler 2006: 67).

BCTU ist aber schwerlich mit jenen Bildern gleichzusetzen, die wie Abb. 44 in der Mitte der 1980er und 1990er-Jahre im Zuge der Aidsforschung veröffentlicht wurden, um das Virus im Stil kriegerischer Computergames in Szene zu setzen. Im Hintergrund dieser Art der Darstellung stand, dass die Diagnose HIV einem Todesurteil gleichkam. *BCTU* ist hingegen im Kontext jener naturwissenschaftlichen Visualisierungen zu sehen, die seit den 2000er-Jahren veröffentlicht werden und gemäß Ullrich religiös konnotiert sind (Ullrich 2006: 310). Die naturwissenschaftlich konstruierten Erkenntnisse, die in diesen neueren Bildern zum Ausdruck kommen, scheinen Antworten auf die großen Fragen der Menschheit nach dem Ursprung der eigenen Existenz, nach dem Wesen der Welt und einer höheren Macht zu stehen.

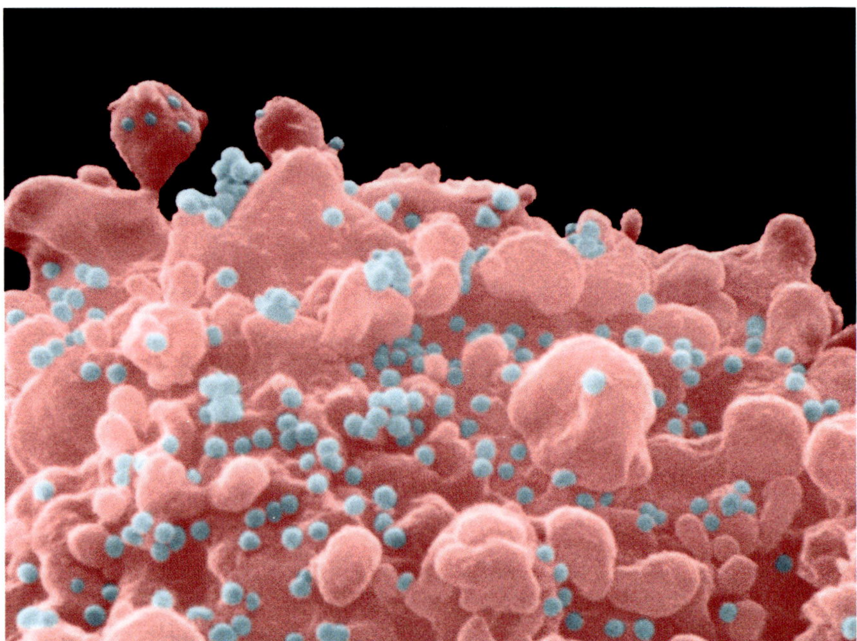

Abb. 44: Coloured SEM photo of a T-cell infected with AIDS 25.00, Bildquelle: SPL Science Photo Library

Ein Beispiel liefert die Entdeckung des *Higgs-Boson*. In zahlreichen Medienmitteilungen (z. B. Deutsche Welle 2012) wird es als »Gottesteilchen« bezeichnet. Der erst 2012 erfolgte Nachweis des Elementarteilchens zieht Fragen mit weltanschaulichen Implikationen nach sich, da es die Forscher:innen hoffen lasse, tatsächlich zu verstehen, »was die Welt im Innersten zusammenhält« (Dambeck 2012).

In diesem Kontext ist auch Abb. 45 zu sehen, die am 5. Juli 2012 in der BILD-Zeitung unter dem Titel »Gottesteilchen entdeckt« erschien. Die Visualisierung des »Gottesteilchens« weist zwei formale Merkmale auf, die sich in *BCTU* wiederfinden: Erstens wird das Bild von einem strahlenden Lichtpunkt in der Mitte des Bildes dominiert. Licht gilt nicht nur in der christlichen Ikonografie als Zeichen höchster Göttlichkeit und Heiligkeit, als Symbol der Epiphanie,[36] auch in anderen Religionen und spirituellen Bewegungen wie dem *New Age* spielen Licht und Erleuchtung eine wesentliche Rolle. Zweitens zeichnet sich das Bild durch einen hohen Grad an Abstraktion aus, was es in die Nähe der modernen abstrakten Kunst rückt. Wenn naturwissenschaftliche Visualisierungen in kunst-

36 Die Analogie zwischen Gott und Licht taucht im Evangelium und in den Johannesbriefen mehrmals auf. Gemäß Genesis 1,1–1,5 schuf Gott das Licht an seinem ersten Werktag (vgl. auch Kreuzer 2014: 64 f.; Becker 1994: 21).

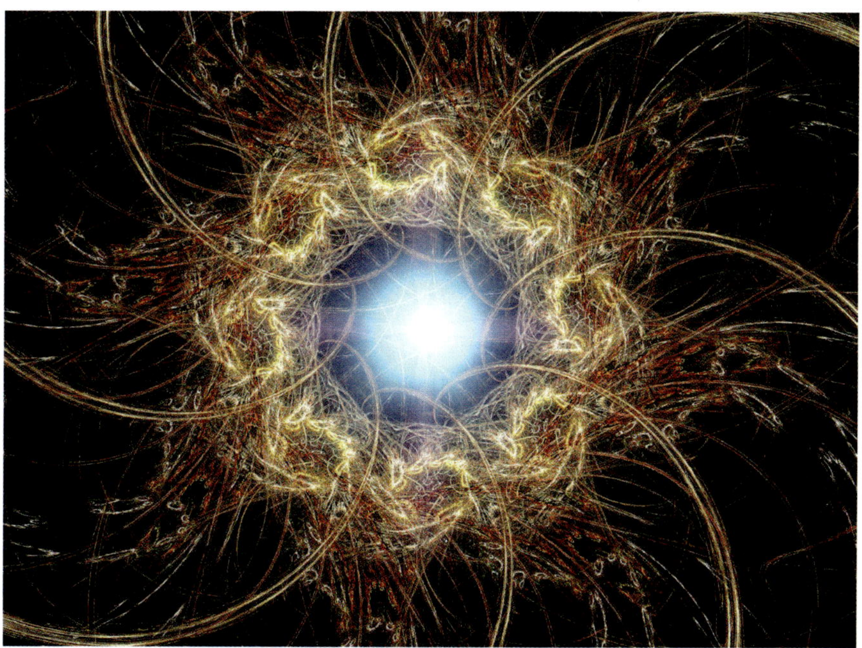

Abb. 45: Higgs Boson, conceptual artwork 25.00, Bildquelle SPL Science Photo Library

historische und christlich-religiöse Kontexte eingebunden werden, können sie in einer Gegenwart, in der Bilder eine wesentliche Rolle bei der Orientierung in der Welt spielen, mit erhöhter Aufmerksamkeit rechnen.

Das Wissenschaftsbild um 2020 sieht wieder anders aus. Im Verlauf des ästhetischen Wandels werden die religiös konnotierten Bilder mit ihrer starken Betonung des Lichts sukzessive abgelöst. Was an ihre Stelle treten wird, kann in dieser Untersuchung noch nicht geklärt werden. Erste Auseinandersetzungen mittels Visualisierungen des Coronavirus durch die Schüler:innen des schweizerisch-italienischen Kunstgymnasiums *Liceo Artistico* geben jedoch Anlass zur Vermutung, dass sich wissenschaftliche Bilder gegenwärtig durch eine extreme Betonung der Oberflächenbeschaffenheit und Materialität von Dingen auszeichnen. Das aufgrund der physischen Referenz gewonnene elektronenmikroskopische Bild des Coronavirus lässt eine rundliche Grundform und morphologisch schwer zu definierende Fortsätze lediglich erahnen (Abb. 46).

Dennoch suggerieren die computergenerierten, aber menschengemachten Bilder, die die Medien verbreiten, den Schüler:innen zufolge, dass das äußere Erscheinungsbild des Virus genau bekannt wäre. Die Illusion, dass wir das konkrete Aussehen dieser Viren kennen, wird dadurch verstärkt, dass die medialen Visualisierungen insbesondere auf eine detaillierte Oberflächenbeschaffenheit

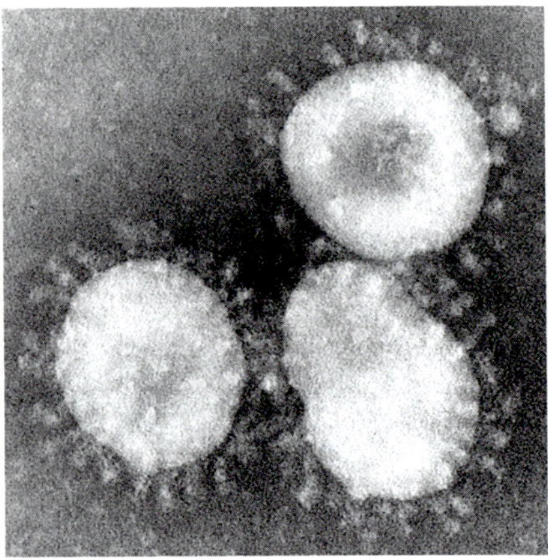

Abb. 46: Elektronenmikroskopisches Bild dreier SARS-CoV (Ausschnitt). Foto: Dr. Fred Murphy. Nachweis: Centers for Disease Control and Preventions (CDC) Public Health Image Library (PHIL), Identifikationsnummer 4814, https://phil.cdc.gov/Details.aspx?pid=15523, (Zugriff: 11.12.21)

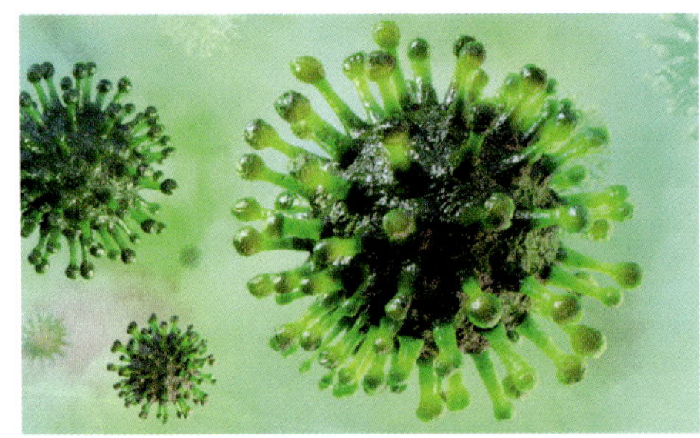

Abb. 47: Nachweis: Schweizerische Eidgenossenschaft: Staatssekretariat für Wirtschaft SECO, https://www.seco.admin.ch/seco/de/home.html, (Zugriff: 11.12.21)

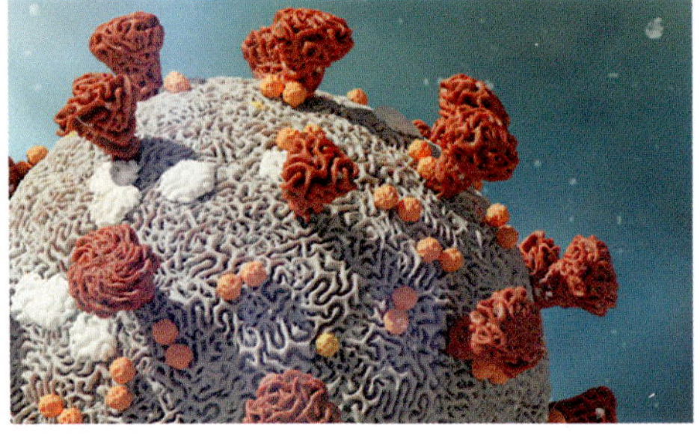

Abb. 48: Nachweis: Schweizerische Eidgenossenschaft: Inosuisse – schweizerische Agentur für Innovationsförderung, https://www.innosuisse.ch/inno/de/home/ueber-uns/News/coronavirus.html, (Zugriff: 11.12.22)

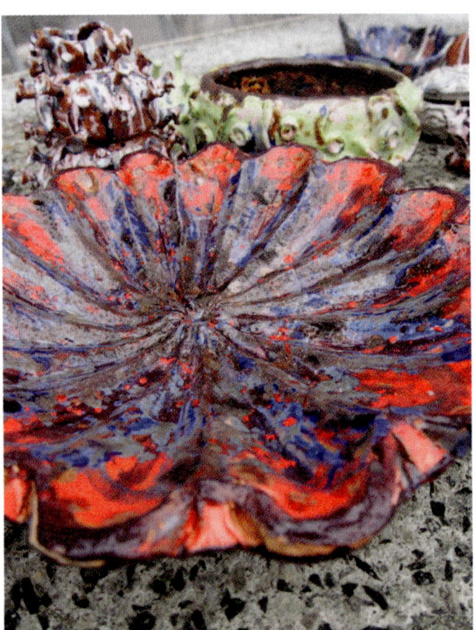

Abb. 49: Schüler:innenarbeiten zum Coronavirus

Wert legen, die eine schleimige, klebrige, nasse, glänzende (Abb. 47) oder matte und strukturierte Verfasstheit zu erkennen gibt (Abb. 48).

In der Folge, so scheint es, stehen die Visualisierungen, welchen wir gegenwärtig in den Medien begegnen, bezüglich Fiktionalität den in Handarbeit gemachten, glasierten Terrakottaobjekten der Schüler:innen in nichts nach. Letztere wurden damit beauftragt, ein wesentliches Merkmal des Virus in ein brauchbares Gefäss zu verwandeln (Abb. 49).

2.3.4 Mit dem Auge der Wissenschaft

> Als Gebieter über die Natur gleichen sich der schaffende Gott und der ordnende Geist. Die Gottesebenbildlichkeit des Menschen besteht in der Souveränität übers Dasein, im Blick des Herrn, im Kommando.
> (Horkheimer/Adorno 1969: 15)

Mit einer umweltbewussten Bildbetrachtung ist das Bestreben verbunden, die Distanz und das Bedeutungsgefälle zwischen einer aktiven Seite der Kulturproduktion und -rezeption und einer auf ihr passives Dasein reduzierten Natur aufzuheben. Das Eingangszitat von Horkheimer und Adorno verweist auf den Menschen als gottesebenbildlichen, ordnenden Geist auf der aktiven Seite. In Bezug auf *BCTU* gilt es zu klären, wer bei diesem Bild von welchem Standpunkt aus schaut und was sie oder er dabei sieht. Wie gestaltet sich das Verhältnis von Sehen und Gesehen-Werden, Sichtbarkeit und Unsichtbarkeit? Ausgangspunkt für die weiteren Untersuchungen ist die Annahme, dass Bilder durch Blickführung hierarchische Ordnungen einprägen und Sehweisen konditionieren können (Pagenstecher 2006; Sturken/Cartwright 2001: 10). Die in Bildern angelegten hierarchischen Ordnungen wirken in Abhängigkeit davon, wie die Perspektive und die Relationen bezüglich Sehen und Gesehen-Werden sowie Sichtbarkeit und Unsichtbarkeit angeordnet sind.

Entsprechend führt Foucault anhand der Velázquez'schen *Meninas* (Abb. 50) vor, dass der »souveräne Blick des Malers« (Foucault 1971: 31) das Schauspiel insofern beherrsche, als er sowohl die Vorderseite des Bildes als auch den Betrachter sehe, während dem Betrachter der Blick auf das Bild verwehrt bleibe:

> Demselben Betrachter ist nur die Rückseite des Bildes sichtbar, nur das riesige Gestell ist dem Blick freigegeben. Dagegen ist der Maler völlig sichtbar. [...] Seine dunkle Gestalt, sein helles Gesicht bilden die Mitte zwischen Sichtbarem und Unsichtbarem. Er tritt hinter der für uns nicht einsehbaren Leinwand hervor und wird dadurch sichtbar; wenn er aber gleich einen Schritt nach rechts tun und sich unserem Blick entziehen wird, wird er genau vor dem gemalten Bild stehen. (Foucault 1971: 31)

Hierarchische Ordnungen, die mit der inneren Logik von Bildern einhergehen, sind für eine umweltbewusste Bildbetrachtung besonders dann von Interesse, wenn damit Asymmetrien in Bezug auf das Verhältnis zwischen natürlicher Umwelt und menschlichem Bewusstsein verbunden sind. Für eine umweltbe-

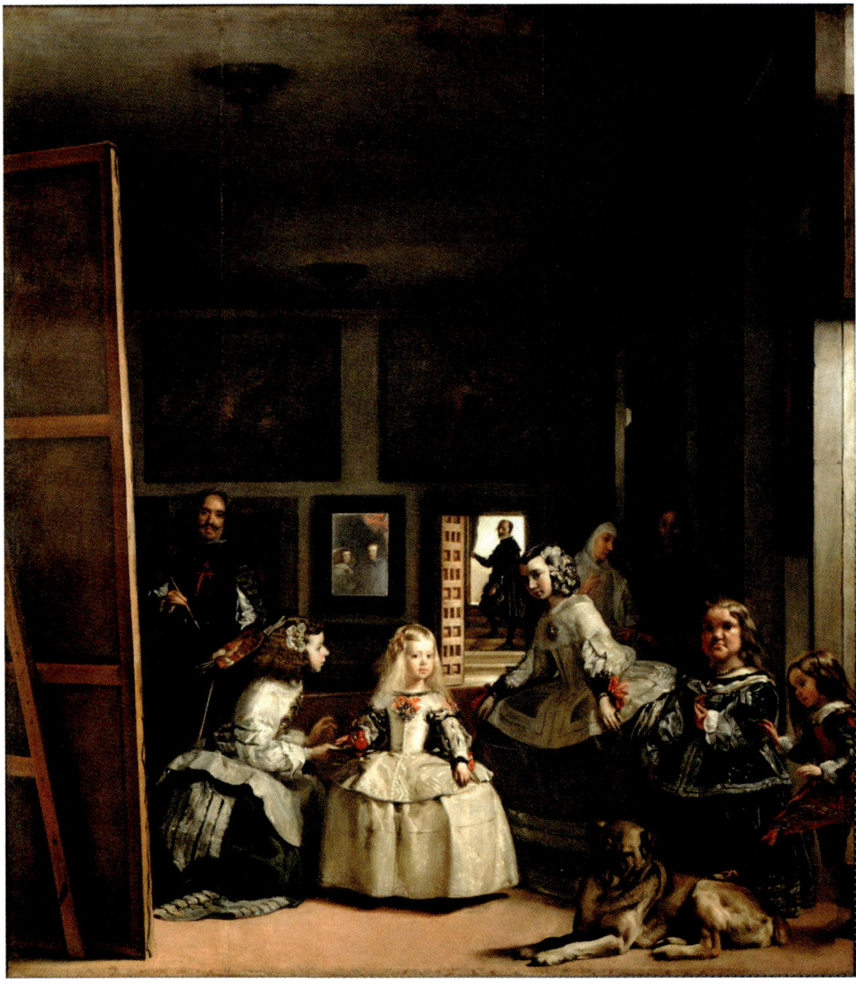

Abb. 50: Diego Velázquez: *Las Meninas*, 1656, Öl auf Leinwand, 318 × 276 cm, Madrid: Museo del Prado

wusste Bildbetrachtung könnte die konkrete Fragestellung demnach lauten: Wie gestaltet sich das Verhältnis von Perspektive, Sehen und Gesehen-Werden sowie Sichtbarkeit und Unsichtbarkeit im Hinblick auf die tradierte Dichotomie von Mensch und Umwelt sowie Geist und Körper? Sie ist deshalb wichtig, weil wir davon ausgehen können, dass es eine »Dialektik von äußeren und inneren Bildern« gibt (Belting 2001: 21). Dies wiederum bedeutet, dass die Bilder der Natur, die wir heute betrachten, beeinflussen, wie wir die physische Natur morgen sehen werden.

Bildnerische Gestaltungsfiguren wie die Perspektive oder das Verhältnis von Sehen und Gesehen-Werden, Sichtbarkeit und Unsichtbarkeit sind Strategien des »Zu-Sehen-Gebens«, die unser Verhältnis zur Umwelt nachhaltig strukturieren und hierarchische Ordnungen fixieren (Schade/Wenk 2005; Wenk 2006: 100). Schade und Wenk fassen aber unter Strategien des »Zu-Sehen-Gebens« nicht nur bildimmanente Bildeigenschaften, sondern auch Phänomene, die unter Umständen gar nicht im Bild selbst sichtbar sind. Dazu gehören sowohl Gegenstände, die sich jenseits des Bildraumes befinden und bei der Bildproduktion ausgeschlossen wurden, als auch Ein- und Ausschlussverfahren, die bestimmen, welches Bild zu einem bestimmten Thema überhaupt in Umlauf kommt oder eben nicht. In den nachfolgenden Ausführungen werden daher naturwissenschaftliche Visualisierungen am Beispiel von *BCTU* hinsichtlich solcher blickspezifischer Aspekte analysiert.

Naturwissenschaftliche Visualisierungen suggerieren Objektivität, und zwar mittels zweier Merkmale, die an *BCTU* festgemacht werden können. Das erste Merkmal ist die Abwesenheit des Standpunktes, welcher von der/dem Betrachtenden im Bild eingenommen wird. Die Rezeptionsästhetik geht davon aus, dass der »implizite Betrachter« eines Bildes immer schon im Bild vorgesehen ist (Kemp 2003: 250). Demnach betrachtet jede/r die bildlich dargestellte Szene mit den Augen einer Erzählinstanz, die in einem ganz bestimmten Verhältnis zu den im Bild dargestellten Dingen steht. Um den Augenpunkt der impliziten betrachtenden Person ausfindig zu machen und herauszufinden, ob sie z. B. von der untergeordneten Froschperspektive aus schaut, auf Augenhöhe mit den abgebildeten Dingen steht oder souverän auf sie herunterblickt, gilt es die Perspektive zu rekonstruieren.[37] In *BCTU* gibt es jedoch keine perspektivischen Verkürzungen, sodass sich kein Fluchtpunkt, keine Horizontlinie und auch kein Standpunkt der betrachtenden Person ausfindig machen lässt. Der Blick wird also nicht durch zentralperspektivisch organisierte Fluchtlinien gelenkt, vielmehr blicken die Betrachter:innen direkt und frontal auf die Hirnzelle und das Universum. Ebenso wenig gibt es in *BCTU* Abstufungen bezüglich Schärfe und Ausleuchtung. Die Natur befindet sich unmittelbar – das heißt raum- und zeitlos – vor den Augen des/der Betrachter:in. Christine Karallus hebt hervor, dass der »Verzicht auf ästhetische Mittel«, die normalerweise für die Erzeugung von Räumlichkeit bzw. Perspektive eingesetzt werden würden (Größenveränderung, Verkürzung der Formen, Konvergenz von Linien oder Abschwächung von Tonwerten und Kontrasten, stattdessen: scharfe Wiedergabe aller Bildelemente, unterdrückte Raumtiefe, Hervorhebung der Flächigkeit des Bildes), den Anschein erwecke, als würde »die gesamte Information auf oder kurz hinter der Oberfläche liegen« (Karallus 2006: 206 f.). Wir kennen die Limitierung auf die

---

37 Zum technikbegeisterten Blick eines Piloten vgl. Nierhaus (2011). Zum nüchternen Blick der »visuellen Kriegsberichtserstattung« vgl. Paul (2006: 248).

Frontalansicht und den Verzicht auf die Raumillusion auch als Ehrfurcht gebietende bildnerische Gebärde byzantinischer Mosaiken.

Dass die Betrachter:innen vom formalen Aufbau her nicht im Bild fixiert sind, entkräftet den Verdacht, dieses sei sozial konstruiert. Zudem repräsentiert *BCTU* ein Bildmodell, das nicht kulturspezifisch, sondern universell gilt. Die Betrachter:innen schauen die Hirnzelle und das Universum von einem transzendenten Standpunkt aus an, der jenseits der Bildgrenzen liegt. Um mit Horkheimer/Adorno zu sprechen: Sie schauen mit dem Blick eines allmächtigen Gottes, der »plötzlich diese Übersicht« über die »Ordnung der Dinge« hat.[38] Hans Belting hat diesen Blick in seiner Monografie *Florenz und Bagdad. Eine west-östliche Geschichte des Blicks* (2008: 47) anhand der sakralen arabischen Kunst erläutert, die ornamentale Muster und Kalligrafien ohne räumliche Illusion inszeniert. Der allmächtige Gottesblick ist aber auch aus der modernen und insbesondere aus der konkreten und konstruktivistischen Malerei bekannt,[39] die abstrakte Geistesinhalte raum- und zeitlos auf die Leinwand bannte und Farben und Flächen autonom auftreten ließ. In diesem Sinne zeigt Verena Loewensbergs[40] *Komposition Nr. 108* eine kontemplative Versenkung in Formen- und Farbsequenzen jenseits von Raum und Zeit (Abb. 51). Durch den Verzicht auf jegliche bildnerischen Mittel, die einen allfälligen Raum suggerieren könnten, wie z. B. eine zentralperspektivische Ausgestaltung oder Hell-Dunkel-Abstufungen, verbleiben

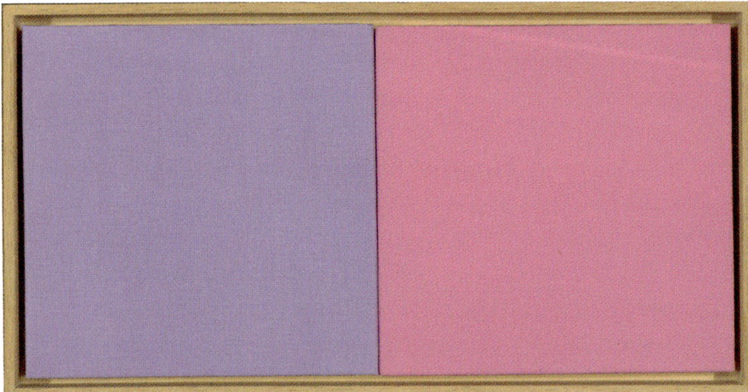

Abb. 51: Verena Loewensberg: *Ohne Titel,* 1977, Öl auf Leinwand, je 20 × 20 cm © Henriette Coray Loewensberg, Zürich

38 *Plötzlich diese Übersicht* verweist auf den gleichlautenden Titel der Serie von Fischli/Weiss (1981), die in Kapitel 1.2 vorgestellt wurde. Die von Hand modellierten, ungebrannten Tonplastiken versuchen das Universum systematisch zu erfassen. *Die Ordnung der Dinge* nimmt Bezug auf die Publikation von Michel Foucault aus dem Jahre 1971, die schwerpunktmäßig in Kapitel 1.1 besprochen wird.

39 Vgl. dazu auch Malewitsch, der sich gemäß seiner Ausführungen zur »gegenstandslosen Welt« insbesondere vom Blick der Luftaufklärung hat inspirieren lassen (Malewitsch 1980: 66 u. 72).

40 Zum Werk von Verena Loewensberg vgl. Kappeler (1980). Vgl. insbesondere die Einführungsrede von Fritz Billeter zur Ausstellung in der Galerie Seestrasse, 27. April 1974, der eine Zusammenhang zwischen Verena Loewensbergs Bildern und sogenannten Mandalas festzustellen meint.

Betrachtende mit dem Eindruck, dass ihre Retina und ihr Bewusstsein eins würden: Die Betrachter:innen existieren nur noch im Akt des Sehens, als Kondensat des Wahrnehmungsprozesses, ohne dass sie sich ihrer körperlichen Präsenz gewahr wären.

Das zweite Merkmal, mit dem naturwissenschaftliche Visualisierungen Objektivität suggerieren, ist der Blick durch eine technische Apparatur. Die Betrachter:innen schauen bei *BCTU* nicht mit den Augen eines historischen Subjekts, sondern durch ein Mikroskop oder ein Teleskop. (Bei *The Universe* ist dieser Blick zwar nur suggeriert, weil das Bild am Computer errechnet wurde, aber dies macht für die Betrachtung keinen Unterschied, zudem waren bei der Herstellung des rechten Quadrats sicherlich technische Geräte involviert.) Mithilfe von Mikro- respektive Makroskopen können extrem kleine Objekte vergrößert und extrem weit entfernte Objekte herangeholt werden, die der Mensch mit bloßem Auge gar nicht sehen kann.

Überdies wird im Falle von *The Universe* ein Naturausschnitt eingerahmt und eingefroren (Sontag 2008: 28 u. 109), der wahrscheinlich weder mit menschlichen Sinnesorganen noch mit menschlichem Intellekt ohne Weiteres erfasst werden kann. Nun liegt er aber quasi stillgelegt vor dem Betrachter oder der Betrachterin, sodass er/sie ihn mit dem Blick abtasten kann. Es entspricht nicht der natürlichen Seherfahrung, dass ein derart großer Wirklichkeitsausschnitt gleichmäßig scharf erscheint, da das menschliche Auge immer nur einen Punkt scharf sehen kann. Trotzdem darf bezweifelt werden, dass der Blick durch die Apparatur (oder die Bildherstellung anhand komplizierter technischer Geräte) tatsächlich ein Indiz für Objektivität ist. Wenn die Wissenschaft Bilder produziert, schaut und entscheidet nämlich nicht die technische Vorrichtung, sondern die Person, die das Bild auslöst. Backhaus et al. haben hervorgehoben, dass die Experimente der Naturwissenschaften sozialen, politischen und ökonomischen Bedingungen unterlägen und mitnichten losgelöst von den Forschenden funktionierten. Dies gelte auch für technische Bilder, weil sie ebenfalls aus einem Selektions- und Interpretationsprozess hervorgingen (Backhaus et al. 2007: 70). Selbst im Falle von *The Universe* waren Menschen am Werk, die den Computer gestartet, Daten eingespeist und nach einem plastischen Beweis für eine Idee gesucht haben, die sie möglicherweise bereits im Sinn hatten.

Wenn naturwissenschaftliche Bilder aus einem Selektions- und Interpretationsprozess hervorgehen und einen Wirklichkeitsausschnitt rahmen und einfrieren (Sontag 2008: 28 u. 109), dann stellt sich in Hinblick auf *BCTU* die Frage, was ausgelassen und den Betrachtenden vorenthalten wurde. Abb. 52 und Abb. 53 setzen die räumlichen Umgebungen in Szene, die bei der Herstellung von *Brain Cell* und *The Universe* präsent gewesen sein könnten.

Bei Abb. 52 liegt *Brain Cell* unter einem Mikroskop und wird von einem Wissenschaftler exploriert, während Abb. 53 *The Universe* als Computersimulation aufleuchten lässt, die von zwei Wissenschaftlern angeschaut wird. Der Eindruck,

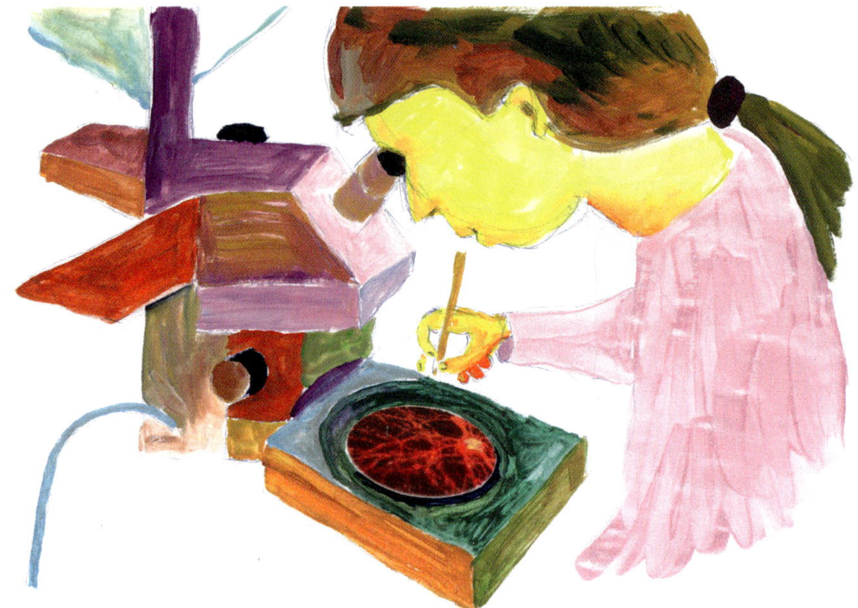

Abb. 52: *Brain Cell* im Herstellungskontext. Bild: M. L. T.

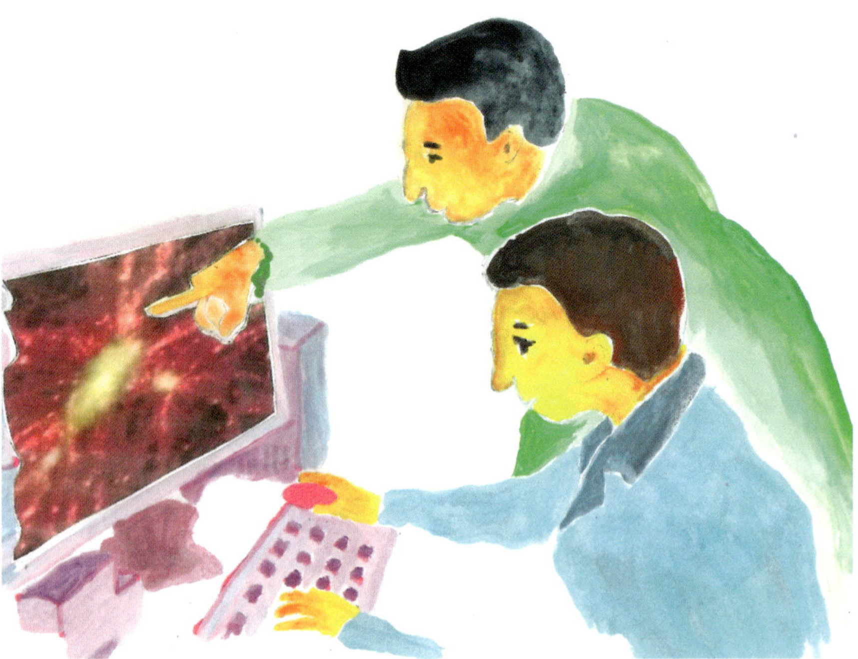

Abb. 53: *The Universe* im Herstellungskontext. Bild: M. L. T.

dass Bilder aus dem Bereich der Naturwissenschaften die Natur wahr und ohne menschliches Zutun abbilden, wird geschmälert. Die beiden Skizzen veranschaulichen einerseits, dass naturwissenschaftliche Visualisierungen sehr viel auslassen. Andererseits lassen sie vermuten, dass die Objektivität der Visualisierungen in Zweifel gezogen würde, wenn die Umgebung im Augenblick ihrer Produktion mitgezeigt würde.

Die Idee, den Kontext der Bildherstellung offenzulegen, könnte – rein hypothetisch – fortgesetzt werden, das heißt, die Person, die den Moment der Bildproduktion fotografisch einfängt, könnte ebenso abgebildet werden. Entsprechend legt Abb. 54 eine weitere Ebene der Bedeutungserzeugung offen. Das Spiel könnte auf diese Weise ewig fortgeführt werden, sodass eine endlose Kette von Bedeutungserzeugungen entstünde, die darlegen würde, dass kein Bild sich jemals selbst erzeugt und kein Bildherstellungsprozess so magisch ist, wie die »gefeierte[n] und sakrale[n] Ikonen«, die »*acheiropoieta* genannt werden« und »nicht von Menschenhand geschaffen« zu sein scheinen (Latour 2002: 15 u. 17).

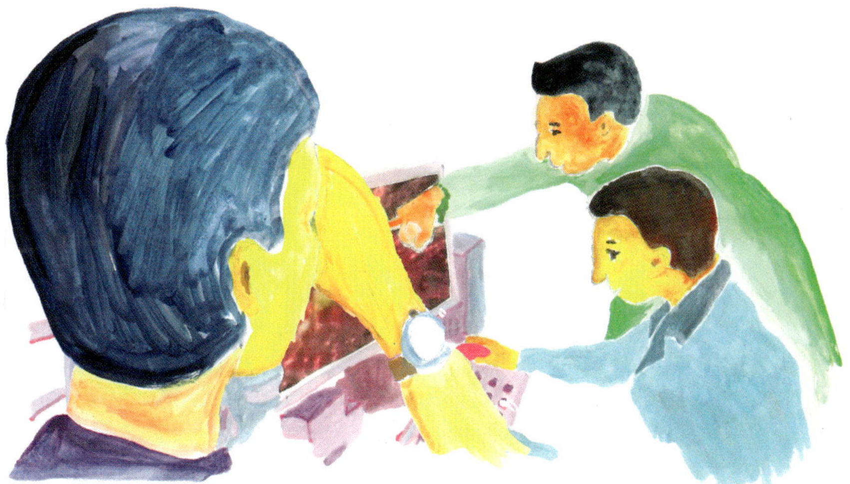

Abb. 54: Bildherstellung und Bedeutungserzeugung. Bild: M. L. T.

Die Naturwissenschaften können mithilfe von ausgeklügelten Apparaten und Linsen Unsichtbares oder »relativ Unsichtbares« sichtbar und Unverfügbares verfügbar, identifizierbar, definierbar, kategorisierbar und schließlich behandelbar machen. Unter »relativer Unsichtbarkeit« versteht Martina Heßler Dinge, die unermesslich groß (Galaxien), klein (Zellen), schnell (Visualisierungen der Hochenergiephysik) oder langsam (Wachstum einer Blume) sind. Als Gegenbegriff benennt sie das »kategorial Unsichtbare«: übersinnliche und metaphysische Begriffe wie das Denken, Ideen, Träume, das Seelische und das Geistige, die auch mit speziellen Linsen nie gezeigt werden könnten (Heßler 2006: 90).[41] Darüber hinausgehend hat Hans-Jörg Rheinberger in seinem Aufsatz »Sichtbarmachen: Visualisierungen in den Naturwissenschaften« hervorgehoben, dass der »Grundgestus« der modernen Wissenschaften gerade darin bestehe, sichtbar zu machen:

> »Was zu klein ist, muss aufgebläht, was zu groß ist, muss zusammengepresst werden. Was zu schnell ist, muss gebremst, was zu langsam ist, muss beschleunigt werden« (Rheinberger 2009: 127).

Rheinberger stellt eine Typologie wissenschaftlicher Visualisierung vor (Rheinberger 2009: 128), von der hier zwei Grundfiguren ausdrücklich erwähnt werden sollen, weil sie bei der Gestaltung von *BCTU* eine Rolle gespielt haben: die Kompression und die Dilatation. Unter Kompression versteht Rheinberger Prozeduren des Verkleinerns und Beschleunigens, während er Prozesse des Verlangsamens und des Vergrößerns als Dilatation bezeichnet (Rheinberger 2009: 129–131). Im Falle von *Brain Cell* liegt eine Dilatation vor, weil etwas unermesslich Kleines zigfach vergrößert wurde. *The Universe* hingegen scheint das Resultat verschiedener Kompressionsprozesse zu sein, das heißt, die lange Zeit dauernde Entstehung und Entwicklung des unendlich großen Universums wurde akzeleriert, verkleinert und angehalten. Rheinbergers Begrifflichkeit lässt sich jedoch nur unter Vorbehalt auf *The Universe* applizieren, weil dem Bild nicht das physische Universum zugrunde liegt, sondern die Idee der Evolution des Universums respektive Daten, die nur rechnerisch komprimiert und akzeleriert werden können.

Indessen lässt sich festhalten, dass der naturwissenschaftliche Blick technisch-empirisch, analytisch und invasiv ist, und zwar insofern, als er immer tiefer in die Materie eindringt, indem er immer kleinere Teile in Form von Molekülen, Atomen und Quanten sichtbar machen kann. Der invasive Charakter des naturwissenschaftlichen Blicks kommt z. B. bei der Sezierung einer Leiche zum Einsatz. Wenn ein Betrachter oder eine Betrachterin eine Leiche mit bloßem Auge anschaut, dann geht der Blick entlang ihrer körperlichen Oberfläche. Die Leiche wird als Körper erfasst, der sein Leben ausgehaucht hat. Demgegenüber überschreitet der Pathologe oder die Pathologin die Grenze der menschlichen Oberfläche, öffnet zwecks innerer Leichenschau den Körper und legt die Organe frei, damit sie auf Größe, Form, Farbe und Konsistenz untersucht werden können. Überdies ist der medizinisch-wissenschaftliche Blick in der Lage, die Leiche in ihre biologischen, chemischen und physikalischen Bestandteile zu zerlegen. Der invasive Charakter dieses Blicks äußert sich aber auch dann, wenn nichtinvasive Verfahren wie Ultraschall, Röntgen und funktionelle Magnetresonanzto-

41 Heßler (2006: 78) spricht wörtlich von einer »relativen Unsichtbarkeit« und »kategoriale[n] Unsichtbarkeit«. In Bezug auf die »kategoriale Unsichtbarkeit« beruft sie sich auf Böhme (2004).

mografie zur Anwendung kommen, denn sie gewähren ebenfalls Einblick ins Körperinnere.

Wenn eine Wissenschaftlerin oder ein Wissenschaftler eine Pflanze, einen Stein oder einen Körper untersucht, ist aus Sicht einer umweltbewussten Bildbetrachtung von zentraler Bedeutung, dass die Subjekt-Objekt-Beziehung asymmetrisch verteilt ist: Die Wissenschaftlerin oder der Wissenschaftler ist dabei das beobachtende Subjekt, die vor ihm hingestreckte Materie das beobachtete Objekt. Das Beobachtersubjekt sieht und erkennt die Natur, während die Natur das analysierende Subjekt umgekehrt nicht sieht. Letzteres versteht sich als geistiges Wesen und exploriert die körperhafte Natur, der es jegliches Innenleben abspricht.

Mit René Descartes können wir sagen, dass die Blickhoheit aufseiten der *res cogitans* liegt, während die *res extensa* der Erforschung ausgeliefert ist.[42] Der naturwissenschaftliche Blick fragt nach den Gesetzmäßigkeiten der Natur, er sucht nach Daten und Fakten, geometrisiert die vor ihm liegende *res extensa* und gewinnt mit wachsendem Wissen auch immer mehr Macht über die Natur.[43] Gegen diese Argumentation ließen sich animistische und pantheistische Überzeugungen ins Feld führen. Es könnte behauptet werden, dass auch die Natur beseelt sei und ihrerseits das beobachtende Subjekt, die Wissenschaftlerin oder den Wissenschaftler, beobachte. Das ist aber zumindest im Falle von Bildern der Natur unmöglich. Das heißt, dass der Mensch gerade durch die Herstellung von Bildern, durch das Rahmen und Einfrieren von Naturausschnitten, in der Lage ist, die Natur zu entseelen, zu konservieren, zu entmachten und zu explorieren (Sontag 2008: 28 u. 109).

Wenn eine Wissenschaftlerin oder ein Wissenschaftler eine menschliche Leiche untersucht, wird sie oder er mit der eigenen Naturhaftigkeit und der Endlichkeit ihres oder seines Daseins konfrontiert. Gemäß Serpil Oppermann ist der menschliche Körper sowohl Ort kultureller Inschriften als auch eine Manifestation der physischen Natur (Oppermann 2015: 17). Nun lag allerdings bei der Herstellung des linken Quadrats in *BCTU* nicht eine menschliche Leiche, sondern eine tote Maus vor dem Forschenden. Wie ist in Anbetracht der Gegenüberstellung von Mensch und Tier das Verhältnis von Geist und Körper sowie Natur und Kultur verteilt? Auch in diesem Fall befindet sich die *res cogitans* auf der Seite des Menschen, während das tote Tier zur bloßen Materie degradiert wird. Ob das Erkenntnisschema zwischen erkennendem Menschen und erkanntem Tier auch umgekehrt denkbar ist und die Maus, wenn sie noch leben würde, Wissen über den Menschen produzieren könnte, muss an dieser Stelle offen bleiben. Derartige Fragen fallen in den Bereich der *Animal Studies* (Garrard 2004: 139–

42 Zu den cartesianischen Begriffen *res extensa* und *res cogitans* vgl. Kap. 1.2.

43 Zur wechselseitigen Implikation von Macht und Wissen vgl. Horkheimer/Adorno (1969); Foucault (2008).

159; Oppermann 2015: 7; Slovic 2010: 4–10) und können hier nur aufgeworfen, aber nicht weiter verfolgt werden.

2.3.5 Grenzüberschreitungen zwischen Wissenschaft und Religion

In Kapitel 2.2 wurden zwei Bildtafeln zu *BCTU* diskutiert. Die zweite Tafel hat drei gesellschaftliche Bereiche aufgezeigt, die im Hinblick auf den Untersuchungsgegenstand *BCTU* von Bedeutung sein könnten: Naturwissenschaft, Religion und Kunst. Es wurde deutlich, dass die beiden Bildteile des Untersuchungsgegenstandes aus dem Bereich der Naturwissenschaften stammen und in der vorliegenden Aufstellung erstmals im Wissensteil der *New York Times* gezeigt und anschließend von parareligiösen Internetforen aufgegriffen wurden. Insofern ist der Bezug zu diesen beiden gesellschaftlichen Bereichen gegeben. Auch die Verbindung zum dritten Bereich, zur Kunst, wurde bereits verdeutlicht, und zwar im Rahmen der Analyse des Strukturmotivs, das mit Blick auf konkrete künstlerische Äußerungen der 1960er- und 1970er-Jahre ausgelegt wurde. In den nachfolgenden Ausführungen wird vor allem das Wechselspiel von Naturwissenschaft und Religion betrachtet, wobei die Annahme geprüft werden soll, dass sich die beiden gesellschaftlichen Bereiche – so, wie sie sich in *BCTU* manifestieren – wechselseitig bedingen.[44] Zunächst einmal sei die Aufgabenverteilung zwischen ihnen betrachtet.

Von der frühen Neuzeit, als die moderne Naturwissenschaft mit Kopernikus, Galilei, Kepler und nicht zuletzt Newton ihren Durchbruch erlebte, bis in die jüngere Vergangenheit herrschte der naturwissenschaftliche Blick primär über das Sichtbare, die sinnlich wahrnehmbare, materielle Wirklichkeit, während der religiöse Blick primär das Unsichtbare, also Transzendenz, Nirwana, Himmel, Hölle etc., dominiert und verwaltet hat. Heute sind die Grenzen der Gegenstandsbereiche zwischen den Naturwissenschaften und den Religionen durchlässiger geworden. Zum einen erweitert sich der naturwissenschaftliche Blick im Zeitalter der Neurowissenschaften, Astro- und Quantenphysik verstärkt auf Bereiche des nicht Sichtbaren. Gerade, weil er so energisch auf die Materie fixiert ist und immer tiefer in sie eindringt, löst er allmählich jene Realität auf, die er eigentlich untersuchen möchte (Weibel 1985: 25). An ihre Stelle treten Visualisierungen von Zellen, Atomen und Wellen, die mit bloßem Auge nicht wahrnehmbar sind. Die 1985 von Jean-François Lyotard im *Centre Georges Pompidou* veranstaltete Ausstellung *Les Immatériaux* thematisierte dieses Phänomen.[45] Gemäß Peter Weibel zeigte sie auf, dass sich die Realität »in der Techno-Welt des unendlich

44 Zur Einheit von Religion und Wissenschaft vgl. Bochinger (1994: 421). Für den Religionswissenschaftler Bochinger ist »die Verknüpfung von ›science‹ und ›religion‹ [...] ein durchgehender Topos fast aller neuen religiösen Bewegungen im 19. Jahrhundert und setzt sich bis zur Gegenwart fort«.

45 Zur philosophische Reflexion der Ausstellung vgl. Antonia Wunderlich (2008).

Kleinen (Mikrophysik, Mikrobiologie und Mikrochips) und unendlich Großen (Astrophysik), des unendlich Verlangsamten und Beschleunigten« auflöst:

> Die Ausstellung *Les Immatériaux* machte 1985 diese Paradoxie zum zentralen Gegenstand. Ausgangspunkt der von Jean-François Lyotard entworfenen Konzeption ist die Feststellung, dass durch die modernen (Natur-)Wissenschaften gerade das als real bezeichnet wird, was sich nur noch durch technische Apparaturen sichtbar machen lässt. Anders formuliert: Das Reale ist nicht mehr unbedingt das, was wir durch unsere Sinnesorgane wahrnehmen können (Weibel 1985: 25).

In der sichtbaren Wirklichkeit gibt es keine Referenz mehr für naturwissenschaftliche Visualisierungen, die stattdessen von den Betrachtenden geschaffen, besser gesagt: durch ihre Vorerfahrungen konstruiert werden. In der Folge sind sie mit dem Sehsinn nicht mehr überprüfbar und z. T. mit dem menschlichen Verstand nicht mehr zu begreifen, man kann ihnen nur noch *glauben*. Dies mag für die Menschen früherer Jahrhunderte auch schon gegolten haben, als es darum ging, dass die Erde um die Sonne kreist und nicht umgekehrt, erhält aber nun eine neue Dimension.

Wie Ammann (2009: 189) treffenderweise festgestellt hat, »nähern wir uns dem Ursprungsgedanken« je tiefer wir in den »subatomaren Bereich vorstossen«. Die mit dem »Ursprungsgedanken« verbundenen großen Fragen werden z. T. nicht mehr durch die Religionen, sondern durch die Wissenschaften beantwortet. Die Naturwissenschaften gelangen in der populärwissenschaftlichen Aneignung zum Prinzip einer nichtpersonalen letzten Wahrheit. Die im Zusammenhang schon erwähnte Teilchenphysik ist hierfür ein Beispiel. Sie soll laut Öffentlichkeitsarbeit der CERN dem Menschen die »fundamentale Struktur des Universums« erklären, »[w]oraus das Universum besteht« und »[w]ie es angefangen hat« (CERN [Zugriff 04.05.2018]).

Es ist aber nicht nur so, dass sich das Gegenstandsfeld der Naturwissenschaften in der populärwissenschaftlichen Aneignung auf jenes der Religion ausdehnt. Auch umgekehrt gilt: Religiöse, spirituelle Strömungen, die sich mit Sinnfragen beschäftigen, erweitern ihren Geltungsbereich. Neue esoterische Strömungen – wie etwa die *New-Age-*, Human-Potential- und Neugeist-Bewegung – sind diesseitsorientiert und egozentriert: Oberstes Ziel ist die Selbstverwirklichung (Oepen et al. 1999: 89; Peters 2012: 9 f.). Sie bedienen sich wissenschaftlicher Fakten, um ihre Argumente rational zu untermauern, und rehabilitieren ausgerechnet jene Materie, die die Naturwissenschaften angesichts technischer Geräte aufzulösen scheinen. Ihr Fokus liegt nicht mehr auf einem zukünftigen besseren Leben im Jenseits, sondern auf der Optimierung des Lebens im Diesseits.

Als Beispiel hierfür kann der pseudowissenschaftliche Dokumentarfilm *The Secret* (Heriot 2006) angeführt werden, der das gleichnamige Buch (Byrne 2006) erläutert und vertieft. Sowohl der Film als auch das Buch, das weltweit 30 Mio. Mal verkauft und in 52 Sprachen übersetzt wurde (*The Secret* [Zugriff:

04.05.2018]), stammen aus dem Jahr 2006. Im Zentrum des Filmes steht das sogenannte »Gesetz der Anziehung« (*law of attraction*) oder Resonanzprinzip, demzufolge Gedanken die materielle Wirklichkeit unmittelbar gestalten könnten. Der Film vermittelt die Ansicht, dass der Mensch gottgleich sei, wobei sich das Göttliche in ihm vor allem dann manifestiere, wenn er schöpferisch tätig sei. Er gibt vor, dass es möglich sei, sich auf Erfolg, Gesundheit und Liebe zu konditionieren und Glück kraft positiver Gedanken und Autosuggestion herbeizuführen. Der Religionswissenschaftler Klaus Brand (2011) analysiert *The Secret* vor dem Hintergrund amerikanischer Spiritualität und Esoterik sowie im Kontext sogenannter Wie-werde-ich-reich-Ratgeber. Was den Film esoterisch mache, sei zum einen die Rhetorik des Geheimnisses, zum anderen werde in Form des *law of attraction* eine neue Gesetzmäßigkeit des Universums und seiner Entstehung präsentiert (Brand 2011: 7). Grundgedanke ist, dass es ein Wechselspiel zwischen Geist und Materie gibt und dass sich Gedanken materiell manifestieren. Wie diese Verbindung bildlich vermittelt wird, illustrieren die folgenden Abbildungen.

Abb. 55 bis Abb. 58 zeigen Filmstills aus *The Secret*. Abb. 57 und Abb. 58 weisen dieselben Motive auf wie der Untersuchungsgegenstand *BCTU*. Sowohl die Stills als auch *BCTU* führen die verschiedenen Konfigurationen der Materie vor Augen. Allerdings stellt *The Secret* zuerst das unermesslich Große (Universum) (Abb. 57) und dann das unermesslich Kleine (Zelle) (Abb. 58) dar, während *BCTU* die beiden Dimensionen – von links nach rechts betrachtet – andersherum zeigt. Im Film soll im Zoom nachvollziehbar gemacht werden, dass die Materie letzten Endes aus Energie besteht. *The Secret* führt uns plastisch vor Augen, dass wir uns dem Ursprungsgedanken nähern, je tiefer wir »in den subatomaren Bereich« vorstoßen. Im dazugehörigen Filmtext heißt es:

> Betrachten Sie Ihre Hand. Die Hand sieht ganz fest aus, ist es aber in Wirklichkeit gar nicht. Wenn Sie sie unter ein Mikroskop legen, dann erkennen Sie eine vibrierende Energie. Alles besteht aus ein- und demselben, Ihre Hand, der Ozean, die Sterne. Alles ist Energie. Doch lassen Sie mich das ein wenig näher erläutern. Da sind natürlich erst einmal das Universum, unsere Galaxie und unser Planet, und dann die einzelnen Individuen. In unserem Körper befinden sich Organsysteme, dann die Zellen und die Moleküle. Dann gibt es Atome und es gibt Energie. […] Alles im Universum ist Energie. […] Wenn Sie also glauben, Sie seien nur das fleischliche Wesen, dann sollten Sie nochmals genau nachdenken, Sie sind ein spirituelles Wesen, ein Energiefeld, das sich in einem grösseren Energiefeld bewegt. Wir stehen alle miteinander in Verbindung. (Untertitel aus dem esoterischen Dokumentarfilm *The Secret*, 2006, Kap. 9: »Das Geheimnis über Sie«)

The Secret benutzt die Terminologie der Physik (»Energie«, »Schwingung«, »Frequenz«) und zeigt die Welt mit dem naturwissenschaftlichen Blick, der immer tiefer in die Materie eindringt, indem er immer kleinere Dinge immer größer werden lässt: Der Zoom startet mit dem »Universum« und gelangt über die »Galaxie«, den »Planeten«, den »menschlichen Körper«, das »Organsystem«,

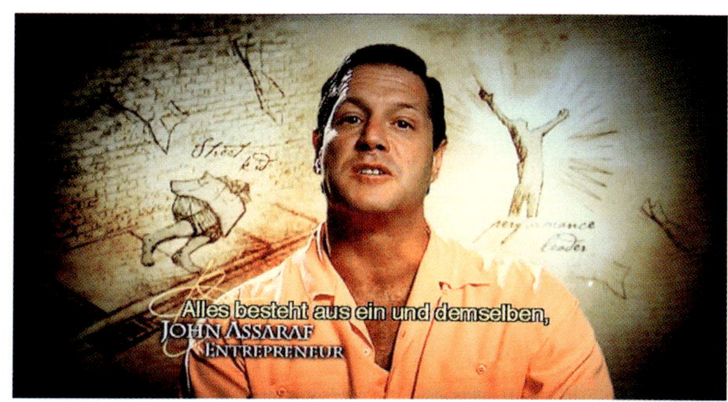

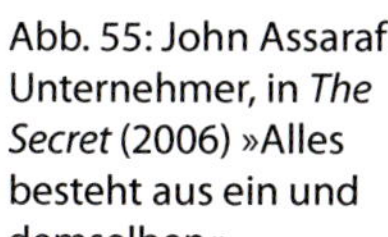
Abb. 55: John Assaraf: Unternehmer, in *The Secret* (2006) »Alles besteht aus ein und demselben«

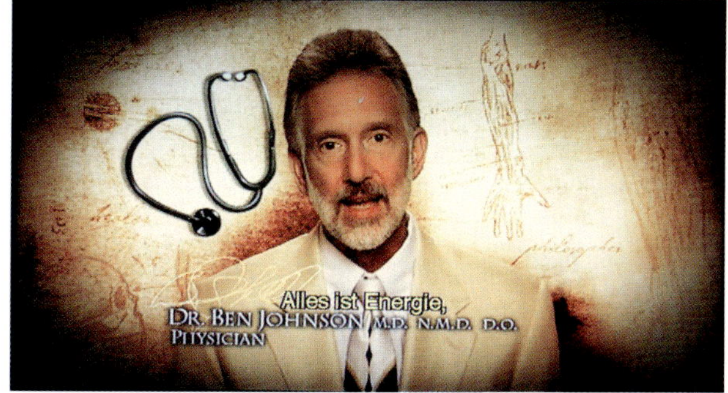

Abb. 56: Ben Johnson, Arzt, in *The Secret* (2006): »Alles ist Energie«

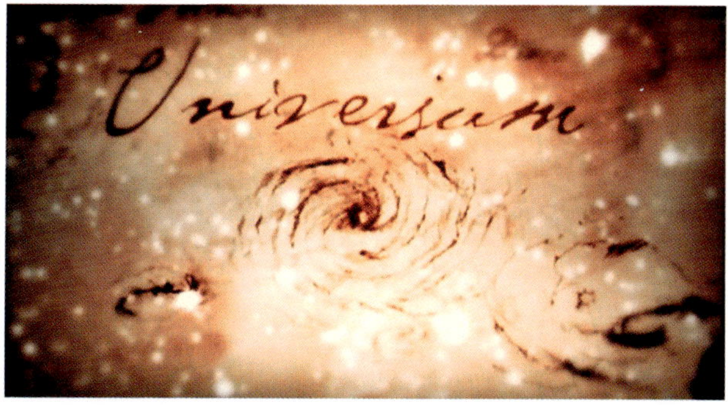

Abb. 57: *The Secret* visualisiert das unheimlich große Universum: »Da sind erst einmal das Universum […]«

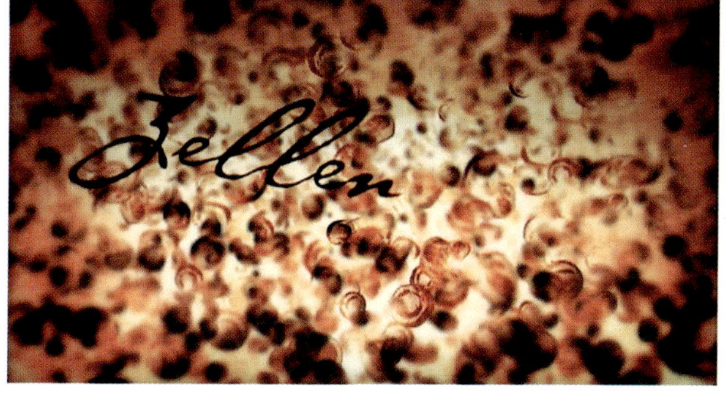

Abb. 58: *The Secret* präsentiert visuell die unglaublich kleinen »Zellen«

die »Zellen«, die »Moleküle« und die »Atome« endlich zur »Energie«, wobei jede dieser Einheiten anhand suggestiver Visualisierungen veranschaulicht wird. Um den Anschein von Wahrheit und Wissenschaftlichkeit zu erwecken, werden die Zuschauer:innen dazu angehalten, nicht nur zu glauben, sondern das Bildliche auch verstandesmäßig zu erfassen.

Das »Geheimnis« respektive das »Gesetz der Anziehung«, das anschaulich gemacht werden soll, funktioniert gemäß der Darstellung folgendermaßen: Wenn wir in den subatomaren Bereich eindringen, besteht alles im Universum aus vibrierender Energie (*The Secret*, Kap. 9). Mit anderen Worten: Bei hoher Auflösung setzen sich die physischen Dinge aus demselben unstofflichen Element zusammen wie unser Bewusstsein, unsere Gedanken. *The Secret* zieht daraus den klassischen Fehlschluss, dass die physische Wirklichkeit identisch ist mit dem, was wir über sie denken, und vermittelt in Form des postulierten Gesetzes, dass Gedanken und Gefühle eine messbare Frequenz hätten und sich in der materiellen Welt manifestierten.

The Secret versucht spirituelle Glaubensvorstellungen mit naturwissenschaftlichen Evidenzen zu untermauern. Im neunten Kapitel des Films stellen Physiker:innen, Mediziner:innen, Philosoph:innen, Unternehmer:innen und Schriftsteller:innen die Gleichung »Gott = Energie« auf:

> Fragen Sie einen Quantenphysiker: Wer oder was hat die Welt erschaffen? Er wird Ihnen sagen: Energie. Beschreiben Sie Energie! Energie kann nicht erschaffen oder vernichtet werden, sie war immer da, alles, was jemals existierte, existiert weiterhin, es bezieht eine Form, geht durch eine Form, und verlässt die Form. Schön und gut. Fragen Sie einen Theologen: Wer oder was hat die Welt erschaffen? Und er wird Ihnen sagen: Gott. Beschreiben Sie Gott! Gott hat immer existiert und er wird immer existieren, er kann nicht geschaffen oder vernichtet werden, er war immer da und wird immer da sein, er bezieht eine Form, geht durch die Form, und verlässt die Form. Sie erhalten also die gleiche Beschreibung, lediglich in unterschiedlicher Terminologie. (Untertitel aus dem esoterischen Dokumentarfilm *The Secret*, 2006, Kap. 9: »Das Geheimnis über Sie«)

Abb. 55 und Abb. 56 zeigen Filmstills zweier Referenten, die unter anderen den oben zitierten Text vortragen. John Assaraf (Abb. 55) sei, so erfahren die Zuschauer:innen, ein erfolgreicher Unternehmer und Dr. Ben Johnson (Abb. 56) ein angesehener Arzt. Die Verweise auf den wirtschaftlichen Erfolg und die akademischen Titel der Referenten sollen den Aussagen des Filmes Glaubhaftigkeit verleihen. Im Hintergrund erscheinen Zeichnungen von anatomischen Details, wissenschaftlichen Messgeräten etc., die im Stil von Leonardo da Vincis Skizzen gehalten sind und darauf hinweisen, dass hier visionäres, aber verlässliches Wissen vorgetragen werde.

Während sich die Naturwissenschaften insofern religiösen Überzeugungen angleichen, als sie Bilder herstellen, an die wir nur noch gefühlsmäßig glauben können, bedient sich *The Secret* der Mittel des Dokumentarfilmes und einer vermeintlich wissenschaftlichen Rhetorik, um den esoterischen Aussagen des Films den Anschein unbedingter Gewissheit zu verleihen: *The Secret* legitimiert Gott, das Göttliche im Menschen und ein holistisches Weltbild anhand physikalischer Prinzipien und konstatiert sogenannte universelle Naturgesetze wie das Resonanzgesetz, das als das natürlichste und umfassendste aller Gesetze bezeichnet wird. Brand (2011) zeigt auf, dass *The Secret* thematisch und von seinen rhetorischen Strukturen her unter anderem an Motive des damals aktuellen amerikanischen Kinofilms *What the Bleep do we (k)now?* (kurz: »Bleep«) anknüpft. Der erfolgreichste »Dokumentarfilm« der USA 2004 begründet die Möglichkeiten des menschlichen Geistes quantenphysikalisch.[46] Es sei, so Brand, offensichtlich, dass sich Mitte der 2000er-Jahre in der amerikanischen (aber auch deutschen) Bevölkerung eine bestimmte »esoterische« oder »spirituelle« Weltsicht ankündigte, die ihre Argumentation auf quantenphysikalische Annahmen stützte (Brand 2011: 5 u. 125). Der Grund dafür, dass die vorliegende Arbeit mehr auf *The Secret* und weniger auf *Bleep* eingeht, ist die Überschneidung der ikonografischen Motive in Abb. 57 und Abb. 58 mit dem Untersuchungsgegenstand *BCTU*. Die Frage, die sich in Anbetracht beider Filme gleichermaßen stellt, ist, weshalb moderne esoterische Zirkel ausgerechnet auf Erkenntnisse der Quantenphysik verweisen, um ihre Aussagen zu bekräftigen. Hierzu gibt es einige Hinweise aus der Literatur.

So untersucht die Wissens- und Wissenschaftssoziologin Lisa Jane Klotz den Zusammenhang von Quantenphysik und Esoterik. Sie stellt fest, dass die Esoterik nicht nur deshalb auf die Quantenphysik verweise, weil sie ein »publikums- und monetär wirksames Fachgebiet« sei, sondern auch, weil »in verschiedenen Interpretationen der Quantenphysik Wert darauf gelegt [werde], keine absoluten Aussagen mehr machen zu können, sondern Ausgänge von Experimenten mitunter in Probabilitätsamplituden« ausdrücken zu können (Klotz 2017: 11 f.). Darüber hinaus habe sie in den vergangenen 120 Jahren zwar Aussagen hervorgebracht, die dem »gesunden Menschenverstand widersprechen« (Oepen et al. 1999: 251), aber dennoch populärwissenschaftlich anschlussfähig sind. Die Quantenphysik eignet sich aber auch inhaltlich als Bezugssystem für die moderne Esoterik, weil ihre Erkenntnisse entscheidend für unsere »Diskussionen um die Varianten der Auffassung von Welt« sind und bisweilen Fragen tangieren, die vormals der Philosophie vorbehalten waren (Klotz 2017: 11).

Von den esoterischen Communities werden zwei quantenphysikalische Erkenntnisse besonders häufig geltend gemacht, die auch im Film *The Secret* und implizit bei *BCTU* zum Ausdruck kommen: Das ist zum einen die Absage an den Wellen-Teilchen-Dualismus, zum anderen die Aufhebung einer klaren

---

46 Am 1. August 2006 wurde das *What the Bleep! Down the Rabbit Hole – Quantum Edition-DVD-Set* herausgegeben. Es enthält drei doppelseitige DVDs mit über 15 Stunden Material, die unter anderem den Beobachtereffekt und die Aufhebung des Wellen-Teilchen-Dualismus erklären.

Dichotomie von Subjekt und Objekt. Sicherlich kann an dieser Stelle den beiden Erkenntnissen nur unzureichend Rechnung getragen werden, da es an physikalischer Fachkenntnis fehlt. Dennoch soll zumindest angedeutet werden, welchen Widerhall die Quantentheorie in esoterischen Lesarten von *BCTU* findet.

Absage an den Wellen-Teilchen-Dualismus

»Quanten« sind »äusserst elastische Energieansammlungen« auf subatomarer Ebene »ohne eindeutige Gestalt« (Iwersen 2001: 199). Sie bewegen sich in einer Größenordnung von 20- bis 30-Zehnerpotenzen unter unserer Alltagswahrnehmung und entziehen sich den Kategorien Teilchen oder Welle, können aber auch von beiden die Gestalt annehmen (Lesch 2010: 664). Die Ablehnung des Wellen-Teilchen-Dualismus wird von den *New-Age*-Denker:innen gern als Beleg für ein neues Weltbild angeführt (Oepen et al. 1999: 323). Die Argumentationsstruktur im esoterischen Kontext lautet folgendermaßen: Quanten sind sowohl Teilchen als auch Wellen. Entsprechend besteht alle Materie zugleich aus Teilchen und aus Wellen. Die Vertreter:innen des *New Age* bilden nun eine Analogie zwischen der Gleichzeitigkeit von Wellen und Teilchen und dem Menschen, der sich aus Geist und Körper zusammensetzt (Oepen et al. 1999: 323). Dieselbe Schlussfolgerung haben wir bei den besprochenen Filmsequenzen aus *The Secret* vorgefunden – einzig, dass sich die Materie im Film nicht aus Teilchen und Wellen, sondern aus Körper und Energie zusammensetzt.

Im übertragenen Sinne findet bei *BCTU* die Aufhebung des Wellen-Teilchen-Dualismus im ikonografischen Motiv der netzwerkartigen Struktur ihren Niederschlag. Letztere weist einen hybriden Charakter auf, insofern steht sie, wie in Kapitel 2.3.1.1 gesehen, sowohl symbolisch für die Grundbausteine der Materie als auch für ihre übersinnliche konzeptionelle Komponente im Sinne eines Bauplans oder eines Codes.

Wenn der gesamten Materie ein Geist respektive eine transzendente Dimension eingeschrieben wird, dann führt das zu einer eigentümlichen Form der Naturerkenntnis, der im esoterischen Kontext oftmals begegnet werden kann: »Die anorganische Natur gilt in der Esoterik häufig als beseelt« (Iwersen 2001: 81; Faivre 2001). Zudem bietet die Schlussfolgerung, dass sich nicht nur der Mensch, sondern die gesamte Materie aus Geist und Körper zusammensetzt, den idealen Nährboden für Äußerungen, die ein holistisches Weltbild vermitteln. Sie kommen im Film *The Secret* durch Erläuterungen wie »Sie sind ein spirituelles Wesen, ein Energiefeld, das sich in einem größeren Energiefeld bewegt« und »Wir stehen alle miteinander in Verbindung« zum Ausdruck (*The Secret*, 2006, Kap. 9). Bei *BCTU* wird die universelle Verbundenheit durch die Analogien von Mikro- und Makrokosmos sowie Lebewesen (Hirnzelle) – Umwelt (Universum) ins Bild gesetzt.

Aufhebung einer klaren Dichotomie von Subjekt und Objekt

Die zweite Annahme, mit der in esoterischen Zirkeln gern operiert wird, um die Glaubwürdigkeit psychologischer Aussagen zu stärken, ist die Beseitigung einer klaren Dichotomie von Subjekt und Objekt aufgrund des sogenannten »Beobachtereffekts«. Die Erkenntnisse von Physikern wie Niels Bohr und Werner Heisenberg bilden hierfür die Grundlage. Sie stellten Anfang des 20. Jahrhunderts fest, dass sich Quanten, je nachdem, ob sie beobachtet werden oder nicht, anders verhalten. Jeffrey Barett, der in seinem Buch *The Quantum Mechanics of Minds and Worlds* dem Problem der Quantenmessung auf den Grund geht, formuliert diese Beobachtung so: »Particles (and other simple, well-isolated systems) seem to behave one way when no one is looking (the odd quantum wave-like way) and another way when someone is« (Barrett 2001: 2). Das bedeutet, dass »ein wissenschaftlicher Beobachter die Wahrnehmung seines Beobachtungsgegenstandes und damit die Erscheinungsform der Quanten weitgehend selbst bestimmt, da sich ohne die Beobachtung der Gegenstand in einem nicht festlegbaren Zustand zwischen Energiewelle und Elementarteilchen befindet« (Iwersen 1999: 199).

Die Filmausschnitte aus *The Secret* sind ein Beispiel dafür, dass die neue Esoterik den Beobachtereffekt im »optimistischen Duktus« der *New-Age*-Bewegung auf den Alltag überträgt und im Gesetz der Anziehung ausdrückt (Iwersen 1999: 200). Letzteres besagt, dass der menschliche Geist oder das Bewusstsein die Realität selbst bestimme, statt sie nur unbeteiligt zu beobachten. Der Mensch scheint aus diesem Blickwinkel betrachtet am göttlichen Schöpfungsprozess beteiligt zu sein.

Auch *BCTU* kann als Versinnbildlichung des Beobachtereffekts respektive des Gesetzes der Anziehung gelesen werden. Bei dieser Lesart steht die Hirnzelle symbolisch für den Denkapparat, in dem Gedanken und Bewusstsein verortet sind. Die netzwerkartige Struktur, die beide Bildteile dominiert, suggeriert, dass der Denkapparat identisch mit seiner Umwelt ist, die durch *The Universe* ausgedrückt wird. *BCTU* verdeutlicht so gesehen entweder die Übereinkunft von Gedankenwelt und der natürlichen Umwelt, oder das Bild wird von links nach rechts gelesen und die Gleichbeschaffenheit der Struktur wird als Folge eines Ursache-Wirkungs-Verhältnisses verstanden. Die Botschaft, die dadurch vermittelt wird, entspricht dem Leitspruch, der im Film *The Secret* mantraartig wiederholt wird: »Gedanken werden wahr« (Heriot 2006).

Es lässt sich feststellen, dass die Grenzen zwischen spirituellen Bewegungen und den Wissenschaften bewusst überschritten werden. Vom Ineinandergreifen der beiden Gegenstandsfelder und von Filmen und Bildern wie *The Secret* und *BCTU* profitieren beide Bereiche, die gleichermaßen auf Aufmerksamkeit, Legitimierung und Finanzierung angewiesen sind. Damit wäre die Frage der *Visual Culture Studies*, wem es dienlich ist, dass etwas so und nicht anders zu sehen ist, beantwortet. Spirituelle Fragen werden rational untermauert, während wissenschaftliche Problemstellungen zu Sinnfragen aufrücken. Vor dem Hintergrund des Films *The Secret*, der in demselben Jahr veröffentlicht wurde wie *BCTU*, lässt sich nachvollziehen, weshalb die Rezeption des Untersuchungsgegenstands Grenzüberschreitungen zwischen Wissenschaft und Religion erfahren hat. Hiermit sind umweltbewusste Fragen im Sinne von Nachhaltigkeit und Ökologie allerdings noch nicht geklärt. Diese Fragen werde ich im nachfolgenden Teil diskutieren.

3 Diskussion

Diese Diskussion greift zunächst, in Kapitel 3.1, die Erkenntnisse zum Verhältnis zwischen *BCTU* und der physischen Umwelt auf, vor dem Hintergrund, dass die beiden Bildteile bezüglich ihres Bildherstellungsprozesses und ihres epistemischen Status kaum unterschiedlicher sein könnten. Wenn man aber die in den beiden Quadraten sichtbare Netzwerkstruktur symbolisch als eine Hirnzelle und das Universum auffasst, dann gehen ihre Gemeinsamkeiten über eine optische Ähnlichkeit hinaus. Welche Auskunft *BCTU* zu den diversen Polaritäten innerhalb der Dichotomie um Kultur und Natur gibt, behandelt Kapitel 3.2, während sich Kapitel 3.3 der Frage widmet, wie es *BCTU* gelingt, das Gefühl des Erhabenen, das seinerseits im Spannungsfeld zwischen besagten Gegensätzen entsteht, zu vermitteln. Ausgangspunkt ist Maria Isabel Peña Aguados Aussage: »Denn nichts anderes als die Frage nach dem Verhältnis zwischen dem Sinnlichen und dem Übersinnlichen ist es, was in der Problematik des Erhabenen zum Vorschein kommt« (Peña Aguado 1994: 14). Dieses Verhältnis lasse sich kaum darstellen, da es sich eben um ein Gefühl handele: »Etwas Erhabenes zu erleben, bedeutet zunächst die Unmöglichkeit, über dieses Erlebnis erhaben zu sein. Das Erhabene ist kein Epitheton, sondern ein Zustand. Dieser Zustand ist allein als Gefühl erfahrbar« (Peña Aguado 1994: 13). *BCTU* vermag, so wird vermutet, das Undarstellbare ins Bild zu setzen, und wie dies geschieht und welche Implikationen es für die umweltbewusste Bildbetrachtung hat, soll nachfolgend geklärt werden. Das letzte Teilkapitel der Diskussion (Kap. 3.4) fragt, welche Schlüsse sich aus den vorangegangenen Erkenntnissen hinsichtlich der Bedeutung von *BCTU* für das kollektive Umweltbewusstsein ableiten lassen. Zu dem Zweck wird das Bild unter Rückgriff auf die in Kapitel 2.3 erarbeiteten gesellschaftlichen Bereiche Kunst, Wissenschaft und Religion in einer Gesamtschau betrachtet.

3.1 Das Verhältnis von *BCTU* zur physischen Umwelt

> It is probably the biggest thing ever in computational physics.
> For the first time we have a replica universe which looks just like the real one.
> So we can now for the first time begin to experiment with the universe.
> (Carlos Frenk, University of Durham)[1]

Die Herstellung beider Bestandteile von *BCTU* unterlag komplexen, zeitaufwendigen Prozessen. Das für die Computersimulation des Universums in *BCTU* verantwortliche Virgo-Consortium publizierte die Ergebnisse des langwierigen

1 http://www.visualcomplexity.com/vc/project.cfm?id=308 (Zugriff: 26.02.2021).

Rechenvorganges am 2. Juni 2005 in der Fachzeitschrift *Nature* unter dem Titel *Simulating the joint evolution of quasars, galaxies and their large-scale distribution.* Diese Rekonstruktion des Wachstums und der Evolution des Universums ist die größte jemals angefertigte. Dabei wurden mehr als 10 Mrd. Materieteilchen verwendet, um die Entwicklung der Materieverteilung in einem räumlichen Ausschnitt des Universums über einen Zeitraum von 2 Mrd. Lichtjahren zu verfolgen. Der Hauptsupercomputer der Max-Planck-Gesellschaft in Deutschland war mehr als einen Monat lang mit Rechnen beschäftigt. Infolge ausgeklügelter Modellierungstechniken, bei denen 25 Terabyte (25 Mio. Megabyte) Daten gespeichert werden konnten, waren die Virgo-Wissenschaftler:innen in der Lage, die Entwicklungsgeschichte der etwa 20 Mio. Galaxien, die dieses riesige Volumen bevölkern, und der supermassiven schwarzen Löcher, die gelegentlich als leuchtende Punkte in ihrem aktiven Kern zu sehen sind, zu rekonstruieren (Springel et al. 2005: 629).

Ebenso komplex war der Herstellungsprozess von *Brain Cell.* Mark Miller, der Urheber des linken Quadrats, hat seine Ergebnisse 2006 zusammen mit sieben anderen Autoren in *Nature Neuroscience* unter dem Titel *Molecular taxonomy of major neuronal classes in the adult mouse forebrain* veröffentlicht (Sugino et al. 2006). Die Identifizierung der neuronalen Zelltypen, aus denen das Säugetier-Vorderhin besteht, war bis dato ein ungelöstes Problem der Neurowissenschaften. Ohne fachliche Vollständigkeit zu beanspruchen, seien einige Herstellungsschritte genannt, um einen Eindruck vom Aufwand und der Zahl an menschlichen Entscheidungen bei der Bildentstehung zu erhalten: Das Bild wurde unter einem Mikroskop aufgezeichnet und zeigt Nervenzellen (Neuronen). Um die Schnitte des Mäusegehirns überhaupt erst zu erhalten, wurde das biologische Material mit einem Schneidegerät mit vibrierendem Messer in Tranchen von ca. 400–500 µm Durchmesser zerschnitten, die anschließend mit verschiedenen Lösungen und Enzymen weiter prozessiert wurden. Für die Markierung der Neuronen kamen fluoreszierende Farbstoffe zum Einsatz. Damit die Nervenzellen mittels eines Flüssigkeitstropfens schließlich auf das Glasplättchen, das unter das Mikroskop geschoben werden sollte, getropft werden konnten, wurde mit Pipetten, Pasteur oder Mikro-Pipetten (Durchmesser im µm-Bereich) gearbeitet. Die Zellen waren mit dem bloßen Auge nicht wahrnehmbar, sondern nur die Flüssigkeiten, in denen sie sich befanden. Bei den Arbeitsschritten mussten bestimmte Temperaturen eingehalten werden (Cheng et al. 2014: 1; Hempel et al. 2000: 3032).

Die beiden Bilder in *BCTU* wurden also mit zwei völlig unterschiedlichen Verfahren der Bildgebung erzeugt, und zunächst einmal verhalten sie sich zeichen- und erkenntnistheoretisch unterschiedlich zur physischen Wirklichkeit: Während *The Universe* aufgrund von Zahlen am Computer errechnet wurde und vermöge des datenhaften Ausgangsmaterials als rational und symbolisch bezeichnet werden kann, hat bei *Brain Cell* der eingefärbte Schnitt eines Mäusegehirns Anlass zur Bildproduktion gegeben. Demnach hat das linke Quadrat eine physisch-optische Referenz: Die Licht- und Farbinformationen, die von einem bestimmten Naturausschnitt ausgegangen sind, wurden gemäß der Technik und Ästhetik der Digitalfotografie Punkt für Punkt in ein digitales Bild umgewandelt (Jäger 2005: 351). Dennoch kann es nur bedingt als abbildhaft oder empirisch bezeichnet werden. Auch die Hirnzelle des Mäusegehirns, die dem linken Quadrat in *BCTU* zugrunde liegt, hat etwas Datenartiges, da nur die aufwendige Herstellung des Bildes die sinnliche Wahrnehmung zulässt.

Zur Erinnerung: In Kapitel 1 wurde ein abgewandelter Holzschnitt von Dürer herangezogen, um die Anliegen einer umweltbewussten Bildbetrachtung zu veranschaulichen. Diese fragt ausdrücklich nach dem Verhältnis zwischen visuellen Erzeugnissen und der physischen Umwelt. Auf dem Bild war eine langgezogene Tischplatte zu sehen, auf der rechts ein Baum stand, der von einem Zeichner auf der linken Seite des Tisches abgezeichnet wurde. Der Baum zur Linken stand für einen Ausschnitt der physischen Wirklichkeit, während die Zeichnung auf der rechten Seite die mediale Repräsentation des Baumes versinnbildlichen sollte. Von Interesse ist die Tatsache, dass ein Betrachter oder eine Betrachterin im Hinblick auf Abb. 7 beide Seiten der Anlage – also die Zeichnung und deren Vorlage – optisch wahrnehmen kann. Beide Systeme sind visuell vermittelt und das wäre auch der Fall, wenn der Zeichner den Baum nicht skizzieren, sondern fotografieren würde.

Das ist bei *BCTU* anders. Für die Betrachter:innen gibt es weder für die Hirnzelle noch für das Universum eine visuelle Entsprechung in der Alltagswelt. Sie können die beiden Bildteile mit bloßem Auge nicht erkennen oder überprüfen, sondern können nur glauben, dass es sie in dieser Gestalt gibt. Bei den sogenannten bildgebenden Verfahren sind es Daten, Zahlen, elektrische Ströme oder Durchblutungsveränderungen, die in Bilder umgesetzt werden. Das bedeutet, dass Einheiten eines nicht visuellen Systems in ein zweites, völlig anderes, visuelles System umgewandelt werden. Die Bilder haben kein sinnliches Korrelat, geben sich aber insofern als Evidenzen aus, als sie, wie Dieter Mersch angemerkt hat, simultan und nicht differenziert funktionieren. Sie sind, anders als ein Gegenstand der Geisteswissenschaften, nicht aus einem »diskursiven Prozess«, aus Argumentation, »Relativierung« und »Vorläufigkeit« entstanden und wirken so, als wären sie eben auch nicht diskutabel, relativ und vorläufig, sondern ein »Beleg« oder »Existenzbeweis« (Mersch 2006: 412 u. 413). Dass sie darüber hinaus den Eindruck erwecken, die Natur so zu zeigen, wie sie ist, weil sie scheinbar ohne menschliches Zutun entstehen, wurde schon ausführlich besprochen (Kap. 2.2.3).

Die Umgestaltung vom datenhaften, stofflosen Ausgangsmaterial zum visuellen Bild wirkt sich in zweierlei Hinsicht auf das Verhältnis des Betrachters oder der Betrachterin zur physischen Wirklichkeit aus: Erstens wird seine/ihre Umwelt zusehends komplexer, zweitens ist er oder sie immer weniger in der Lage, sinnlich auf seine/ihre Umwelt zuzugreifen. Beides wurde von den postmodernen Theoretiker:innen kritisiert.

Die Pressemitteilung zur Ausstellung *Les Immatériaux* weist auf den Systemwechsel der bildgebenden Verfahren hin, welche den Ursprung der Dinge verwischen und die Komplexität der Welt vorantreiben: »Eine Farbe, ein Ton, ein Stoff, ein Schmerz oder ein Stern kommen zu uns zurück als Zahlen auf Kennkarten von größter Genauigkeit« (Lyotard 1985: 10). Mit Blick auf *The Universe* könnte man analog dazu sagen: Zahlen, Daten und Rechenvorgänge kommen zu uns zurück als »replica universe which looks just like the real one« und mit dem man – gemäß Frenks Aussage im einleitenden Zitat – auch experimentieren kann.[2] In Bezug auf *Brain Cell* hingegen lautet die Analogie: Winzig kleine Zellen von Mäusegehirnen, die wir mit bloßem Auge nicht sehen, sowie Magnetfelder, Durchblutungsveränderungen und elektrische Ströme kommen zu uns zurück in Form von neurowissenschaftlichen Visualisierungen, die aber ein Konstrukt sind.

Eine Schwierigkeit, die mit der wachsenden Komplexität der Welt allgemein und mit den bildgebenden Verfahren insbesondere einhergeht, lässt sich am Beispiel der *funktionellen Magnetresonanztomografie* (*fMRT*) aufzeigen, die seit zwanzig Jahren in den Neurowissenschaften eingesetzt wird. In der *fMRT* können völlig entgegengesetzte Informationen zum gleichen Bildresultat führen: Die *fMRT* erzeugt farbenfrohe Hirnbilder aufgrund von Durchblutungsveränderungen, die auf neuronale Aktivität zurückgehen. Was also gemessen und veranschaulicht wird, ist der Sauerstoffgehalt im Blut. Das Problem ist allerdings, dass es zwischen der vermehrten Durchblutung und der Nervenaktivität eine unbestimmbare zeitliche Verzögerung gibt. Es komme initial »sogar zu einer Verminderung des oxygenierten Blutes, eben weil es von den Nervenzellen sogleich verbraucht wird« (Hagner 2006: 167).[3]

Diesem Beispiel kann natürlich entgegengehalten werden, dass es auch im Alltag Zeichen gibt, die nicht eindeutig interpretiert werden können. Das Bild einer weinenden Person etwa kann einerseits darauf hinweisen, dass diese traurig ist oder Schmerz empfindet, andererseits aber auch, dass sie vor Freude weint. Der Unterschied zwischen einem aufgrund von Daten entstandenen Bild und einem Bild mit physischer Referenz ist jedoch, dass im Falle der physischen Referenz die Möglichkeit besteht, die visuelle Wahrnehmung mit der Wirklichkeit abzugleichen, die unterschiedlichen Informationen und das Deuten der Daten durch eigene Erfahrungen zu erlernen, Deutungsmechanismen anhand von gesellschaftlichen und kulturellen Konventionen kennenzulernen, um bei potenziellen Mehrdeutigkeiten das Wahrgenommene richtig interpretieren zu

---

2 http://www.visualcomplexity.com/vc/project.cfm?id=308 (Zugriff: 26.02.2021)

3 Zur Einführung in die technischen Verfahren des Neuroimaging vgl. Hüsing, Bärbel/Jänke, Lutz/Tag, Brigitte (2006): *Impact Assessment of Neuroimaging*, Zürich, 21–50.

können. Alltägliche Bilder sind zwar historisch und geografisch variabel und nicht weniger komplex als der Umgang mit abstrakten Daten, aber wir lernen den Umgang mit Konventionen und Mehrdeutigkeiten von klein auf – etwa so, wie wir Sprache erwerben. Demgegenüber fehlt uns im Falle der bildgebenden Verfahren der Erfahrungsschatz.

Was der postmoderne Denker Lyotard im Rahmen von *Les Immatériaux* 1985 kritisiert, ist der verstandesmäßige Zugang zur Außenwelt, der sich mit Anbruch der Moderne in den Wissenschaften mit dem Ziel durchsetzt, die physische Natur der menschlichen Vernunft unterzuordnen und sie berechenbar und manipulierbar zu machen (Lyotard 1985: 10). Aus Sicht der postmodernen Theoretiker:innen hat sich der Wunsch, mehr Kontrolle über die physische Natur zu erlangen, heute aber ins Gegenteil verkehrt: Mit zunehmender Modernisierung ist die Welt, die eigentlich aufgrund naturwissenschaftlich zu eruierender Daten eindeutig erfassbar, darstellbar und überprüfbar sein sollte, in unendlich viele Welten und Kodierungssysteme zerfallen, die sich unserer sinnlichen Wahrnehmung und Kontrolle entziehen.

Ihre Kritik ist nicht neu: Bereits in der *Dialektik der Aufklärung* (1947) lassen sich Argumente gegen den verstandesmäßigen Zugang zur Außenwelt nachlesen, denn mit jedem Versuch, »den Naturzwang zu brechen, indem Natur gebrochen« werde, gerate man »nur um so tiefer in den Naturzwang hinein« (Horkheimer/Adorno 1969: 26). Allerdings ist die menschliche Wahrnehmung sowieso nie einfach ein Sinnenreflex auf die Außenwelt, sondern eine kognitive Aktivität und abhängig von mentalen Schemata (Müller 2007: 17; Fleck 2011: 53). Zum einen werden die verschiedenen Informationen der physischen Handhabung beim Prozess des Wahrnehmens durch individuelle Wahrnehmungsmuster kanalisiert. Dabei handelt es sich um soziokulturell bedingte Werte- und Glaubenssysteme, die darüber entscheiden, was gesehen wird und wie geschaut wird (Krieg 1997). Das heißt, je nachdem, wo und wann wir leben, wie alt wir sind und welchen Beruf wir ausüben, nehmen wir die Umwelt anders wahr und gestalten unser eigenes Weltbild (Siebert 2000; Békési/Winiwater 1997: 57). Zum anderen werden die Sinneseindrücke in unserem Bewusstsein zu bereits vorhandenen Informationen hinzugefügt, eingegliedert und dabei geformt. Dieser Prozess generiert wiederum neue Informationen, die auf die Außenwelt projiziert werden und unser Weltbild – zusammen mit den Wahrnehmungsmustern – konstruieren (Shurmer-Smith 2002: 11; Müller 2007: 18). Aufgrund dieser Zusammenhänge steht der vernunftgeleitete Zugang zur Wirklichkeit an sich nicht im Zentrum der Kritik der vorliegenden Arbeit.

Anlass zur Skepsis gibt vielmehr der Umstand, dass Begriffe wie Wahrheit und Objektivität so hartnäckig an Bildern aus dem Bereich der Naturwissenschaften haften. Ein kleiner Versuch kann das illustrieren: Im Jahr 2017 wurde *BCTU* mehreren Schulklassen der Kantonsschulen Enge, Hottingen und Rychenberg im Kanton Zürich vorgelegt. Die Gymnasiast:innen waren angehalten, neben anderen Bildern auch *BCTU* den Bereichen Kunst oder Nicht-Kunst zuzuordnen. Die Schüler:innen haben *BCTU* ausschließlich dem Bereich Nicht-Kunst zugewiesen. Das erstaunt eigentlich nicht, denn naturwissenschaftliche Bilder sind gegenwärtig medial so präsent, dass sie als solche leicht identifiziert werden können. Interessant ist jedoch, dass die Jugendlichen ihre Wahl nicht mit den Worten begründet haben: »Das Bild stammt aus dem Bereich der Naturwissenschaften – und dementsprechend nicht aus dem Bereich der Kunst«. Vielmehr gaben sie an: »Es zeigt die Natur so, wie sie ist«. Daraus können zwei Schlussfolgerungen gezogen werden: Erstens ist anzunehmen, dass die Gymnasiast:innen davon ausgehen, dass Kunst von Menschenhand geschaffen werden sollte. Zweitens scheinen sie der Ansicht zu sein, dass sich die Natur in *BCTU* selbst offenbart. Bruno Latours Worte bringen ihre Ansicht auf den Punkt: Naturwissenschaftliche Visualisierungen »gelten den meisten nicht als Bilder, sondern als die Welt selbst« und somit als unmittelbarer Weg zur Erkenntnis über die physische Wirklichkeit (Latour 2002: 25). Doch bilden gerade Visualisierungen, die auf bildgebenden Verfahren basieren, die Natur eben nicht unvermittelt ab, sondern sind das Ergebnis einer mehrgliedrigen »Kette von Rückschlüssen« (o. Verf. 2000: 845). Im Falle von *BCTU* scheint es jedoch schwierig, diese »Kette von Rückschlüssen« zu entflechten und die Fiktionalität des Bildes – und der Gegenüberstellung der beiden Quadrate! – offenzulegen. Im Zentrum der Kritik steht also, dass die Betrachter:innen über die Bildherstellungsverfahren der Naturwissenschaften nicht ausreichend Bescheid wissen.

Darüber hinaus sollte kritisch betrachtet werden, dass hier Evidenzen geschaffen oder suggeriert werden, die keine sind.[4] Dies gilt insbesondere für jene so rege im Internet kursierende Version des Untersuchungsgegenstandes, bei der die Bildkommentare der *New York Times* weggelassen und durch die Bildüberschriften »Brain Cell« und »The Universe« ersetzt werden (Abb. 19). Dabei verschleiern die Urheber:innen dieser Versionen nämlich auch, dass die beiden Bildteile aus völlig unterschiedlichen Codierungssystemen hervorgegangen sind. Es wird also nicht deklariert oder offengelegt, dass die Gebilde von Menschenhand konstruiert sind. Das ist insofern problematisch, als dabei Mikro- und Makrokosmos, innen und außen, Mensch und Umwelt wegen der angelegten optischen Ähnlichkeit der beiden netzwerkartigen Gebilde miteinander gleichgesetzt werden.

4 Vgl. dazu auch Mersch: Das »Paradox, dass es Bilder von etwas gibt, das nicht visuell ist«, fordere in den Wissenschaften eine »Ethik des Bildumganges«, die auf die »Offenlegung der genauen technischen und mathematischen Verfahren sowie Angabe zu Filter und Glättungsmethoden oder die Begründung von Auswahlkriterien« insistiere (Mersch 2006: 416–420).

3.2 Konstruktion und Reproduktion von Dichotomien in *BCTU*

Die Aufhebung der Dichotomie zwischen Kultur und Natur, Mensch und Umwelt sowie Geist und Körper ist ein zentrales Anliegen einer umweltbewussten Bildbetrachtung (Kap. 1.2). Folglich muss eine entsprechende Untersuchung hinterfragen, inwiefern sich die natürliche Umwelt und das menschliche Bewusstsein in visuellen Erzeugnissen manifestieren.

Weil Claude Monet 1900 bis 1904 seine Staffelei am Ufer der Themse aufstellte, um das Licht- und Wellenspiel auf dem Fluss zu beobachten und das Bild des sich auf der Wasseroberfläche spiegelnden Parlaments mit Pinsel und Ölfarbe wiederzugeben, ist seine Arbeit als eine solche zu betrachten, die von der *physischen Umwelt* ausgeht. Wenn Monet diese Vorgehensweise an den nächsten Tagen wiederholte, weil sich die äußeren Verhältnisse ständig veränderten, ließe sich seine Arbeitsweise sogar empirisch nennen, wenngleich die dabei entstandene »Naturnachahmung« »eine gewisse Interpretation enthält«, da sie dem persönlichen Eindruck des Künstlers Rechnung trägt (Kandinsky 1912: Kap. I, o. S.).[5] Wenn sich hingegen Max Bill tagein, tagaus mit mathematischen Systemen beschäftigt, mit einfachen bildnerischen Mitteln Zahlenverhältnisse umschreibt, Farbverhältnisse und geometrische Formen planmäßig repetiert, zu Kompositionen zusammensetzt und dabei auf ein harmonisches Verhältnis zwischen horizontalen und vertikalen Elementen achtet, dann wäre diese Arbeit wohl seinem *Bewusstsein* entsprungen.[6] Dies gilt, obwohl die physische Umwelt und das Materielle wieder in Erscheinung tritt, indem die im Geiste entworfenen Kompositionen und Serien durch die Leinwand und insbesondere das Farbmaterial eine konkrete, materielle Form erhalten. Dennoch ist eine künstlerische Arbeit weder eindeutig der natürlichen Umwelt oder dem menschlichen Bewusstsein zuzuschlagen. Dasselbe trifft für die abendländischen Naturwissenschaften zu. Es gibt keine »leibfreie Naturerkenntnis« (Kutschmann 1986: 192). Selbst Descartes und Bacon, die im Theorieteil dieser Arbeit als Urheber der Dichotomie zwischen der natürlichen Umwelt und dem menschlichen Bewusstsein benannt werden (Kap. 1.2) und welche die Materie aus dem Geist verdrängt haben, haben sie gewissermaßen durch die Hintertür wieder hineingelassen. Sie haben die Natur vermessen, berechnet, geometrisiert und ihr auf diesem Wege Gesetzmäßigkeiten oder Denkstrukturen eingeschrieben, die dem Bereich der Metaphysik angehören.

---

5 Zu Monets Produktionsform und Parlament-Serie vgl. Kat. (2008). Zum wissenschaftlichen Interesse der Impressionisten an physiologisch-optischen Phänomenen und der damit einhergehenden Nähe zur Fotografie vgl. (Laforgue 1883; Muther 1901; Sontag 2008: 91).

6 Diese Gedankengänge sind in Zusammenhang mit der Arbeitsweise jener Künstler:innen zu bringen, die den Zürcher Konkreten zugerechnet werden. Vgl. dazu konkret: Bill (1967: 150).

Das Strukturmotiv in *BCTU* steht gemäß der ikonografischen Analyse in Kapitel 2.3.1.1 für »das Geistige in der Kunst«[7], in der Architektur, in den Wissenschaften und in der Natur. Demnach reduziert das Bild die Natur nicht auf ihre physische Erscheinung (*res extensa*), sondern es symbolisiert auch ihren übersinnlichen, geistigen Aspekt (*res cogitans*). Darüber hinaus wurde im Zusammenhang mit den in Kap. 2.3.1.2 diskutierten *Mind Maps* festgestellt, dass sich mit Netzwerken auch immaterielle Denk- und Wissenssysteme nachzeichnen lassen.

BCTU ist folglich nicht an der Konstruktion und Reproduktion der Dichotomie von Kultur und Natur, Mensch und Umwelt sowie Geist und Körper beteiligt. Im Gegenteil: Das Bild zeigt eine Natur, die gleich beschaffen ist wie der Mensch, weil sie (wie er) am Übersinnlichen teilhat. Mit Horkheimer und Adorno ließe sich sagen, dass der Mensch aufgrund dieser Gleichbeschaffenheit vollständig in den mit ihm identischen Naturzusammenhang integriert ist (Horkheimer/Adorno 1969: 9 f.). Mit Descartes ausgedrückt, ist sie nicht nur ausgedehnte Materie (*res extensa*), sondern auch denkende Substanz (*res cogitans*), denn sie wächst und gedeiht gemäß den Regeln der Vernunft (Kap. 1.2 sowie Descartes 1986: 105). Interpretiert der Betrachter oder die Betrachterin die Hirnzelle als Metapher für das Bewusstsein und das Universum als Umwelt, dann macht *BCTU* auf eindrückliche Weise anschaulich, dass sich die Schöpfung sowohl aus einer geistigen als auch aus einer materiellen Komponente zusammensetzt.

Das netzwerkartige Geflecht verweist nämlich nicht nur auf den transzendenten Aspekt der natürlichen Umwelt im Sinne von Ammanns »unermesslichen Gesetzmässigkeiten« und »kosmischer Gedächtnisstruktur«[8] (Amman 2009: 270 f.), sondern auch auf die Grundbausteine des Lebens, die in der Sprache der Naturwissenschaften durch Quarks, Atome oder eben Zellen ausgedrückt werden.

Bei der netzwerkartigen Struktur scheint es sich, so der Eindruck der Betrachter:innen, um die Grundbausteine des Lebens zu handeln, aus denen sich die gesamte natürliche Umwelt zusammensetzt. Dieser Eindruck entsteht auch in Anbetracht der überaus kunstfertigen Zeichnungen des spanischen Mediziners und Histologen Ramón y Cajal, der 1906 zusammen mit seinem italienischen Kollegen Camillo Golgi für Untersuchungen zur feingeweblichen Anatomie

---

7 *Über das Geistige in der Kunst* lautet der Titel eines Manuskripts von Wassily Kandinsky aus dem Jahre 1912. Demnach geht mit der Abgrenzung der abstrakten Kunst vom Naturalismus auch deren so gewollte Vergeistigung einher (Kandinsky 1912: Kap. III, o. S.).

8 Das vollständige Zitat lautet: »Ich glaube, dass uns die heutige Naturwissenschaft einen wunderbaren Schlüssel in die Hand gegeben hat. Gott, so könnte man sagen, ist zum einen eine unermessliche Gesetzmäßigkeit – in den Worten von Albert Einstein: ›Gott würfelt nicht‹ –, zum anderen eine kosmische Gedächtnisstruktur. Wenn dem nicht so wäre, könnte sich nicht die kleinste subatomare Materie mit anderer Materie zu immer komplexeren Strukturen vereinen, bis hin zum Menschen auf diesem Planeten«.

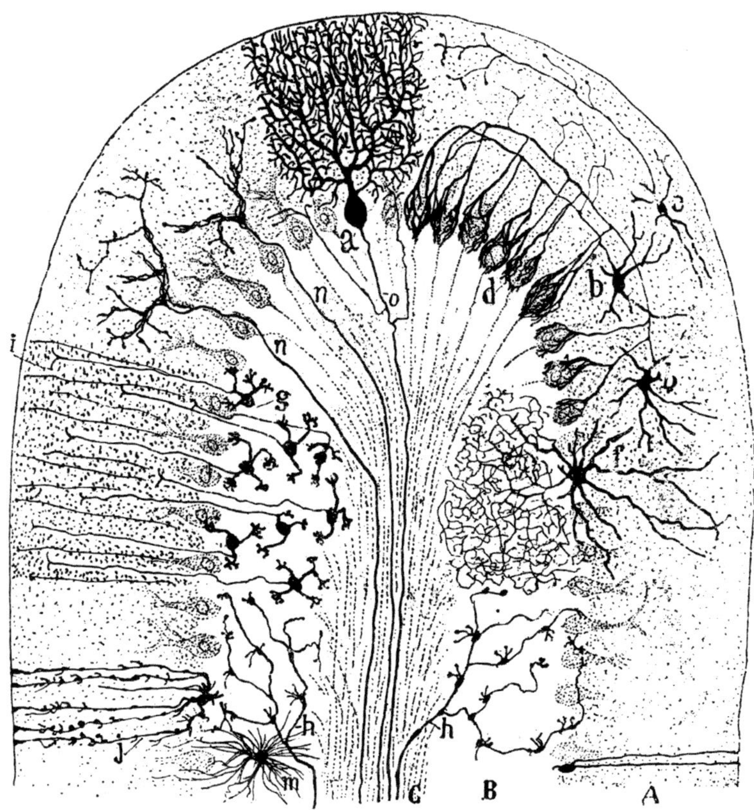

Abb. 59: Santiago Ramon y Cajal: Nerve Cells. Ncell Types In The Mammalian Cerebellum, Drawing, 1984, Bildquelle: Keystone/The Granger Collection

des Nervensystems den Nobelpreis für Physiologie und oder Medizin erhielt (Klein: 2017). Die netzwerkartigen Strukturen in Cajals Zeichnungen manifestieren sich in den verschiedensten Lebewesen, Organen und Gewebetypen (Abb. 59).

Abschließend ist zu konstatieren:

- Die netzwerkartige Struktur ist beides, sie ist zugleich Geist und Körper. Somit hebt *BCTU* die problematische Dichotomie zwischen Kultur und Natur, Mensch und Umwelt sowie Geist und Körper auf und setzt dem Entweder-oder ein Sowohl-als-auch entgegen. Die netzwerkartige Struktur verweist, so der Eindruck der Betrachter:innen, auf einen Bauplan, ein Naturgesetz, nach dem sich die Materie ordnet. Die Knötchen und ausgreifenden Tentakel stellen in dieser Lesart die Materie selbst, ihre Grundbausteine, dar.

- *BCTU* setzt die dialektische Verquickung von menschlichem Bewusstsein und natürlicher Umwelt ins Bild. Der Mensch wird weder als das der Natur Entgegengesetzte noch als das aufgrund seiner Vernunft Höhergestellte zu erkennen gegeben. In dieser Lesart kann das Bild das Bewusstsein für die menschliche Naturhaftigkeit und Teilhabe am Naturzusammenhang begünstigen.

Dass die Netzwerkstruktur in *BCTU* zugleich für die natürliche Umwelt und das menschliche Bewusstsein, zugleich für Kultur und Natur steht, korrespondiert mit der in der vorliegenden Arbeit befürworteten Synthese dieser beiden Bereiche. Zudem reflektiert die Netzwerkstruktur die materiell-semiotische Anlage der in Kapitel 4 zu erörternden Akteur-Netzwerk-Theorie. Zunächst möchte ich jedoch noch zwei weitere Aspekte im Hinblick auf *BCTU* erörtern, beginnend mit der Frage, wie sich das sogenannte Erhabene in dem Bild äußert.

3.3 Das Erhabene und seine Identifizierung in *BCTU*

Das Erhabene wurde schon in der griechischen Antike von Platon und Pseudo-Longinos *Peri hypsous* (vermutlich 20–50 n. Chr.) diskutiert und später von Burke, Kant, Schiller, Adorno, Lyotard (1984) und Newman aufgegriffen (Peña Aguado 1994: 14). Die folgenden Überlegungen konzentrieren sich auf Burke, Kant und Newman, weil deren Aussagen in Hinblick auf das hier interessierende Verhältnis von Kultur und Natur aufschlussreich sind.

Edmund Burke (1729–1797) wählt den Begriff des Erhabenen in seiner *Philosophical Enquiry into the Origin of Our Ideas of the Sublime and Beautiful* 1757 für Dinge, die Anspannung und Schrecken auslösen (Burke 1844: 51). Burke spricht des Weiteren von einem zweiphasigen, ambivalenten Gefühl, das mit extremen Doppelungen wie »Angstlust« (»delightful horror« und »terrible joy«) umschrieben werden kann (Schneewind 1998: 24; Stremlow 1998: 58). Im Gegensatz zum Schönen, das Vergnügen (»pleasure«) hervorrufe, löse das, was die Vorstellung von Schmerzen, Schrecken, Gefahr oder Terror wecke, im betrachtenden Subjekt Furcht aus, die sich jedoch mit lustvollen Empfindungen mische, sobald es sich bewusst werde, dass es selbst nicht gefährdet sei (Burke 1844: 72 u. 157). Das Gefühl des Erhabenen in dieser Setzung der Romantik fühlt sich nach Burke also ähnlich an wie eine entfernte Bedrohung. Im menschlichen Verhältnis zur Natur spiegelt sich diese Ambivalenz über die Jahrhunderte deutlich. Bis zum Ende des 17. Jahrhunderts galten beispielsweise nur diejenigen Landschaften als schön, die den »Schrecken, der von der Wildnis ausging, durch die Bearbeitung des Menschen« (Stremlow 1998: 46) abgestreift hatten. Nützliche Kulturlandschaften wurden als schön angesehen, während verwilderte und bedrohliche Naturausschnitte erst im Zuge der Aufklärung ästhetisiert wurden:

Die Berge, der Wald, die Heide, das Meer und die Wüste avancierten von da an zur Projektionsfläche für das Gefühl des Erhabenen (Stremlow 1998: 46). Die 2005/2006 in den *Musées cantonaux du Valais* realisierte Ausstellung *Montagne, je the hais – Montagne, je t'adore* hatte gezeigt, dass während der Aufklärung allen voran die Schweizer Alpen englischen Abenteurern als Projektionsfläche für dieses gemischte Gefühl dienten (Kat. 2005/2006).

Das Erhabene hat in der zweiten Phase, in der der Schrecken ins Gegenteil umschlägt und eine angenehme Wirkung hinterlässt, weil sich das Subjekt in Sicherheit weiß, etwas Stimulierendes. Im Unterschied zu Burke, bei dem es noch vollständig als Zuschreibung für externe Objekte – wie z. B. entfernte Naturbedrohungen – gilt, konstituiert es sich gemäß Immanuel Kant (1724–1804) im Wechselspiel von Objekt und Subjekt sowie physischer Unterlegenheit und geistiger Überlegenheit und ist im betrachtenden Subjekt selbst angelegt. Kant greift Burkes Vorschlag in seiner *Kritik der Urteilskraft* (1790) auf (Kant 1900 ff.: AA V: 227. 05) und grenzt ebenfalls das »Erhabene« vom »Schönen« ab. Letzteres umschreibt er mit dem Ausdruck »Wohlgefallen [...] ohne alles Interesse«, wobei »ohne alles Interesse« meint, dass das betrachtende Subjekt der schönen Sache um ihrer selbst willen Aufmerksamkeit schenkt. Das Schöne sei für sich genommen weder nützlich noch moralisch gut (AA V 204. 20–1). Wie Burke schildert Kant das Erhabene als gemischte Empfindung, die er unter anderem charakterisiert als »Wohlgefallen«, aber mit »Grausen«, (AA V 269. 05–13) und »negative Lust« (AA V 245. 10): In den Augen Kants löst die Konfrontation mit übergroßen (mathematisches Erhabenes, AA V 248. 02) und übermächtigen (dynamisches Erhabenes, AA V 260. 09) Naturgewalten die Empfindung des Erhabenen aus, weil sich ein Gefühl der physischen Ohnmacht einstellt. Dieses Gefühl verkehrt sich aber im nächsten Augenblick in Überlegenheit, wenn sich der Mensch seiner geistigen Fähigkeiten gewahr wird und sich als Vernunftwesen über die Natur erhebt (AA V 257. 27–36).

Ein berühmtes Gemälde (Abb. 60) kann Kants Theorie zum Erhabenen mit einfachen Mitteln veranschaulichen. Abb. 60 zeigt Caspar David Friedrichs Ölgemälde *Wanderer über dem Nebelmeer* aus dem Jahre 1818. Sie stellt den unbedeutend kleinen Menschen dar, der sich angesichts der kräftemäßigen Überlegenheit der Natur seiner Begrenzung als Sinnenwesen bewusst wird. Gleichzeitig erkennt der in der Erobererpose abgebildete Mann, dass er der Natur kraft seiner denkerischen Fähigkeiten vernunftmäßig überlegen ist. Die Natur bietet sich dem Menschen dar wie ein Schauspiel, was dem betrachtenden Subjekt die Möglichkeit bietet, sich mit der dargestellten Rückenfigur, deren Kopf mit der Horizontlinie respektive dem Betrachterstandpunkt des Bildes übereinstimmt, zu identifizieren und die Erhabenheit nachzuempfinden.

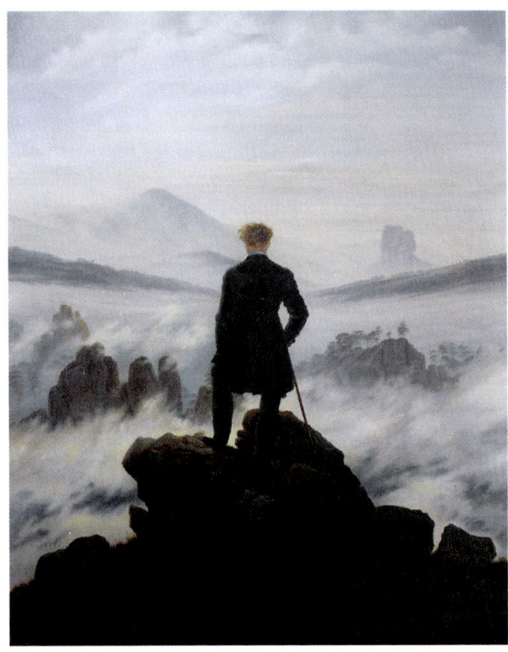

Abb. 60: Caspar David Friedrich: *Der Wanderer über dem Nebelmeer*, um 1818, Öl auf Leinwand, 94,8 × 74,8 cm, Hamburg: Hamburger Kunsthalle

Die nichtgegenständliche moderne Kunst liefert ebenfalls Beispiele. Barnett Newman bezieht sich in seinem Manifest *The Sublime is Now* (1948)[9] weniger auf eine Naturerfahrung als vielmehr auf das im allgemeinen Sinne Schöne, Absolute, Legendäre und Mythische, das die Grenze des Repräsentierbaren überschreitet (Newman 1993: 580 f.). Sein Text ist repräsentativ für die Abgrenzung der amerikanischen Avantgarde von der europäischen Vergangenheit (Newman 1993: 580). Newman kritisiert den abendländischen Kanon und insbesondere die Renaissance, die das Erhabene in der gegenständlichen Welt (»objective world«) gesucht habe. Er distanziert sich von den europäischen Abstrakten, die sich seiner Meinung nach in einer »puren Rhetorik von abstrakten mathematischen Beziehungen« verloren hätten (Newman 1993: 581):

> I believe that here in America some of us, free from the weight of European culture, are finding the answer by denying that art has any concern with the problem of beauty and where to find it. The question that arises is now, if we are living in a time without a legend or mythos that can be called sublime, [...] how can we be creating a sublime art? (Newman 1993: 581)

Obwohl Newman nicht eine bestimmte Theorie, sondern das Gefühl des Erhabenen in geläuterter Form (»absolute emotions«) auf die Leinwand bannen wollte,

---

9 Der Originaltext des Manifests ist im Dezember 1948 in *Tigers Eye* 1 (6) auf S. 51–53 erschienen, hier zit. nach Harrison/Wood (1993: 580–582).

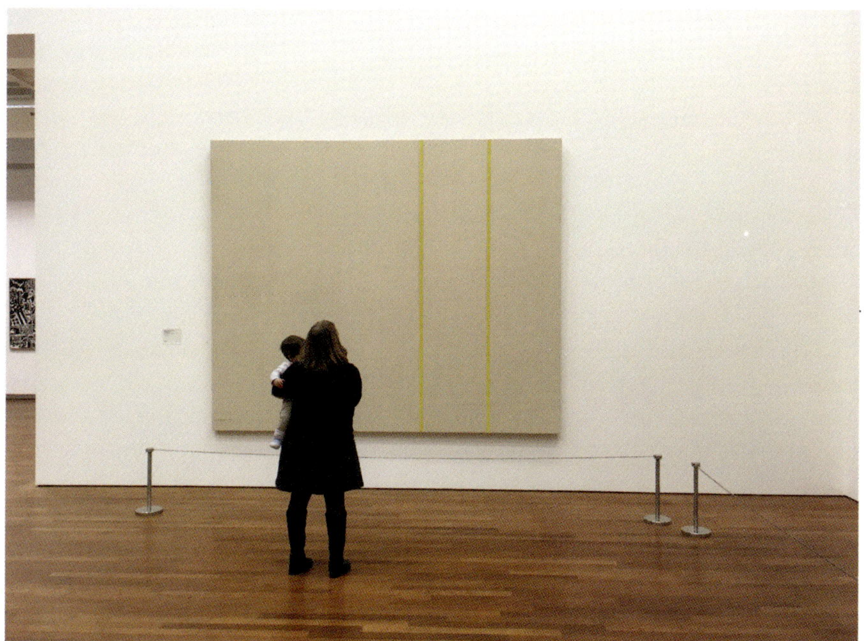

Abb. 61: Begrenzung als Sinnenwesen – Grenzenlosigkeit als Vernunftwesen. Betrachterin mit Kind vor Barnett Newmans Gemälde *The Moment I* aus dem Jahre 1962 im Zürcher Kunsthaus. Bild: M. L. T. / © für das Werk von Barnett Newman: VG Bild-Kunst, Bonn 2022

schen abstrakten Formen und dem physischen Farbmaterial. Im Gegensatz zum Ölgemälde von Caspar David Friedrich (Abb. 60) wird es aber nicht mehr über eine Bildfigur vermittelt, sondern stellt sich als »absolut[e] emotion[]« (Newman 1993: 581) beim betrachtenden Subjekt ein.

Um nun das Erhabene bei *BCTU* zu klären, sei nochmals Kant zitiert, der in der *Kritik der praktischen Vernunft* (1788) schreibt:

> Zwei Dinge erfüllen das Gemüth mit immer neuer und zunehmender Bewunderung und Ehrfurcht, je öfter und anhaltender sich das Nachdenken damit beschäftigt: der bestirnte Himmel über mir und das moralische Gesetz in mir. (Kant 1900 ff.: AA V 161. 33–36)

Die beiden Extreme – bestirnter Himmel und innere moralische Instanz – sind im Grunde die beiden Schauplätze, an denen sich die beiden Phasen des Gefühls des Erhabenen verorten lassen. *BCTU* zeigt diese beiden Schauplätze.

---

10 Imdahl hebt hervor, dass die ideale Platzierung für die Gemälde Newmans ein Korridor sei, der die Beschauer:innen dazu zwinge, sie aus der Nähe zu betrachten, weil es ausdrücklich der Wunsch des Künstlers gewesen sei, dass die Ausmaße seiner Bilder erfahren werde, worauf sich das Gefühl der Überwältigung einstellen sollte. Hingegen führt Serge Guilbaut die enorme Größe amerikanischer Gemälde der Moderne auf die expansive US-Politik während des Kalten Krieges zurück (Imdahl 1996: 246).

Aus umweltbewusster Perspektive ergeben sich aus der Kant'schen Verortung des Erhabenen allerdings mehrere Probleme: Das erhabene Gefühl baut sich im Spannungsfeld jener Dichotomie zwischen natürlicher Umwelt und menschlichem Bewusstsein auf, die eine umweltbewusste Bildbetrachtung aufzulösen sucht (Kap. 1.2). Aus Sicht der *Visual Culture Studies* ist zudem zu bemerken, dass bei Kants Konzeption Prozesse des *Othering* (Hall 1997: 215–287; Hall 1991: 21) involviert sind, weil er die Natur als das dem Menschen Entgegengesetzte ausweist: Die natürliche Umwelt ist physisch das Andere insofern, als sie dem Menschen kräftemäßig überlegen ist; zudem ist sie in metaphysischer Hinsicht das Andere insofern, als ihr die Fähigkeit zur geistigen Auseinandersetzung fehlt. Demnach bedeutet das Erhabene bei Kant – ganz im Sinne der Aufklärung –, dass die geistig-moralische Erhebung über die Natur, respektive die vernunftmäßige Unterwerfung der Natur, die Dichotomie zwischen natürlicher Umwelt und menschlichem Bewusstsein intensiviert, während der menschliche Körper aus der Naturerfahrung ausgeklammert wird.

In der künstlerischen Forschungsskizze im vierten Teil dieser Arbeit wird sich erweisen, dass Bruno Latour mit seiner Akteur-Netzwerk-Theorie eine Antwort auf die ontologische Kluft,[11] die sich zwischen Kants »moralische[m] Gesetz in mir« und dem »bestirnte[n] Himmel über mir« auftut, parat hält (Latour 1996: 375). Hierzu also später. Zunächst möchte ich die Frage, wie sich das Erhabene in *BCTU* äußert, weiterverfolgen.

Das wie ein Diptychon angelegte Bild *BCTU* vermittelt das ambivalente Gefühl des Erhabenen, das sich in »Wohlgefallen«, aber mit »Grausen« (Kant 1900 ff.: AA V 269. 05–13) äußert, unter anderem durch die Art und Weise, wie wir als Betrachter:innen im Bild vorgesehen sind: Wenn wir davon absehen (oder nicht wissen), dass *The Universe* am Computer errechnet wurde, und uns vergegenwärtigen, dass uns das Universum durch den Blick zum Himmel gewahr wird, dann blicken wir beim rechten Quadrat aus der Perspektive einer wehrlos auf dem Rücken liegenden Person zum Himmel hinauf. Hingegen schauen wir beim linken Quadrat aus der übergeordneten Vogelperspektive auf die Hirnzelle hinunter. Darüber hinaus handelt es sich auf den ersten Blick um ein ähnliches Bildmotiv: eine spinnwebartige Struktur. Wenn sich die Betrachterin oder der Betrachter selbst in der Hirnzelle erkennt – ob die Information, dass es sich um ein Mäusegehirn handelt, unterschlagen wurde, oder die/der Betrachtende Analogien zwischen menschlichen und tierischen Hirnzellen bildet, spielt an der Stelle keine Rolle –, dann führt *BCTU* vor, dass der Mensch und das Universum (der »bestirnte Himmel über mir« und das »moralische Gesetz in mir«) gleich beschaffen sind. Bei dem betrachtenden Subjekt kann diese Verwandtschaft zugleich Angst- und Lustgefühle hervorrufen. Seit der frühen Neuzeit baut

11 Zu Kant und Latour vgl. auch Harman (2007: 32 u. 43).

das Selbstbewusstsein des Menschen auf seiner Vernunft auf.[12] Bis zur Postmoderne hat er alle seine Hoffnungen an die Vorstellung geknüpft, dass er als einziges vernunftbegabtes Wesen (*res cogitans*) über seine physische Umwelt (*res extensa*) herrsche (Kap. 1.2), seine Vernunft verhiess ihm Autonomie, Macht und wirtschaftlichen Erfolg. Aufgrund von *BCTU* mag er nunmehr den Eindruck gewinnen, dass er sich keineswegs von seiner Umwelt abhebt. Dies kann Verunsicherung auslösen. Andererseits kann der Anblick von *BCTU* auch Anlass zur Freude sein, weil nicht nur endlich alle gleich, sondern auch alle miteinander verbunden sind. Julia Gelshorn konstatiert, dass Netzwerke prinzipiell etwas Unhierarchisches, wenngleich im Sinne des *networking* neoliberal Vereinnahmtes haben (Gelshorn 2017: 173). Im Glauben, dass naturwissenschaftliche Aufnahmen objektives Wissen über die Welt erzeugen, sieht der Betrachter oder die Betrachterin in *BCTU* moralische Grundsätze vermeintlich wissenschaftlich belegt: Seelenverwandtschaft, Empathie, Verbundensein.

Es sei daran erinnert: Der Untersuchungsgegenstand dieser Arbeit hat im Verlauf seiner Rezeption einen Wandel vom Wissensteil der *New York Times* zu spirituell gefärbten Internetforen durchlaufen, weil er tiefreligiöse Gefühle erfahrbar und erlebbar macht (Kap. 2). Da die beiden Bilder aufgrund ihrer naturwissenschaftlichen Provenienz für objektiv und wahr gehalten werden, scheint auch die spirituelle Botschaft, die sie vermitteln, wahr. Wie kritisch das zu sehen ist, wurde andernorts ausführlich erläutert. Ohne dies im Einzelnen wiederholen zu wollen: *BC* zeigt eben keine menschliche Zelle, *TU* ist eine Computersimulation und von Objektivität kann kaum die Rede sein. Die über die beschriebenen Mechanismen generierte Erhabenheit, die *BCTU* so geeignet macht für eine esoterische Aneignung, beruht auf einer ganzen Reihe an Fehlinformationen und falschen Annahmen.

BCTU eröffnet ein Spannungsfeld zwischen den Gegensätzen Kultur und Natur, Mensch und Umwelt sowie Geist und Materie, zwischen dem Kleinen und Großen, dem Hier und Dort sowie dem Chaos und der Ordnung, in dem sich die Empfindung des Erhabenen konstituiert (Pries 1989: 2; Peña Aguado 1994: 14). Das Bild provoziert das zweiphasige Gefühl einerseits durch die Gegenüberstellung diametral verschiedener Blicke, die einmal Souveränität und einmal Ausgeliefertsein vermitteln, andererseits durch synchrones Gleichgemachtwerden und Verbundensein.

BCTU funktioniert als Ausdruck des erhabenen Gefühls vor allem dann, wenn das betrachtende Subjekt die Struktur zur Linken fälschlicherweise als menschliche Hirnzelle auffasst und sich damit identifiziert: Dann erfährt es sich selbst gleichzeitig als in der Masse untergehend und als Teil von etwas Größerem. Die unendliche Weite des Universums mit seinen unzähligen Welten, gepaart mit dem Wissen um die Endlichkeit unseres Daseins, kann im Menschen die Emp-

12 Vgl. dazu Descartes (1986: 45).

findung hervorrufen, nur ein Sandkorn im großen Ganzen zu sein. Daraus ergibt sich ein Gefühl der Bedeutungslosigkeit, das nach Kant in Lust umschlägt, wenn sich der Mensch in diesem Moment zugleich seines innersten, unvergänglichen Wesenskerns gewahr wird.

3.4 Der Beitrag zu einer umweltbewussten Bildbetrachtung

Die vorangegangenen Erläuterungen zeigen zwei Eigenschaften von *BCTU* auf: Zum einen vergegenwärtigt das Bild die dialektische Verquickung von natürlicher Umwelt und menschlichem Bewusstsein, indem es sowohl die physischen Bausteine des Universums als auch deren geistige Ordnungsprinzipien symbolisiert (Kap. 3.2 u. 3.3). Zum anderen bringt *BCTU* die drei gesellschaftlichen Bereiche Naturwissenschaft, Religion und Kunst miteinander in Verbindung (Kap. 2.2). Beide Eigenschaften sind aus der Sicht einer umweltbewussten Bildbetrachtung zentral, weil mit einer solchen Betrachtung Kritik an der Dichotomie von Kultur und Natur und der Versuch einer Vermittlung zwischen Kultur- und Naturwissenschaften einhergeht. Die beiden genannten Eigenschaften sind ausdrücklich hervorzuheben, weil sie auf eine integrative Leistung verweisen. In dem Bild finden die Denkstile und Weltbilder unterschiedlicher Wissenskulturen dialektisch zusammen. Auf diese Weise werden Dualismen aufgehoben, dem Entweder-oder wird ein Sowohl-als-auch entgegengesetzt. Dies sensibilisiert für die Gleichberechtigung pluraler Welten und Denkstile. Angesichts dieser Syntheseleistung fragt sich, ob *BCTU* als post-postmodern bezeichnet werden könnte, und zwar insofern, als es der postmodernen Pluralität der Welten eine große Erzählung entgegenhält, die weltumspannenden Gesamtheitsanspruch erhebt.[13] *BCTU* vereint die Bereiche Wissenschaft, Kunst und Religion und würde in dieser Deutung die Geschichte von der Analogie zwischen Mikro- und Makrokosmos, von der universalen Verbundenheit, der Einheit von Geist und Körper,

13 Im Bericht *La Condition Postmoderne. Rapport sur le Savoir* (dt.: *Das postmoderne Wissen. Ein Bericht*), den Lyotard 1979 im Auftrag der Regierung von Québec verfasste, heißt es: »Bei extremer Vereinfachung hält man die Skepsis gegenüber den Metaerzählungen für ›postmodern‹« (Lyotard 1986: 14). Lyotard meinte mit »Metaerzählungen« oder »grossen Erzählungen« eine alles legitimierende Leitidee, zum Beispiel jene der »Emanzipation der Menschheit« während der Aufklärung (Lyotard 1986: 96–122). Seine Einschätzung war, dass das Wissen in der postmodernen Gesellschaft (spätestens ab Ende der 1950er-Jahre) keine verbindliche Einheitlichkeit mehr aufweise, wobei er zwischen wissenschaftlichem und nichtwissenschaftlichem (narrativem) Wissen Parallelen zog (Lyotard 1986: 19; 83), sodass sich seine These auch auf die großen Mythen und Legenden aus wissenschaftsexternen Bereichen wie Religion und Kultur beziehen lassen. In deren Folge ist die »Freisetzung der postmodernen Pluralität«, sodass die »grossen Erzählungen« in viele kleine Parallelgeschichten zerfallen, die gleichberechtigt nebeneinander existieren, wobei dieser Fragmentierungsprozess einer »Vielzahl begrenzter und heteromorpher Sprachspiele, Handlungsformen und Lebensweisen« den Weg ebnet (Welsch 1997: 32 f.).

vom Nicht-Repräsentierbaren, Erhabenen oder vom universalen Bewusstseinsstrom erzählen. Ehemals widersprüchliche Fachbereiche, Begriffe und Weltbilder wie Naturwissenschaft und Religion, Wissen und Glauben, Geist und Körper, Natur und Kultur legitimieren sich in dieser Lesart gegenseitig und werden zu einer Einheit integriert, mit der sich alle Betrachter:innen identifizieren können.

Das Wechselspiel zwischen den beiden Gesellschaftsbereichen Naturwissenschaften und Religion wurde in Kap. 2.3.5 ausführlich beschrieben. Kunst bringt sich lediglich in Form des Strukturmotivs ein, das auf die konkrete und konstruktivistische Kunst der 1960er-Jahre verweist, ansonsten hat sie das Nachsehen. Dabei könnte sie ein besonderes Potenzial entfalten, das Jörg Huber wie folgt umschrieben hat:

> Die Selbstreferentialität der künstlerischen Bilder ist eine Conditio sine qua non künstlerischer Gestaltung. Sie thematisieren ihre eigenen Voraussetzungen. Sie zeigen, wie sie etwas zeigen, und eröffnen die Möglichkeit, Wahrnehmungsweisen wahrzunehmen. Künstlerische Bilder erschöpfen sich nicht darin, dass sie auf etwas verweisen, dass sie etwas zeigen [...]. (Huber 2001: 385)

In den nachfolgenden Ausführungen soll dieses Potenzial der Kunst, die »eigenen Voraussetzungen [zu thematisieren]«, ausgelotet werden. Zu dem Zweck werden Überlegungen angestellt, was geschähe, wenn *BCTU* im Kunstkontext rezipiert würde. Leitend ist die Frage, ob Betrachter:innen möglicherweise eine Art »Kunsterwartungshaltung« einnähmen, wenn sie in einer Galerie auf das Bild stießen. An erster Stelle ist zu klären, ob solch ein Gedankenspiel überhaupt legitim ist.

Als der Konzeptkünstler Marcel Duchamp ab den 1910er-Jahren Alltagsgegenstände, z. B. ein Fahrrad oder ein Pissoir, in Kunstausstellungen präsentierte, hat er nicht nur die Wahrnehmungs- und Darstellungsprozesse der Kunst, sondern auch ihre Bedingungen überhaupt infrage gestellt (Nerdinger 1994: 326; Sturken/Cartwright 2001: 32–34). Duchamps Alltagsgegenstände, die als sogenannte *Ready-Mades* in die Kunstgeschichte eingegangen sind, weisen voraus auf Warhols *Brillo Boxes* und Dantos davon inspirierte Kunsttheorie der 1960er-Jahre (Kap. 2.3.2.3). Zur Erinnerung: Laut Danto liegen die konstitutiven Bestimmungen der Kunst nicht in den Objekten selbst, sondern im Kontext und in dem von diesem Kontext ausgehenden Diskurs (Danto 1964: 571–584).

Das Verhältnis zwischen den Dingen unserer Lebenswelt und der Sprache, mit der wir darauf verweisen, ist arbiträr. Das heißt, es basiert nicht auf rationalen oder naturgegebenen Kriterien, sondern auf menschlichem Konsens und gesellschaftlichen Konventionen (de Saussure 1967: 77–79; Kap. 2.3).

Dies gilt auch für Gegenstände, die als Kunst bezeichnet werden. Artefakte werden demnach durch Konventionen und Bedeutungszuschreibungen zu Kunst. Dantos Institutionalisierungsthese steht anscheinend nicht im Einklang mit Hubers Aussage zur Selbstreferenzialität künstlerischer Bilder. Doch kommt einmal mehr die Eigenschaft des Sowohl-als-auch zum Tragen: Künstlerische

Erzeugnisse können zeigen, wie sie etwas zeigen (während naturwissenschaftliche Bilder vorgeben, das zu zeigen, was sie zeigen), und gleichzeitig wird Kunst durch den Kontext konstituiert. Daher erscheint die Frage, was geschähe, wenn *BCTU* zur Kunst erhoben würde, indem das Bild in einer Kunstausstellung gezeigt wird, zunächst durchaus erlaubt.

Bei einer Präsentation von *BCTU* im Kunstmuseum würde es mit jener »Aura« versehen werden, die Walter Benjamin 1935 in seinem Essay *Das Kunstwerk im Zeitalter seiner technischen Reproduzierbarkeit* behandelt (Benjamin 1991: 440). *BCTU* würde »einmalig« und »unnahbar« (Benjamin 1991: 440); man könnte ins Museum pilgern, um das Original andächtig zu bestaunen. Thomas Struth, um nur ein Beispiel anzuführen, hat die Wirkung dieser Aura in seiner *Audience*-Serie ins Bild gesetzt (Abb. 62).

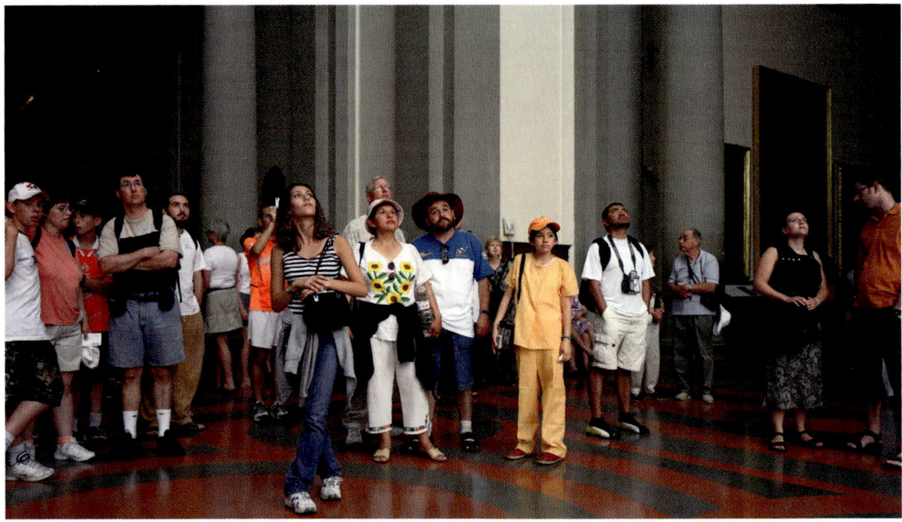

Abb. 62: Thomas Struth: *Audience 7*, Florenz, 2004, Chromogenic print, 1979,5 × 288,3 cm, © Thomas Struth

Der Gegenstand der vorliegenden Studie würde im Kunstkontext seinen eigenen Status als Kunst, seine Rolle im Kunstbetrieb und seine medialen Bedingungen reflektieren: Im Museum ausgestellt, würden die beiden Quadrate, die ursprünglich aus dem Bereich der Naturwissenschaften stammen, die überholte Trennung von Hochkultur und Populärkultur und den »absoluten Glauben an die Freiheit und Autonomie der Kunst« sowie des künstlerischen Genies infrage stellen (Henke 2013). Das Bild würde zeigen, dass eindrucksvolle und erhabene Dinge auch außerhalb des Kunstbetriebs entstehen. Gerade der ausdrückliche Kunstkontext würde eine selbstreferenzielle Dimension eröffnen und *BCTU* könnte mithilfe naturwissenschaftlicher Wahrnehmungs- und Darstellungsschemata zu einem Überdenken der Mythen des Kunstbetriebs anregen.

Dies würde aber nicht funktionieren, ohne umgekehrt auch die Mythen der Naturwissenschaften infrage zu stellen und den Nimbus der Objektivität in Zweifel zu ziehen, der naturwissenschaftliche Ergebnisse und deren Visualisierung umgibt. In seinem ursprünglichen Kontext, der *New York Times*, war es aufgrund der verwirrenden Überschrift »Science Illustrated« unklar, ob das Bild die harten Wissenschaften an sich, ihre Erkenntnisse, Methoden oder Gegenstände repräsentiert (Kap. 2). Im Kunstkontext hätten wir hingegen die Gewissheit: *BCTU* würde die Darstellungsgewohnheiten der Naturwissenschaften vorführen. Es wäre unmissverständlich, dass das Doppelbild nicht eine Hirnzelle und das Universum abbildet, sondern vielmehr die Art und Weise, wie die Naturwissenschaften Hirnzellen und Universen darstellen. Mit den Worten Hubers ausgedrückt, würde es der museale Kontext erleichtern, die »Wahrnehmungsweisen [der Naturwissenschaften] wahrzunehmen« (Huber 2001: 192). Es würde klar werden, dass das Bild kein objektives, wahres Bild der Natur wiedergibt, sondern vielmehr eine Idee von Natur. Im Gegensatz zur Publikation unter der Überschrift »Science Illustrated« würde der künstlerische Kontext den erkenntnistheoretischen Stellenwert des Bildes klar offenlegen. Er würde die betrachtende Person für die Konstruiertheit und Fiktionalität naturwissenschaftlicher Fakten und Bilder[14] sensibilisieren, ein Fragezeichen hinter deren Wahrheitsanspruch und Objektivität setzen und auf die Bedingtheit und Pluralität möglicher Welten hinweisen. Die Betrachter:innen würden begreifen, dass die Naturwissenschaften ihr Naturverständnis prägen und weltanschauliche Themen behandeln.

Ein Einwand gegen die Vorgehensweise soll allerdings nicht unerwähnt bleiben. Ullrich (2006: 316) warnt davor, naturwissenschaftliche Erzeugnisse in den kunsthistorischen Kanon einzureihen, weil sie mythologisiert und mit zusätzlicher Bedeutung aufgeladen würden, brächte man sie mit Bildern der Kunst in Verbindung und rekonstruierte ihre Stilgeschichte. Sein in Kapitel 2.3 schon erwähnter Aufsatz *Wissenschaftsbilder und der neue Paragone zwischen Geistes- und Naturwissenschaften* handelt vom Konkurrenzverhältnis zwischen den Geistes- und Naturwissenschaften, das nicht zuletzt mit ihren ungleichen Voraussetzungen bezüglich der Darstellbarkeit von Forschungsergebnissen zu tun habe. Im Gegensatz zu den Geisteswissenschaften, die sich mit Ideen, Theorien und Konzepten befassen, ließen sich naturwissenschaftliche Entdeckungen hervorragend visualisieren, apotheotisch steigern und verkaufen. Naturwissenschaftliche Visualisierungen förderten das Image der Disziplin und deren erfolg-

14 Zur Fiktionalität naturwissenschaftlicher Visualisierungen vgl. auch Christina Hanke, die betont, Visualisieren heiße, dass »das Visualisierte im Visualisierungsprozess erst hervorgebracht« werde (Hanke 2006: 245).

reiche Akquisition öffentlicher Mittel (Ullrich 2006: 310). Ullrichs Argumentation hebt ausdrücklich auf die Konkurrenz zwischen den beiden Wissenskulturen ab. Die vorliegende Arbeit soll jedoch nicht auf ein Kräftemessen zwischen den Geistes- und Naturwissenschaften hinauslaufen, sondern den Dialog zwischen verschiedenen Disziplinen fördern. Daher wird trotz Ullrichs Einwand dafür plädiert, *BCTU* rein gedanklich auch im Kunstkontext zu betrachten. Ich schließe mich demnach Latour an, der 2002 eine ähnliche Unternehmung in die Realität umsetzte. Er stellte in der Ausstellung *Iconoclash. Jenseits der Bilderkriege in Wissenschaft, Religion und Kunst* im Karlsruher Zentrum für Kunst und Medientechnologie Gegenstände aus Wissenschaft, Religion und Kunst gemeinsam aus, denn: »Wissenschaftliche Bilder müssen mit religiösen Bildern und Kunstwerken in Resonanz treten, damit deutlich wird, wie sie erzeugt werden und wie sie sich miteinander verbinden, welchen besonderen Typus von Unsichtbarkeit sie erzeugen« (Latour 2002: 29).

Fazit

Zum Abschluss der Diskussion soll der Bogen zum gängigsten Verständnis des Wortes »umweltbewusst« im Sinne von nachhaltig oder ökologisch geschlagen werden. Zunächst sei rekapituliert: Wenn *BCTU* im Wissenschaftsteil einer renommierten internationalen Tageszeitung gezeigt wird, lesen wir das Bild als wissenschaftliche Erkenntnis, als wahres, objektives Faktum. Würde es hingegen im musealen Kontext ausgestellt, hätten wir die Chance, das Bild aus einem anderen Blickwinkel zu betrachten, der die Aussage Hubers einbezieht, wonach künstlerische Bilder »zeigen, wie sie etwas zeigen« (Huber 2001: 385): Vielleicht würde dies naturwissenschaftliche Mythen und religiöse Implikationen enthüllen, vielleicht würde es die Wahrnehmungs- und Darstellungsschemata der Bereiche Naturwissenschaft und Religion offenlegen. Vielleicht würden die Betrachter:innen das Bild als abstraktes Symbol für etwas Geistiges, Erhabenes, Undarstellbares lesen, wenn es im Kontext abstrakter, konkreter Kunst der 1960er-Jahre gezeigt würde. Im musealen Kontext würde *BCTU* mit der Aura der Einmaligkeit versehen und der eigene Status des Kunstwerks würde darin reflektiert werden. *BCTU* könnte sich womöglich in der Rolle des Kunstwerks metaperspektivisch in das wechselseitige Verhältnis von Naturwissenschaft und Religion einschalten. Dem betrachtenden Subjekt würde vor Augen geführt werden, dass – wie in Kapitel 2.2.5 geschildert – jeder der beiden Bereiche den anderen einbindet: Einerseits rationalisieren die Naturwissenschaften z. T. moderne religiöse Strömungen, indem sie sich spirituellen Fragen zuwenden, um sinnhaft zu erscheinen und an Popularität zu gewinnen. Andererseits sakralisieren manche religiösen Strömungen die Naturwissenschaften, indem sie sich naturwissenschaftlicher Erkenntnisse bedienen, um ihre Botschaften wissenschaftlich zu untermauern.

Indem *BCTU* rein hypothetisch im Kunstkontext betrachtet wird, lässt es sich um jene selbstreferenzielle Dimension bereichern, die künstlerischen Erzeugnissen eigen ist. Damit ist aber erst ein Teil dessen skizziert, was Kunst in Hinblick auf Umweltbewusstsein leisten könnte. Wie in Kapitel 2.3.2.3 aufgezeigt wurde, gehen die Diskussionen um den Begriff der künstlerischen Forschung davon aus, dass Kunst nicht nur analytische, sondern auch produktive Anlagen in sich trägt, die Forschungsprojekte im Rahmen von Umweltschutz und Nachhaltigkeit bereichern könnten. In dem Zusammenhang wurde erörtert, dass künstlerische Forschung nicht nur Kunst *über* Forschung, sondern auch Kunst *als* Forschung meinen kann. Dies bedeutet, dass sich Kunst nicht nur in vorhandenes Wissen einmischen, sondern auch neues Wissen produzieren kann. Aufgrund ihres Potenzials, unerwartete Lösungen entstehen zu lassen, wird sie in den amerikanischen und australischen Erziehungswissenschaften seit einigen Jahren zu den sogenannten *MINT*-Fächern[15] gezählt, sodass im englischsprachigen Raum nicht mehr von *STEM* (Science, Technology, Engineering, Mathematics), sondern von *STEAM* (Science, Technology, Engineering, *Art*, Mathematics) die Rede ist (Piro 2010; Land 2013).

In weiterführenden Studien wäre demnach auszuloten, inwiefern das kreative Potenzial der Kunst Forschungsprojekte zu Umweltschutz und Nachhaltigkeit zu erhellen vermag. Auf jeden Fall ist davon auszugehen, dass ein hochkomplexes Problem wie die globale Umweltkrise im 21. Jahrhundert nicht nur wissenschaftliche und technische Durchbrüche erfordert. Vielmehr ist auch das Geschick vonnöten, widersprüchliche Daten und Bedürfnisse über kulturelle und disziplinäre Grenzen hinweg auszuhandeln, ebenso wie es die Fähigkeit braucht, an sozialen Netzwerken zu partizipieren. Darüber hinaus müssen die auf einem radikal kollaborativen Wege entstandenen innovativen Lösungsvorschläge benutzer:innenfreundlich gestaltet, entworfen und kommuniziert werden. Auf längere Sicht wäre denkbar, dass Kunst respektive Kunstschaffende diese Aufgaben in fächerübergreifenden Forschungsprojekten übernehmen.

Demnach gibt es zwei mögliche Wege für die Teilhabe der Kunst an Umweltschutz und Nachhaltigkeit. Der erste liegt im selbstreferenziellen Moment, wodurch sich Kunst gesellschaftskritisch in Wahrnehmungs- und Darstellungsprozesse einbringen kann. Zweitens kann Kunst auch eigenständiges Wissen produzieren – wobei die Frage danach, wie sie dieses Potenzial in Hinblick auf den ökologischen Diskurs konkret entfalten kann, als Forschungsdesiderat für weiterführende Studien formuliert wurde. Die beiden Wege, wie Kunst zu umweltbewusstem Denken beitragen könnte, mögen auf den ersten Blick widersprüchlich erscheinen. Wenn wir das kreative Potenzial der Kunst aber nicht im Sinne einer neoliberal aufgestellten Kreativwirtschaft, die neue Bedürfnisse schafft und somit den Konsum noch weiter anregt (Mokre 2015: 249; Wag-

15 *MINT* ist das Akronym für Mathematik, Informatik, Naturwissenschaft und Technik.

ner 2015; Mayenhofer 2015), (miss-)verstehen, sondern als Chance auf innovative Lösungen, die kritisches Denken fördern, Ressourcen tatsächlich schonen und auf sozialer Gerechtigkeit beharren, dann handelt es sich tatsächlich um zwei Wege zum selben Ziel.

Angesichts des existenziellen Problems der globalen Umweltkrise gilt die Vorstellung einer autonomen Kunst, wie sie Mitte des 19. Jahrhunderts in Paris im Rahmen der *l'art pour l'art*-Formel[16] propagiert wurde, jedenfalls als unhaltbar. Kunst hat heute mehr denn je eine »soziale Verantwortung«[17] und kann partizipative Prozesse initiieren. Diese gesellschaftliche Dimension der Kunst ist deshalb so wichtig, weil Umweltprobleme längst als soziale Probleme erkannt wurden (Kap. 1).

---

16 Die *l'art-pour-l'art*-Bewegung kann als Gegenbewegung zur Kommerzialisierung der Kunst bezeichnet werden. Sie resultierte aus der Überzeugung, dass die Kunst um ihrer selbst willen exisitiere und jenseits von ästhetischen Qualitäten keine Ansprüche zu erfüllen habe. Entsprechend lag ihr Fokus bei der Kunstbetrachtung auf der formalen Analyse und stilistischen Zuordnungen (Ullrich 2005: 124–143). Im Zuge der sozialkritischen Wende der 1970er-Jahre wurde die Autonomie der Kunst allerdings hinterfragt: Kunsthistoriker:innen, die für den damals entwickelten sozialkritischen Ansatz eintraten, wiesen darauf hin, dass Kunst – ebenso wie unser Sehen, Denken und Handeln – historisch und soziokulturell bedingt sei. Zu diesem Ansatz siehe Schneider (2003: 267–295).

17 Die Aussage, wonach Kunst eine »soziale Verantwortung« hat, wurde 2015 im Rahmen der Ringvorlesung *140 Jahre Handwerker und Visionäre. Kunst- und Visionäre Designausbildungen zwischen gesellschaftlicher Verantwortung und Freiheit* von Gabriela Christen geäußert. Die Direktorin der Hochschule Luzern – Design & Kunst begründete ihre Aussage damit, dass jede/r Kunststudent:in den Staat 38 000 Franken im Jahr koste. Um der Gesellschaft etwas zurückzugeben, bemühe sich die Luzerner Kunsthochschule darum, »gesellschaftlich engagierte« Künsterinnen und Künstler auszubilden (Tanner 2016: 168; Hochschule Luzern [Zugriff: 10.10.2018]). Dazu, wie sozial »sozial engagierte« Kunst, die sich auf die *Visual Culture Studies* stützt, konkret wird, vgl. Gebhardt Fink 2015.

4 Ansatzmöglichkeiten künstlerischer Forschung

Eine umweltbewusste Bildbetrachtungsweise, wie sie in dieser Arbeit versuchsweise entwickelt wurde, ist keine Methode, vielmehr handelt es sich um eine Sichtweise oder Haltung, die sich eines »Methodenmixes« (Paul 2006: 10, 24) bedient, um Bilder unterschiedlichster Herkunft und medialer Ausgestaltung aus verschiedenen Blickwinkeln zu beleuchten (Einleitungskapitel). Warburgs Bilderatlas *Mnemosyne* nimmt in dieser Arbeit einen hohen Stellenwert innerhalb dieses Mixes aus bildanalytischen Methoden ein. Dies hat mehrere Gründe:

Zum einen geht diese Arbeit davon aus, dass Bilder unsere Vorstellung und Wahrnehmung der Natur mitprägen. Warburgs Bilderatlas wird dem, was seit den 1990er-Jahren mit Begriffen wie *iconic* und *pictorial turn* diskutiert wird, gerecht und denkt tatsächlich in Bildern (Kap. 2.3). Künstler:innen wie Lia Perjovschi und Batia Suter haben die Anlage von *Mnemosyne*, prinzipiell bildnerisch zu denken, für ihr Schaffen genutzt und in ihrer künstlerischen Praxis weiterentwickelt (vgl. Kap. 2.3.1.2). Zum anderen eignete sich der Bilderatlas für die Studie im dritten Teil, weil er weitgehend strukturalistisch angelegt ist. Wie in Kapitel 2.3 vor dem Hintergrund der strukturalistischen Sprachtheorie hervorgehoben wurde, erschließt sich die Bedeutung des einzelnen Bildes aus seiner Position zu den anderen Bildern auf der jeweiligen Bildtafel. Die strukturalistische Denkweise passt zum einen zum Untersuchungsgegenstand *BCTU*, der sich ikonografisch als Struktur beschreiben lässt (Kap. 2.3.1.1). Zum anderen wurden poststrukturalistische, postkolonialistische und feministische Theorien, die wesentlich in die *Visual Culture Studies* eingeflossen sind, in den ersten beiden Kapiteln der umweltbewussten Bildbetrachtungsweise zugrunde gelegt.

Künstlerische Forschung könnte am strukturalistischen Moment von *Mnemosyne* anknüpfen und die Strukturen, die sich aufgrund der Anordnung der Bilder und der »bedeutsamen [...] Leere« zwischen den Bildern (Kat. 2012/2013: 7) ergeben, systematisch untersuchen. Dies wurde in Abb. 63 und Abb. 64 hinsichtlich der Bildtafeln zu *BCTU* versucht. Sie gehen spielerisch mit Positiv- und Negativformen um und versuchen auf diese Weise, das Spektrum der Strukturen, die aus der Anordnung der Bilder hervorgehen, auszuloten.

Ein anderer künstlerischer Forschungsansatz könnte beim tiefenpsychologischen Moment von *Mnemosyne* ansetzten und die Suche nach dem kollektiven Bildergedächtnis fortsetzen, die ursprünglich das Anliegen des Bilderatlasses war.[1] Entsprechend versucht Abb. 65 anzudeuten, wie sich ein im kollektiven

1 Zum Gedächtnis schreibt Warburg: »Ein besonnener und rationaler Geist kann die Darstellung einer sich bewegenden Gestalt deuten, da er aus seiner Erfahrung ergänzt, was vorher

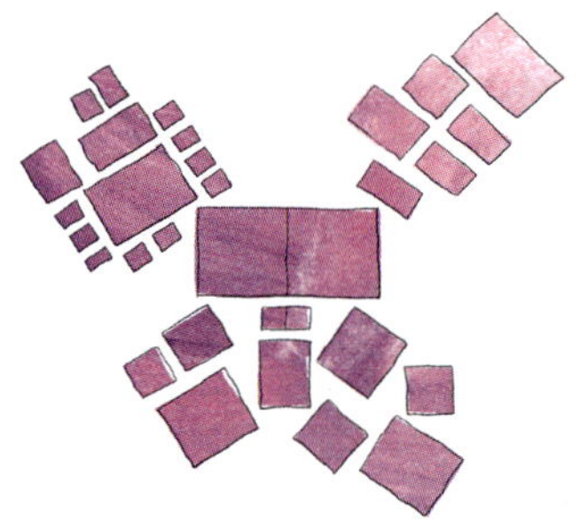

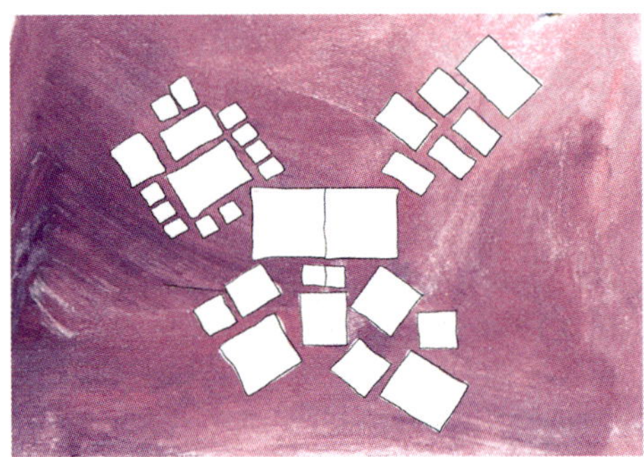

Abb. 63 und 64: Positiv- und Negativformen, Skizzen: M. L. T.

Gedächtnis festgeschriebenes Bild infolge »vergleichenden Sehens« (Hensel 2012/2013: 36) allmählich herauskristallisiert. In Bezug auf *BCTU* ist allerdings zu bemerken, dass wir es bereits insofern mit einem im kollektiven Gedächtnis gefestigten Topos zu tun haben, als der Bildervergleich zwischen *BC* und *TU* eine universale Struktur offenbart, die mit dem Erhabenen assoziiert werden kann (Kap. 3.3).

Die beiden soeben skizzierten Ansatzpunkte für eine künstlerische Untersuchung ziehen aber vor dem Hintergrund einer Bildbetrachtung, die sich der Umwelt und Natur widmen möchte, eine Schwierigkeit nach sich: Sie lassen die physische Natur außen vor. Was für die kunst- und bildwissenschaftliche Forschung vorteilhaft ist, gereicht einer Bildbetrachtungsweise, die sich der Umwelt und Natur annehmen möchte, zum Nachteil: Der Bilderatlas verhaftet in der Welt der Bilder. Schlussendlich sind uns jedoch nicht nur die Bilder ein Anliegen, sondern vor allem auch die physische Natur, die sie repräsentieren.

Jonathan Coope beschreibt die Absenz von Ökologie und Umwelt als »Blind Spot in Postmodernism« (Coope 2008: 78, vgl. dazu auch Gare 1995). Anhand der Arbeit von Charlene Spretnak[2] zeigt er auf, dass insbesondere die Körperabstinenz der Naturerkenntnis (Coope 2008: 82 u. 83) und der soziale Konstruktivismus (Coope 2008: 87) im postmodernen Denken zu einer Abschottung

Abb. 65 :
Das im kollektiven Gedächtnis
verankerte Bild kristallisiert sich heraus.
Skizze: M. L. T.

war und was danach kommt. Es ist das Gedächtnis des Betrachters, es sind die in seinem Geist gespeicherten Assoziationen, die diesen Akt rationaler Rekonstruktion erlauben«, Zit. n. Ernst H. Gombrich (1984: 107). Zum »kulturellen Gedächtnis« vgl. Aleida Assmann (1999).

2 Mitbegründerin der *US Green Party* in den 1980er-Jahren.

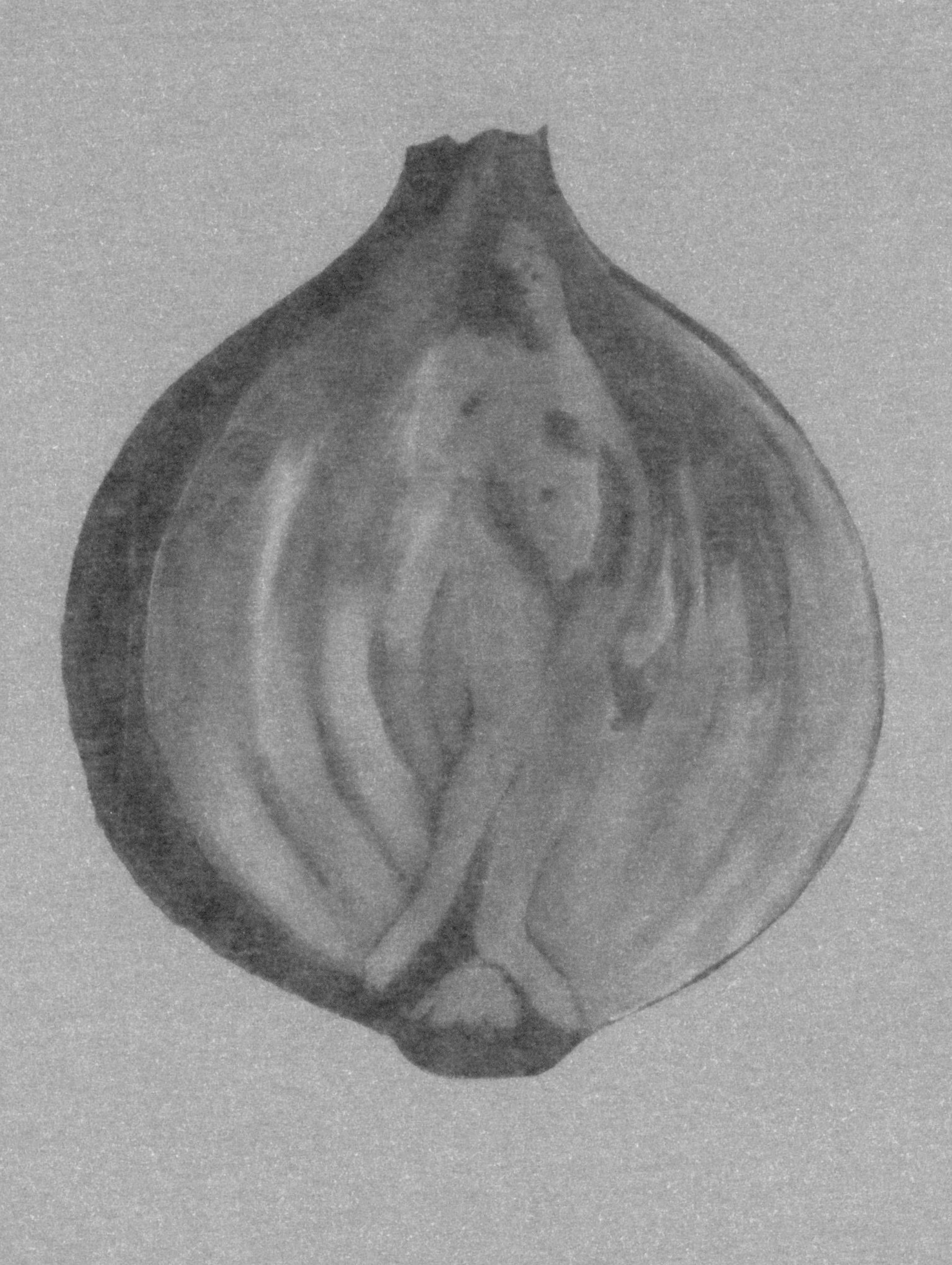

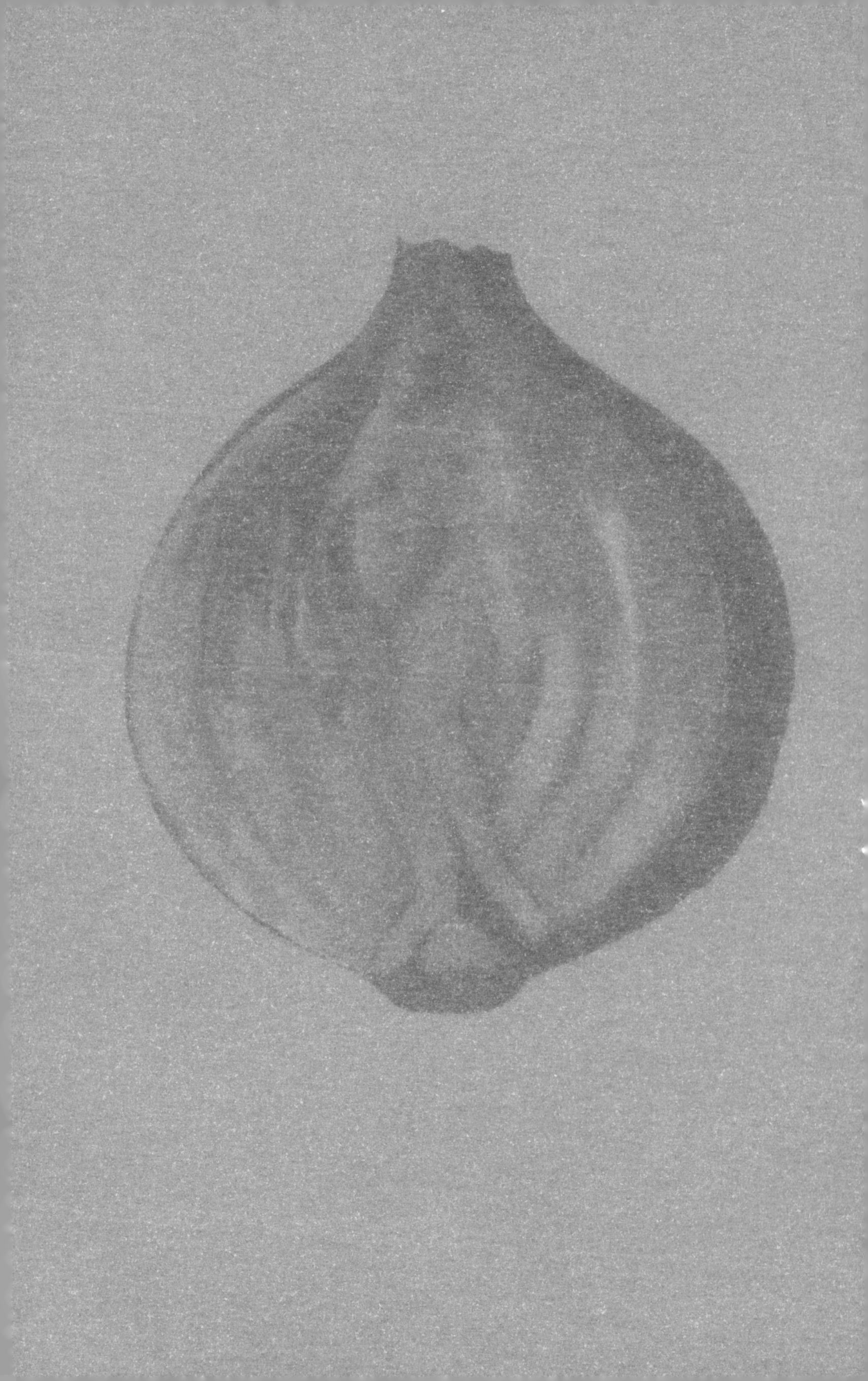

vom natürlichen Lauf der Dinge und schließlich zur Fortführung der modernen Trennung zwischen dem erkennenden Subjekt und einer objektivierten Natur geführt haben. Analog dazu kann am Warburg'schen Bilderatlas Kritik geäußert werden. Wenn wir *Mnemosyne* in Anlehnung an die strukturalistische Sprachtheorie verstehen, dann gilt die Diskontinuität zwischen Zeichen und Bezeichnetem respektive Bildern und ihrer physischen Referenz auch in Bezug auf den Bilderatlas. In der Folge zählt nur noch das Verhältnis des einzelnen Bildes zu den restlichen Bildern auf der Bildtafel und nicht ihre Beziehung zur physischen Umwelt. Dies wird an den Skizzen in Abb. 63 und Abb. 64 deutlich. Darüber hinaus ist das konstruktivistische Verständnis verfänglich, wonach Bilder im Wesentlichen das produzieren, was sie »zu sehen geben« (Schade/Wenk 2005: 144–184), weil damit eine parallele Welt in Form von Bildern angenommen wird, die nichts mehr mit der physischen Umwelt zu tun hat. Entsprechend werden bei der Arbeit mit dem Warburg'schen Bilderatlas ikonografische Bildmotive verglichen und zusammengeschaut, ohne die natürliche Umwelt einzubeziehen.

Auch Latour gibt zu bedenken, dass die postmodernen Theorien die physische Natur ausklammern:

> Semiotics is a necessary step in this venture, since when you bracket out the question of reference and that of the social conditions of productions – that is nature ›out there‹ and society ›up there‹ – what remains is, in a first approximation, meaning production, or discourse, or text. This is the major achievement of the Sixties and of their ›linguistic turn‹ or ›semiotic turn‹. Instead of being means of communications between human actors and nature, meaning productions became the only important thing to study. (Latour 1996: 373)

Um die Kommunikation zwischen menschlichen Akteuren und der Natur zu fördern, schlage ich vor, dass Warburgs Bilderatlas auf die in den 1980er-Jahren insbesondere von Latour entwickelte Akteur-Netzwerk-Theorie (ANT) ausgedehnt wird (Latour 2008; Latour 2005: 19–11, 15–16, 22, 24, 51, 176, 217, 243–245; Latour 2000; Latour 1996; Latour 1984; Latour 1988; Halsall 2016; Harman 2007; Stadler 2000). Auf diese Weise wird es möglich, dass sich die Auseinandersetzung nicht mehr auf Bilder beschränkt, sondern die physische Natur miteinbezogen wird. Das Ziel der ANT besteht darin, Netzwerke zwischen Kultur, Natur und Technologie zu analysieren und dabei menschliche (Akteur) und nichtmenschliche (Aktant) Handlungsträger:innen gleichberechtigt zu behandeln: »[…] ANT […] aims at describing the very nature of societies. But to do so it does not limit itself to human individual actors, but extends the word actor – or actant – to *non-human, non-individual* entities« (Latour 1996: 369). Um diese Absicht zu verfolgen, orientiert sich die ANT am *material turn* (Slovic 2012: 443; Miller 1998; Bennett/Joyce 2010; Latour 2008; Alaimo 2008).

Im Unterschied zum *linguistic turn*, der Sprache als unhintergehbare Bedingung und somit konstitutiv für unser Denken begreift, stellt der *material turn* die materiellen Dinge in den Mittelpunkt. Seine Vertreter:innen räumen der Materie eine eigene Wirkungsmacht (*agency*) ein. In ihren Augen ist die physische Materie nicht nur passives Material, sondern eine einflussreiche Kraft, die den Menschen und sein Denken mitgestaltet. Studien zur materiellen Kultur fassen sinnlich-konkrete Gegenstände in den Blick und fragen, wie Menschen Dinge erzeugen und – noch wichtiger – wie Dinge Menschen erzeugen. Inwiefern gestalten physische Gegenstände soziale Welten? Haben sie eine eigene Wirkungsmacht (*agency*)? Was sagen reale Dinge wie Autos, Esswaren und Computer über eine Gesellschaft und ihre Geschichte aus? Welche Bedeutungen transportieren sie?

Beispielsweise ist es seit Anfang 2019 unübersehbar, dass materielle Dinge in Form von Viren die soziale Realität weltweit mitgestalten: Im Zuge der Corona-Krise arbeiten viele Menschen von zuhause aus am Computer, verzichten auf das Händeschütteln und kaufen mehr Mascara als Lippenstift. Das Virus schränkt die Mobilität ein und treibt die Digitalisierung voran. Es trifft diejenigen am härtesten, die wirtschaftlich, gesundheitlich und altersbedingt benachteiligt sind.[3] Auch Latour befasst sich schon seit den 1980er-Jahren unter anderem mit Viren. Er fügt das »feine Netz«, das Bakterien (Latour 1984 u. 1988) und Viren (Latour 2008: 8) oder auch Waffen (Latour 2000: 214) in wechselseitigem Austausch mit Akteuren, Dingen und Orten zeichnen, zu einem Gesamtbild zusammen (Latour 2008: 8), und verfolgt damit das Ziel, die Trennung von Kultur und Natur aufzuheben, die sich in der Moderne durchgesetzt habe (Latour 2008: 7–64, Kap. 1.2).

Unter Zuhilfenahme von Latours ANT kann die eingangs beschriebene Anordnung, wonach ein aktives Wissenssubjekt eine objektivierte Natur erkennt, vermieden werden. Aus umweltbewusster Perspektive betrachtet, ist die Vorstellung produktiv, dass der Mensch wesentlich mit der materiellen Dingwelt verbunden sei, weil er auf diese Weise als Teil der Natur angesehen und das Natürliche in ihm betont wird. Wenn die physische Natur nicht mehr als passives Material betrachtet wird, dann bedeutet das, dass geläufige Dualismen wie jene von Mensch und Umwelt sowie Geist und Körper endgültig redundant sind.

Gemäß der ANT sind menschliche Akteur:innen und nichtmenschliche Aktant:innen in ständigem Austausch. Dabei werden auch materielle Dinge als handelnde Instanzen verstanden, die zusammen mit menschlichen Akteur:innen in netzwerkartigen Zusammenhängen agieren. Dies lässt sich am Beispiel des Pinsels erklären. Auf die Frage: »Wer hat das Bild gemalt?«, lässt sich antworten: »der Künstler«. Man kann dem aber auch entgegenhalten, dass der Pinsel das Bild gemalt habe. Tatsächlich ist das Gemälde im Handlungszusammenhang von Künstler und Pinsel gemalt worden. ANT-Netzwerke können Verästelungen ins Kleiner- und Größerwerdende aufweisen: »The key point is that every entity, including the self, society, nature, every relation, every action, can be understood as a ›choice‹ or a ›selection‹ of finer and finer embranchments going from

3 Vgl. dazu die Philosophin Susan Neiman im Interview der *Neuen Zürcher Zeitung* vom Mittwoch, 08. Juli 2020, S. 27.

abstract structure – actants – to concrete ones – actors« (Latour 1996: 373). In diesem Sinne kann das besagte Gemälde sowohl im Handlungszusammenhang von Künstler, Leinwand, Pinsel, Ölfarbe, Lösungsmittel als auch in jenem von Kuratorin, Kunstinstitution, Transport, Vernissage, Kunstjournal auftauchen. Weil dabei menschliche und nichtmenschliche Handlungsträger:innen gleich behandelt werden, ist die ANT »utterly democratic« (Harman 2007: 35).

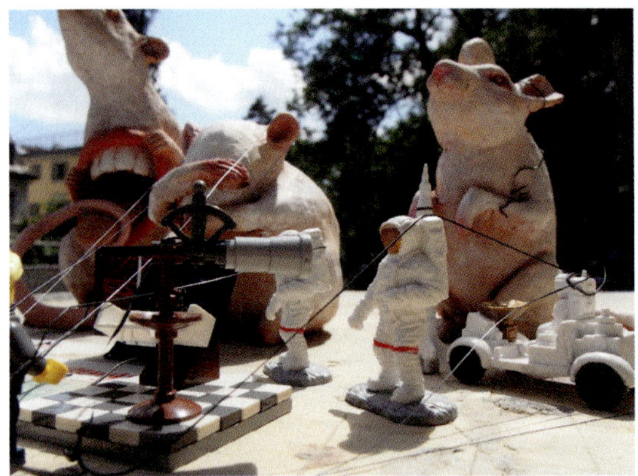

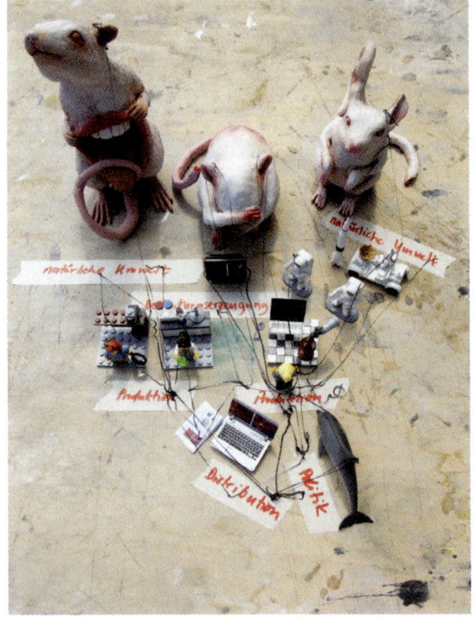

Abb. 66: ANT zu *BCTU*. Skizze: M. L. T. mit Mäusen von Antonio Giannusa

Abb. 66 zeigt den Versuch, ein Akteur-Netzwerk zu *BCTU* zu gestalten. Damit *BCTU* als agierende Größe aufgefasst werden konnte, wurden die Hauptknotenpunkte des Netzwerks gemäß den Fragen nach Produktion, Distribution, Rezeption, Interessen sowie der Bedeutungserzeugung organisiert, die Schade und Wenk im Kontext der *Visual Culture Studies* zur Diskussion gestellt hatten (Schade/Wenk 2011: 8; Shohat/Stam 2013: 45). Darüber hinaus wurde insbesondere versucht, einen Bezug zur natürlichen Umwelt herzustellen. Nachfolgend sollen die einzelnen Knotenpunkte und die dazu entstandenen Bilder des Netzwerks kurz erläutert werden:

Produktion: Kapitel 3.1 hat sich eingehend mit den Produktionsweisen von *BC* und *TU* beschäftigt. Abb. 66 hebt hervor, dass beide Bildteile im Labor entstanden sind.

Distribution: Wie in Kapitel 2 gesehen, wurde *BCTU* im Jahre 2006 zum ersten Mal in der vorliegenden zweiteiligen Anordnung in der *New York Times* publiziert.[4]

4 Bei der Erstpublikation wurde die von Manuel Lima initiierte Website www.visualcomplexity.com als Quelle des rechten Bildteils angegeben. Latour hat sich wie folgt zu dieser Website geäußert: »This is called visual complexity – beautiful site by the way – but it is actually not complex at all. Nothing at least like the sight of a flying swallow. Poor and boring and, even when

Rezeption: Kapitel 2 hat gezeigt, dass *BCTU* insbesondere von parareligiösen Internetforen aufgegriffen und weiterverbreitet wurde.

Interessen: In Kapitel 2.2.5 wurde erörtert, inwiefern *BCTU* als wissenschaftlicher Beleg für religiöse Grundsätze aufgefasst werden kann. Während sich das wissenschaftliche und religiöse Weltbild zu Zeiten von Kopernikus noch diametral gegenüberstanden, scheinen sie in *BCTU* in Übereinstimmung gebracht. Kunst bringt sich getreu dem Topos des Erhabenen in das Wechselspiel von Wissenschaft und Religion (Kap. 3.3) ein.

Bedeutungserzeugung: In Kapitel 2 und 2.3.1.2 wurde die zweiteilige Anlage von *BCTU* vor dem Hintergrund komplexer Autor:innenschaften und des »vergleichenden Sehens« (Kat. 2012/2013: 36) ausgelegt. Außerdem wurde an verschiedenen Stellen auf das Erkenntnisparadigma der Renaissance hingewiesen, wonach Wissen aufgrund von Ähnlichkeiten (z. B. zwischen Mikro- und Makrokosmos) hergeleitet wurde.

Natürliche Umwelt: Wer heute *Brain Cell the Universe* in der Google-Bilderrecherche anklickt, wird die Information, dass es sich beim linken Bildteil um eine Zelle eines Mäusegehirns handelt, vermutlich nicht finden. Um der Maus in der Assemblage die zentrale Stellung zukommen zu lassen, die sie in *BCTU* eigentlich hätte, wurde das Akteur-Netzwerk mit Labormäusen aus Ton besiedelt, die der sizilianische Künstler Antonio Giannusa 2021 mit einer Schulklasse des *Liceo Artistico* modelliert hat. Weiterführende Studien vor dem Hintergrund der *Animal Studies* (Garrard 2004: 139–159; Oppermann 2015: 7; Slovic 2010: 4–10; Huggan/Tiffin 2010) könnten untersuchen, ob sich ausgehend vom Mäusegehirn ein alternatives Weltbild zum vorherrschenden anthropozentrischen beschreiben ließe. Im Rahmen der *Animal Studies* wird seit den 1990er-Jahren betont, dass sich das Verhältnis von Mensch und Tier mit verstärkter Berücksichtigung der Postcolonial-, Gender- und Queer-Studies nicht mehr auf das binäre Schema von *human* vs. *nonhuman* reduzieren lässt. Vielmehr zersplittert es in *Mehrfachzugehörigkeiten*, die que(e)r zu kritischen Größen wie *Identität, Nationalität* und *Geschlecht* liegen. Mit anderen Worten: Im Fokus stehen nicht mehr Fragen wie: Tier oder Nichttier? bzw. Mensch oder Nichtmensch?, sondern komplexe und hybride Lebensformen und Lebewesen wie z. B. Cyborgs,[5] die sich einer eindeu-

---

agitated by flashy and sexy moving gadgets, it is just as informative as the reading of tea leaves. I don't want to sound too impolite, ladies and gentlemen, but I think you could do much better! The whole world is expecting from you visual instruments which are at the level of the extraordinary transformations brought about by the traceability of collective phenomena and compatible with our very efficient visual skills« (Latour 2011: 809). Vor dem Hintergrund der an *Mnemosyne* geäußerten Kritik lässt sich vermuten, woran der Vorwurf der Unterkomplexität festmacht: Die Website zeigt eher ein Nebeneinander von Netzwerken als deren Vernetzung. Es geht auch weniger um die gewünschten fluiden und hybriden Momente zwischen materiellen und konzeptuellen Zuständen.

5 Vgl. dazu auch Haraway (1991: 150).

tigen Zuschreibung verweigern. Darüber hinaus gibt es nicht nur eine abendländisch und möglicherweise männlich geprägte Sicht auf das Tierreich (Malamud 2003; Woodward 2008). Vielmehr ist das Verhältnis von Mensch und Tier historisch, soziokulturell und geografisch bedingt und kann nur anhand einer radikal komparatistischen und länderübergreifenden Perspektive beschrieben werden (Adamson/Slovic 2009: 20; Slovic 2010: 5–7; Huggan/Tiffin 2010).

Im Kapitel 3.1 wird schließlich die Frage aufgeworfen, ob der rechte Bildteil in *BCTU* überhaupt etwas mit dem Universum zu tun hat, das er repräsentiert, weil er aufgrund von Daten entstanden ist. Carlo Frenks enthusiastischer Kommentar bei der Fertigstellung der Universumssimulation (»For the first time we have a replica universe which looks just like the real one. So we can now for the first time begin to experiment with the universe«[6]) gibt Anlass zur Vermutung, dass nicht nur die postmodernen Theorien, sondern auch die Naturwissenschaften mit abstrakten Zeichensystemen operieren, die in einem fraglichen Verhältnis zur physischen Natur stehen. Max Tegmarks Idee von mathematisch aufgelösten Universen wurde in Kapitel 2.3.1.3 kurz aufgegriffen. Solch eine Vorstellung würde nahelegen, dass die Trennung von Physis und Metaphysis überflüssig ist.

Mithilfe von Latours ANT ist eine Assemblage entstanden, die sprachliche Begriffe mit materiellen Dingen vernetzt.

Das Ziel dabei war es, Warburgs Bilderatlas, der sich ausschließlich auf Bilder beschränkt, auf die physische Natur auszudehnen. Mäuse in Form von kleinen Tonplastiken oder Legofiguren stellvertretend für die physische Natur einzusetzen, scheint unter Berufung auf Latour durchaus legitim:

> If one now translates semiotics by path-building or order-making or creation of directions, one does not have to specify if it is language or objects one is analyzing […] This move can be said either to elevate things to the dignity of texts or to elevate texts to the ontological status of things. What really matters is that it is an elevation and not a reduction, and that the new hybrid status gives to all entities both the action, variety and circulating existence recognized in the study of textual characters and the reality, solidity, externality that was recognized in things ›out of‹ our representations. What is lost is the absolute distinction between representation and things – but this is exactly what ANT wishes to redistribute through what I have called a Counter-Copernican Revolution. (Latour 1996: 375)

Die Frage, ob die Mäuseplastiken anstelle von realen Tieren agieren dürfen oder ob sie nicht eher Symbolstatus haben, lässt sich auch anders formulieren: Ist die Trennung gedanklicher Konzepte und materieller Dinge produktiv für den ökologischen Diskurs? Vor dem Hintergrund der ANT eher nicht. Sie erachtet die Trennung von Kultur und Natur als fiktiv und geht von Hybridstadien und einem dynamischen Wechsel geistiger und materieller Zustände aus (Latour 1996: 375). Wenn der Unterschied zwischen Kultur und Natur, Geist und

---

6 http://www.visualcomplexity.com/vc/project.cfm?id=308 (Zugriff: 17.02.2021).

Körper nicht mehr relevant ist, warum braucht es dann eine Erweiterung für den Warburg'schen Bilderatlas? Vielleicht ist es dann gar nicht mehr bedenklich, dass der Atlas in der Welt der Bilder verhaftet bleibt? Unter Rückgriff auf Coope lautet die Antwort: Die Tendenz, alles mit einer Größe erklären zu wollen, die zwangsläufig so umfassend und vage ist, dass sich damit alles beschreiben lässt und nichts, gehört zu den Verirrungen der postmodernen Theorien (Coope 2008: 83). Diese Theorien, die den in dieser Arbeit diskutierten Ansätzen zugrunde liegen (und in deren Umfeld auch der Bilderatlas gehört, sofern seine strukturalistische Anlage im Fokus steht), können schlichtweg nicht alles abdecken, was das komplexe Verhältnis von Kultur und Natur mit sich bringt. Daher verlangen sie dringend nach der nahegelegten Ergänzung durch die ANT.

Die Anerkennung der enormen Wirkungsmacht der Bilder in Bezug auf die menschliche Vorstellung von der Natur, das Wissen darüber und die Erinnerung daran sind für eine umweltbewusste Bildbetrachtung essenziell. Somit sind die postmodernen Theorien für eine umweltbewusste Bildbetrachtung wichtig. Spretnak konstatiert: »To be truly postmodern« bedeute, »to connect anew with our larger context: the earth, the cosmos, the sacred whole« (Spretnak 1999: 66). In vorliegenden Fall heißt das, dass wir uns der physischen Natur und ihrer Einschätzung durch die Naturwissenschaften stellen müssen. Das komplexe Verhältnis zwischen Kultur und Natur erfordert die wechselseitige Integration jener beiden weltanschaulichen Positionen, die während der *Science Wars* noch in strengem Widerspruch standen: dem Konstruktivismus und dem Realismus.[7]

Die ANT kann diese Synthese durch ihre materiell-semiotische Veranlagung leisten und mentale Konzepte mit der »nature out there« (Latour 1996: 374) oder mit dem »larger context: the Earth, the cosmos, the sacred whole« (Spretnak 1999: 66) verbinden:

---

7 Mitte der 1990er-Jahre erwiesen sich die sog. *Science Wars* und das damit verbundene Aufeinanderprallen des realistischen mit dem konstruktivistischen Weltbild als Initialzündung für transdisziplinäres Zusammenwirken: Die meist aus den Naturwissenschaften stammenden Vertreter:innen des realistischen Weltbildes gingen davon aus, dass es eine materielle Wirklichkeit gibt, die jenseits der menschlichen Erkenntnis existiert und empririsch objektiv erforscht werden kann. Hingegen argumentierten die den Geistes- und Sozialwissenschaften verpflichteten Vertreter:innen des radikalen Konstruktivismus, dass der Mensch ausnahmslos alles in seinem Geiste konstruiere, mehr noch: dass es gar keine physische Wirklichkeit oder Realität gebe. Die Kompromisslosigkeit des radikalen im Unterschied zu seinen anderen Deutungsformen besteht darin, dass es unmöglich erscheint, objektiv zu erkennen, was außerhalb der Erlebniswelt liegt, und dass in der Folge jede Wahrnehmung gänzlich subjektiv ist (Glaserfeld 1992: 29). Die *Science Wars* deuteten sich bereits in der postmodernen Wissenschafts- und Technikkritik der 1980er-Jahre an; zur offenen Auseinandersetzung kam es dann durch zwei Texte: die polemische Kritik von Paul R. Gross und Norman Levitt am radikalen Konstruktivismus (1994): *Higher Superstition: The Academic Left and Its Quarrels with Science*, und den 1996 erschienenen pseudopoststrukturalistischen Essay von Alan D. Sokal: *Transgressing the Boundaries: Towards a Transformative Hermeneutics of Quantum Gravity*. Zu den *Science Wars* vgl. auch Scharping (2001: 10 f.) und Bammé (2004: 10 f.).

> Down with interpretation! Down with the context! The slogans of the 60s and 70s »everything is a text«, »there is only discourse«, »narratives exist by themselves«, »we have no access to anything but accounts« are kept in ANT but saved from their ontological consequences. This salvation, however, does not come by falling back on the predeconstruction common sense – »after all, there is a social context up there and a nature out there« – but by extending the semiotic turn to this famous nature and this famous context it has bracked out in the first place. (Latour, 1996: 374)

Die ANT könnte in künstlerischen Forschungsvorhaben als Mittel des Zusammenschauens und Zusammendenkens dienen. Sie eignet sich als künstlerische Technik im Bereich Umwelt und Nachhaltigkeit, weil sie Kultur und Natur vereint. Gleichzeitig eignet sich Kunst besonders für erfindungsreiche Umsetzungen der ANT, weil sie »ein Ort der Symbolisierung und Materialisierung« ist (Volkart 2017: 171). Und schließlich hat Francis Halsall in seinem Aufsatz *Actor-Network Aesthetics: The Conceptual Rhymes of Bruno Latour and Contemporary Art* die These aufgestellt, dass Latours Arbeitsweise und insbesondere seine ANT aufgrund ihres eklektischen Einsatzes verschiedener Konzepte, Materialien und Analyseinstrumente mit zeitgenössischen künstlerischen Praktiken korrespondiere (Halsall: 2016). Unter Einsatz der ANT könnte das in Kapitel 1.3 beschriebene kontinuierliche Neuverhandeln zwischen Kultur und Natur gelingen. Mithilfe der ANT könnte Kunst innerhalb von Projekten zu Umweltproblemen den Dialog fördern und vernetztes Denken anregen. Dieses hohe Maß an geistiger Vernetzung scheint in Anbetracht der hochkomplexen Problemstellungen, die im Rahmen der globalen Umweltkrise dringend zu bearbeiten sind, unabdingbar. Die rhizomatische Struktur in *BCTU* spiegelt eine solche Vernetzung wider.

5 Zusammenfassung und Ausblick

In der vorliegenden Arbeit wurde eine umweltbewusste Bildbetrachtungsweise anhand des Bildes *BCTU* vorgestellt und erprobt. In der Gesamtschau fällt zunächst ins Auge, dass der Untersuchungsgegenstand und die theoretisch-methodische Reflexion ineinander aufgehen. Die Grundlage für diese Verschmelzung ist, dass beide die netzwerkartige Struktur als Denkbild von geradezu universellem Charakter ausweisen.

Zum einen erwies sich anhand der *Mind Maps* von Lia Perjovschi, dass sich mittels Netzwerkstrukturen dynamische Denkprozesse und Wissenssysteme nachzeichnen lassen. Insofern scheint *BCTU* etwas Immaterielles, das menschliche Bewusstsein, ins Bild setzen zu können. Zum anderen zeichnete sich im Laufe der Studie ab, dass die netzwerkartige Struktur in *BCTU* einerseits auf die Metaphysik verweist, andererseits die Grundbausteine der Materie anschaulich macht. Sie – die Struktur – ist gleichermaßen kulturell und natürlich geformt. Die beiden Bildteile, *Brain Cell* und *The Universe*, korrespondieren folglich mit der nahegelegten Synthese von Umwelt und Bewusstsein. Dies ist ein Indiz für die Verschmelzung von Gegenstand und Theorie. *BCTU* unterstützt die umweltbewusste Bildbetrachtung in ihrem Appell für vernetzendes Denken. Des Weiteren lässt sich der Untersuchungsgegenstand *BCTU* mit der Akteur-Netzwerk-Theorie, die von fluiden Übergängen und hybriden Stadien zwischen materiellen und semiotischen Zuständen ausgeht, ikonografisch und funktional in Einklang bringen. Darüber hinaus kommt die Verflechtung von Gegenstand und Theorie dadurch zum Ausdruck, dass im Zusammenhang mit den *Visual Culture Studies*, mit Warburgs Bilderatlas *Mnemosyne* und dem Kunstschaffen der Zürcher Konkreten immer wieder auf das strukturalistische Denken rekurriert wurde. Und schließlich spiegelt sich das Doppelbild in der Theorie Warburgs insofern, als es infolge seiner diptychonartigen Anlage als Fragment einer »vergleichenden Betrachtung« angesehen werden kann (Warburg 2000: 3).

In Anbetracht dieser weitreichenden Übereinstimmungen zwischen Untersuchungsgegenstand und theoretisch-methodischen Erwägungen fragt sich, ob *BCTU* eine Ausnahme ist oder sich andere Bilder ebenfalls für eine Betrachtung aus umweltbewusster Perspektive eignen. Tatsächlich findet sich das komplexe Zusammenspiel von Kultur und Natur auf Produktions-, Distributions-, Rezeptions- und Bedeutungsebene nicht nur in *BCTU*, sondern manifestiert sich in weiteren Bildern aus den Naturwissenschaften, den Religionen, der Werbung und in Kunstwerken. So hat die Auseinandersetzung mit der konkreten Zürcher Kunst exemplarisch gezeigt, dass abstrakte Kunst, die weit von einer Mimesis der natürlichen Umwelt entfernt ist, in Beziehung zu dieser steht. Abstrakte Kunst kann zwar, wie Max Bill schreibt, »das Denken vermitteln in einer Weise, dass der Gedanke direkt wahrnehmbare Information ist« (Bill 1977: 117), doch bindet sie die physische Umwelt dialektisch ein, indem sie beispielsweise die physischen Bildmittel betont und das Farbmaterial befreit (Kap. 2.3.1.1).

Über diese Öffnung des Gegenstandsfeldes hinaus hat der Transfer auf den schulischen Kontext gezeigt, dass die theoretische Konzeption der umweltbewussten Bildbetrachtung nicht immer vollständig durchdekliniert werden muss, sondern auch fragmentarisch zur Anwendung kommen kann. Der Grund dafür, den Mix aus kunsthistorischen Analyseinstrumenten, den die *Visual Culture Studies* an die Hand geben, umfassend anzuwenden, liegt darin, dass eine umweltbewusste Bildbetrachtung grundlegend erprobt werden sollte.

Daher wurden im ersten Kapitel der Arbeit die methodischen Voraussetzungen einer umweltbewussten Bildbetrachtungsweise skizziert. Die *Visual Culture Studies* spielten hierbei eine hervorgehobene Rolle, weil sich Umweltprobleme vorwiegend dort äußern, wo soziale Probleme auftauchen. Entsprechend knüpft eine umweltbewusste Bildbetrachtung an das gesellschaftskritische Moment der *Visual Culture Studies* an. Im Rahmen einer umweltbewussten Bildbetrachtung werden souveräne Wissenssubjekte infrage gestellt, Dichotomien aufgelöst und das Verhältnis von Kultur und Natur wird unablässig neu verhandelt.

Für die Studie im zweiten Kapitel der Arbeit wurde *BCTU* als Untersuchungsgegenstand gewählt. Das Bild stammt ursprünglich aus den Naturwissenschaften und wurde im Verlauf der Zeit von esoterischen Internetforen aufgegriffen, um parareligiöse Aussagen zu untermauern. In Anlehnung an Warburgs Bilderatlas *Mnemosyne* wurden in Kapitel 2 Bildtafeln mit *BCTU* im Zentrum gestaltet. Über diesen gestalterischen Weg konnte eine Analyse vor dem Hintergrund der drei gesellschaftlichen Bereiche Naturwissenschaft, Kunst und Religion erfolgen. Dabei erwies sich, dass vor allem die Religion vom naturwissenschaftlichen Diskurs profitiert, aber auch die Naturwissenschaften auf den religiösen Diskurs zurückgreifen, zumindest, wenn es um ihre populärwissenschaftliche Verbreitung geht. Ein Beispiel war die in den Medien gerne aufgegriffene Überhöhung der Quantenphysik.

Im dritten Teil der Arbeit wurde der Untersuchungsgegenstand *BCTU* anhand spezifisch umweltorientierter Fragen betrachtet. Es galt zu reflektieren, inwiefern das Bild an der Konstruktion der Dichotomie zwischen Kultur und Natur, Mensch und Umwelt sowie Geist und Körper beteiligt ist und wie es sich in die ästhetische Kategorie des Erhabenen einordnen lässt. Abschließend wurde hinterfragt, was *BCTU* für das kollektive Umweltbewusstsein leistet. Bei allen diesen Fragestellungen trat zutage, dass *BCTU* eine ganz besondere Qualität aufweist: Die netzwerkartige Struktur lässt sich nicht eindeutig der physischen Umwelt oder dem immateriellen Bewusstsein zuweisen, sondern schließt beide Dimensionen ein. Diese Eigenschaft käme noch stärker zum Ausdruck, wenn *BCTU* im Kunstkontext rezipiert würde.

Im vierten Kapitel wurde skizziert, wo zukünftige Kunstprojekte im Bereich Umwelt und Nachhaltigkeit ansetzen könnten. Da sich im Rahmen der Bildanalyse abgezeichnet hat, dass die strukturalistischen, poststrukturalistischen und postmodernen Grundlagen der *Visual Culture Studies* die natürliche Umwelt ein Stück weit ausklammern, wurden neue Wege beschritten. Es wurde erprobt, ob sich eine umweltbewusste Bildbetrachtung um Latours ANT ergänzen lässt. Dabei erwies sich, dass die mit der ANT verbundene materiell-semiotische Herangehensweise das komplexe Zusammenspiel von Kultur und Natur gut erfassbar macht. Zukünftige künstlerische Forschung, vor allem auch Experimente an Schulen, Hochschulen und Universitäten, könnten der Frage nachgehen, wie die von der ANT unterbreitete Synthese von mentalen Konzepten und der physischen Umwelt künstlerisch umgesetzt und erfahrbar gemacht werden kann. Im Übrigen haben sich in der kunstpädagogischen Praxis weitere Möglichkeiten herauskristallisiert, die Reintegration des Menschen in den Naturzusammenhang voranzutreiben. Als Beispiel seien künstlerische und performative Techniken genannt, die das Verhältnis von menschlicher Kultur und nichtmenschlicher Natur, Subjekt und Objekt wesentlich durchkreuzen oder konterkarieren.

Die Trennung zwischen der natürlichen Umwelt und dem immateriellen Bewusstsein lässt sich mithilfe von Akteur-Netzwerken weitgehend tilgen. Allerdings hat die Anwendung der ANT, wie sie in Kapitel 4 erläutert wurde, noch einige Schwachstellen. Z. B. ist zu bemängeln, dass mit Stellvertretern, Symbolen und Faksimiles gearbeitet wurde. Dabei ist ein zweidimensionales Bild entstanden, das nur als Zusammenfassung der Studie zu *BCTU* betrachtet werden kann, jedoch keine neuen Erkenntnisse generiert. Die ANT hat in dieser Skizze Modellcharakter.

Besser ist die künstlerische Auseinandersetzung mit der ANT im Projekt »Was wäre, wenn im Park des *Liceo Artistico* in 50 Jahren 20 Mio. Menschen leben müssten?« gelungen, das im Jahre 2020 am Gymnasium realisiert wurde (Abb. 67 u. Abb. 68). Die Anwendung der ANT war hier erfolgreicher, weil das Projekt ortsspezifisch ausgerichtet war und mit Material gearbeitet werden konnte, das im Park gesammelt wurde oder in Auseinandersetzung mit der natürlichen Umwelt entstanden ist (zum Beispiel unter Einsatz der in Kap. 2.3.2.1 beschriebenen Techniken, die eine Teilhabe der physischen Gegenstände und Lebewesen am gestalterischen Prozess zulassen). Ein höherer Komplexitätsgrad wurde zudem dadurch erreicht, dass man sich im Raum wahrnehmen, sich bewegen und Perspektivenwechsel vornehmen konnte. Dem Momentum förderlich waren schließlich akustische und bewegliche Elemente, die das Sonnenlicht reflektierten. Für eine aussagekräftigere ANT zu *BCTU* wäre entsprechend eine künstlerische Auseinandersetzung vor Ort im Labor und mit lebendigen Mäusen wünschenswert gewesen.

Wenn die ANT im Hier und Jetzt verankert und allenfalls begeh- und erlebbar ist, dann ermöglicht sie eine künstlerische Ausdrucksform von großem

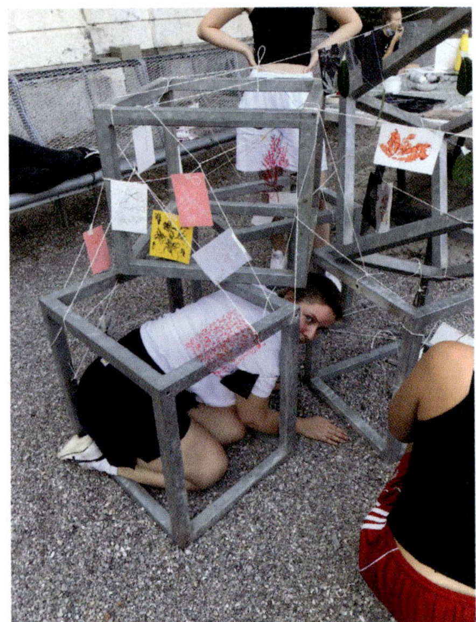

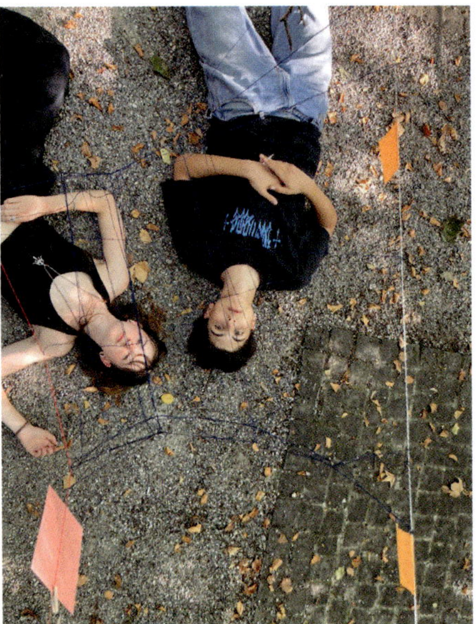

Abb. 67 und 68: ANT »Was wäre, wenn […]« 2020. Bilder: Schüler:innenarbeiten

Wert, um Wissensprozesse demokratisch zu gestalten und vorherrschenden Erkenntnisprozessen alternative Erzählungen entgegenzusetzen. In Bezug auf die kunstpädagogische Praxis ist insbesondere die Weiterentwicklung der ANT begrüssenswert. Dabei stellt sich immer die Frage, wie wir Erkenntnisprozesse noch demokratischer und Zustände zwischen materiellen Manifestationen und mentalen Konzepten noch dynamischer und hybrider realisieren können. Beispielsweise hat die im Jahr 2009 an der Biennale in Venedig präsentierte Installation *Galaxies Forming along Filaments, like Droplets along the Strands of a Spider's Web* des argentinischen Künstlers Tomás Saraceno gezeigt, dass sich Netzwerke auch elastisch gestalten lassen (Abb. 69). Das Publikum hatte die Möglichkeit, an den Tentakeln zu ziehen und das ganze Netzwerk in Schwingung zu versetzen. Auch Techniken, die die natürliche Umwelt in den gestalterischen Prozess miteinbeziehen, bergen ein unerschöpfliches Entwicklungspotenzial und erfüllen die Forderung nach »Aufgabenkulturen«, die unter anderem das Bewusstsein für Ökologie fördern (Billmayer 2015: 6, Hicks/King: 2007).

Schließlich sind diejenigen Verfahrensweisen weiterzuentwickeln, die Entstehungskontexte von Bildern transparent machen und die dichotomische Trennung von Kultur und Natur untergraben. Bezüglich der genannten Desiderata wäre der Austausch mit anderen Disziplinen hilfreich. Fruchtbar erscheint zudem die Auseinandersetzung mit Kulturen und Traditionen, die jenseits der in den abendländischen Wissenschaften vorherrschenden Dichotomie von Kultur und Natur denken.

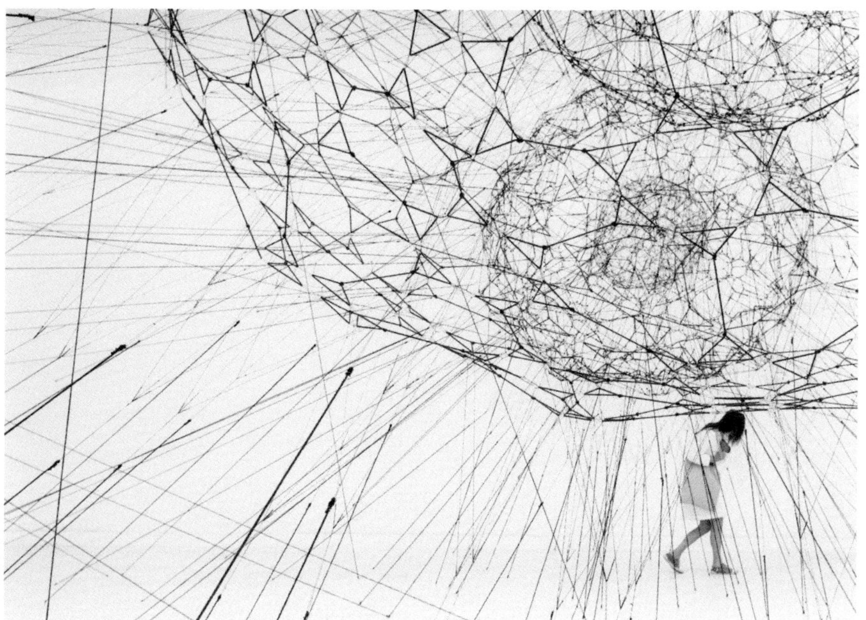

Abb. 69: Tomás Saraceno: *Galaxies Forming along Filaments, like Droplets along the Strands of a Spider's Web*, 2009. Installation view at 53rd Biennale di Venezia »Fare Mondi«. Curated by Daniel Birnbaum. Mit freundlicher Genehmigung des Künstlers. Photography by Alessandro Coco. © Tomás Saraceno

Danksagung

Das Vorhaben, eine umweltbewusste Bildbetrachtungsweise zu entwickeln, mit der Bilder aus einer ökologischen Perspektive gedeutet werden können, ist ein ambitioniertes Projekt. Es braucht dazu vor allem zwei Dinge: sehr viel Zeit und die Einsicht, dass ein solches Unterfangen niemals ganz abgeschlossen sein wird. Die Thematik dieser Dissertation hat am Ende des langen Entstehungsprozesses nichts an Aktualität eingebüsst, sondern ist dringlicher denn je.

Mehrere Personen waren mir im Rahmen der Entstehung dieser Studie wichtige Gesprächspartner:

Allen voran danke ich meiner Doktormutter Prof. Dr. Kornelia Imesch Oechslin für ihre Förderung und Betreuung dieser Arbeit. Das bei ihr im Sommersemester 2007 an der Universität Zürich besuchte Seminar »Visual History oder: wie ›schreiben‹ Bilder Geschichte?« hat mir neue Theoriewelten eröffnet und Spuren in dieser Arbeit hinterlassen.

Bei Prof. Dr. Sabine Gebhardt Fink und Dr. Alexandra Vlachos, beide Jury-Mitglieder des Promotionsverfahrens, bedanke ich mich herzlich für Kritik und wissenschaftliche Begleitung in ihren jeweiligen Spezialgebieten.

Weiter geht mein Dank für Unterstützung, Rat und Kritik an Dr. Sibylle Strobel, Anouk Trautmann, Dr. Dr. Daniel Strassberg, Dr. Evelyn Hüppi, Inés Maloigne, Dr. Michel Maloigne, Michael Müller, Katharina Lang und Dr. Jovita Dos Santos Pinto.

Schließlich danke ich ganz besonders meinem Ehemann Roberto Gallo, meinen Eltern Catherine und Hans-Ruedi Tanner, meiner Schwester Silvie Gsell und meiner Großmutter Olga Speidel für ihren immerwährenden Rückhalt und ihr nie nachlassendes Interesse an meiner Tätigkeit und den Fragestellungen, die sich daraus ergaben.

Anhang

Literatur

Adamson, Joni / Slovic, Scott (2009): »The Shoulders We Stand On«. In: *MELUS. The Journal Of The Society For The Study Of Multi-Ethnic Literature Of The United States* 34 (2), Thema: »Ethnicity And Ecocriticism«, S. 5–24.

Adamson, Joni et al. (2002): *The Environmental Justice Reader*, Arizona.

Adorf, Sigrid / Gebhardt Fink, Sabine (2020): »Einleitung. Feministische Strategien in der Performance Kunst: Disobedient Bodies«. In: *FKW. Zeitschrift für Geschlechterforschung und Visuelle Kultur*, Nr. 67, April 2020, S. 6–16.

Adorno, Theodor W. (2002): *Ontologie und Dialektik*, hg. v. Rolf Tiedemann, Frankfurt a. M.

Alaimo, Stacy (2012): »States Of Suspension: Transcorporality At Sea«. In: *Interdisciplinary Studies In Literature An Environment* 19 (3), S. 476–493.

– (2010): *Bodily Natures. Science, Environment And The Material Self*, Bloomington.

– (2008): »Transcorporeality Feminisms And The Ethical Space Of Nature«. In: Alaimo, Stacy / Hekaman, Susan (Hg.), *Material Feminism*, Bloomington, S. 237–264.

Alpers, Svetlana et al. (1996): »Visual Culture Questionnaire«. In: *October* (77), S. 25–70.

Ammann, Jean-Christophe (2009): *Bei näherer Betrachtung. Zeitgenössische Kunst verstehen und deuten*, München.

– (2005): »Versuch einer Standortbestimmung«. In: Bisanz, Elize (Hg.), *Diskursive Kulturwissenschaft. Analytische Zugänge zu symbolischen Formationen der pOst-Westlichen Identität in Deutschland*, Münster, S. 189–200.

Arnold, Klaus (1981): »Das ›finstere‹ Mittelalter. Zur Genese und Phänomenologie eines Fehlurteils«. In: *Saeculum* 32 (3), S. 287–300.

Assmann, Aleida (1999): *Erinnerungsräume. Formen und Wandlungen des kulturellen Gedächtnisses*, München.

Backhaus, Norman et al. (2007): *Alpenlandschaften. Von der Vorstellung zur Handlung*, Zürich.

Bacon, Francis (1613): *The Essaies. Religious Meditations. Places Of Perswasion And Disswasion*, London.

Badura, Jens et al. (2015): *Künstlerische Forschung. Ein Handbuch*, Zürich/Berlin.

Bal, Mieke (2002): *Kulturanalyse*. Herausgegeben und mit einem Nachwort versehen von Thomas Fechner-Smarsly und Sonja Neef. Aus dem Englischen von Joachim Schulte, Frankfurt a. M.

– (2003): »Visual Essentialism And Object Of Visual Culture«. In: *Journal Of Visual Culture* 1 (2), S. 5–32.

Bammé, Arno (2004): *Science Wars. Von der akademischen zur postakademischen Wissenschaft*, Frankfurt a. M./New York.

Barrett, Jeffrey Alan (2001): *The Quantum Mechanics Of Minds And Worlds*, Oxford/ New York.

Barthes, Roland (1993): »Le message photographique«. In: Ders. / Marty, Eric (Hg.), *Œuvres complètes*, Paris, S. 938–948.

Bartl, Angelika et al. (Hg.) (2011): *Sehen – Macht – Wissen. ReSaVoir. Bilder im Spannungsfeld von Kultur, Politik und Erinnerung*, Bielefeld.

Becker, Karin Elisabeth (1994): *Licht – [L]lumière[s] – Siècle des Lumières. Von der Lichtmetapher zum Epochenbegriff der Aufklärung in Frankreich*, Köln.

Békési, Sàndor / Winiwater, Verena (1997): *Projektbereich Ansichtskarten, Forschungsschwerpunkt Kulturlandschaft. Kulturlandschaft im Kopf*, Wien.

Belting, Hans (2001): *Bild-Anthropologie. Entwürfe für eine Bildwissenschaft*, München 2001.

– (2008): *Florenz und Bagdad. Eine westöstliche Geschichte des Blicks*, München.

Bengtsen, Peter (2019): »Exploring Tags Through Videography«. In: *Lo Squaderno*, vol. 54, 2019, S. 37–39.

Benjamin, Walter (1991): »Das Kunstwerk im Zeitalter seiner technischen Reproduzierbarkeit. Drei Studien zur Kunstsoziologie« (1935). In: Tiedemann, Rolf / Schweppenhäuser, Hermann (Hg.), *Walter Benjamin. Gesammelte Schriften, Bd. 1, Teil 2*, Frankfurt a. M., S. 435–735.

Bennett, Tony / Joyce, Patrick (2010): *Material Powers. Cultural Studies, History And The Material Turn*, London.

Berger, John (1974): *Sehen. Das Bild in der Welt der Bilderwelt*, Hamburg.

Berns, Jörg Jochen / Neuber, Wolfgang (1998): *Documenta Mnemonica. Text- und Bildzeugnisse zu Gedächtnislehren und Gedächtniskünsten von der Antike bis zum Ende der Frühen Neuzeit.* Bd. II: Das enzyklopädische Gedächtnis der Frühen Neuzeit. Enzyklopädie und Lexikonartikel zur Mnemonik. (Frühe Neuzeit 43), Tübingen.

Bestmann, Liselotte (1999): *Michelangelos Sixtinische Kapelle*, München.

Bill, Max (1977): »konkrete kunst«. In: Hüttinger, Eduard: *Max Bill*, Zürich.

Billmayer, Franz (2015): *Forschungsbericht CEFR_VL, Partner Nr. 9, Zusammenfassung Arbeitspaket 2*, http://envil.eu/wp-content/uploads/2015/10/billmayer_zusammen fassung.pdf (Zugriff: 02.07.2021).

Bippus, Elke (2008): »Mediale (Eigen-)Sinnigkeiten. Überlegungen zur künstlerischen Wissensbildung im Medium«. In: Meyer, Torsten et al. (Hg): *Bildung im neuen Medium. Wissensformation und digitale Infrastruktur*, Münster/München et al., S. 108–118.

Bochinger, Christoph (1994): *»New Age« und moderne Religion. Religionswissenschaftliche Analysen*, Gütersloh.

Bockris, Victor (1989): *Andy Warhol*, Düsseldorf.

Boehm, Gottfired (1994): *Was ist ein Bild?*, München.

Böhme, Hartmut (2004): »Das Unsichtbare – mediengeschichtliche Annäherungen an ein Problem neuzeitlicher Wissenschaft«. In: Krämer, Sybille (Hg.): *Performativität und Medialität*, München, S. 215–245.

Bois, Yves-Alain (1990): »Painting: The Task Of Mourning«. In: *Painting As Model*, Cambridge, 1990, S. 229–244.

Borgdorff, Henk (2006): *The Debate On Research In The Arts.* (Sensuous Knowledge: Focus On Artistic Research And Development; 2), Bergen.

Bossel, Hartmut (1998): *Globale Wende: Wege zu einem gesellschaftlichen und ökologischen Strukturwandel*, München.

Brand, Klaus (2011): *Amerikanische Spiritualität und Esoterik in Rhonda Byrne's »The Secret«,* Berlin.

Braudel, Fernand (1977): »Geschichte und Sozialwissenschaften. Die longue durée«. In: Bloch, Marc et al., *Schrift und Materie der Geschichte. Vorschläge zur systematischen Aneignung historischer Prozesse*, hg. v. Claudia Honegger, Frankfurt a. M., S. 47–85.

Burke, Edmund (1844): *A Philosophical Enquiry Into The Origin Of Our Ideas Of The Sublime And Beautiful. With An Introductory Discourse Concerning Taste. By The Right Edmund Burke. Adapted To Popular Use By Abraham Mills A. M. Professor Of Rhetoric And Belles Letters* (1757, engl. Orig.), New York.

Buzan, Toni (2004): *Das kleine Mind-Map-Buch. Die Denkhilfe, die Ihr Leben verändert*, München.

Byrne, Rhonda (2006): *The Secret*, New York.

Capra, Fritjof (1988): *Das Tao der Physik. Die Konvergenz von westlicher Wissenschaft und östlicher Philosophie,* 10. Aufl. der Neuausgabe, München. (Original: *The Tao of Physics. An Exploration of the Parallels between Modern Physics and Eastern Mysticism*, London 1975.)

Carlowitz, Hans Carl von (1713): *Sylvicultura oeconomica oder haußwirthliche Nachricht und naturmäßige Anweisung zur wilden Baum-Zucht*, Leipzig.

Caroll, Noël (1993): »Essence, Expression And History. Arthur C. Danto's Philosophy Of Art«. In: Rollins, Mark (Hg.): *Danto And His Critics. (Serie Philosophers And Their Critics; 5)*, Oxford.

Cheng, C. et al. (2014): »Fluorescent Labeling Of Dendritic Spines In Cell Cultures With The Carbocyanine Dye ›Dii‹«. In: *Frontiers In Neuroanatomy*, 8 (30), S. 1–8.

Chopra, Deepak (2010): *Heilung. Körper und Seele in neuer Ganzheit erfahren*, München.

Cormen, Thomas H. / Leiserson, Charles E. / Rivest, Ronald L. / Stein, Clifford (2009): *Introduction To Algorithms,* 3rd edition, Cambridge/Massachusetts.

Chang, Enjung / Lim, Maria / Kim, Minam (2012): »Three Approaches To Teaching Art Methods Courses: Child Art, Visual Culture, And Issues-Based Art Education«. In: *Art Education*, 65(3), S. 17–24.

Coelho, Paulo (2001): *Handbuch des Kriegers des Lichts*, Zürich.

Coope, Jonathan (2008): »The Ecological Blind Spot In Postmodernism«. In: *New Formations. A Journal Of Culture/Theory/Politics* (64), Thema: »Earthographies. Ecocriticism And Culture«, S. 78–89.

Coughlin, Maura / Gephart, Emily (2020): *Ecocriticism And The Anthropocene In Nineteenth-Century Art And Visual Culture*, New York.

D'alleva, Anne (2005): *Methods & Theories Of Art History*, London.

Danto, Arthur Coleman (1998): *After The End Of Art: Contemporary Art And The Pale Of History*, Princeton.

– (1987): »Who Was Andy Warhol?«. In: *Artnews* (86), S. 131.

– (1964): »The Artworld«. In: *Journal Of Philosophy* 61 (19), S. 571–584.

– (1974): *Grammatologie*, Frankfurt a. M.

Daston, Lorraine / Galison, Peter (1992): »The Image Of Objectivity«. In: *Representations* 40, Fall 1992, S. 81–128.

De Haan, Gerhard / Kuckartz, Udo (1996): *Umweltbewusstsein. Denken und Handeln in Umweltkrisen*, Opladen.

De Man, Paul (1986): »The Resistance To Theory«. In: *Theory And History Of Literature* 33, Minneapolis/Minn., S. 122–127.

De Saussure, Ferdinand (1967): *Grundlagen der allgemeinen Sprachwissenschaft*, Berlin.

Demos, Thoms J./Scott, Emily Eliza/Subhankar, Banerjee (Hg.) (2021): *The Routledge Companion to Contemporary Visual Culture, and Climate Change*, London.

Demos, Thomas J. (2017): *Against The Anthropocene: Visual Culture And Environment Today*, Berlin.

Derrida, Jacques (2006): *Die Schrift und die Differenz*, Frankfurt a. M.

Descartes, René (1986): *Meditationes de prima philosophia: lateinisch, deutsch = Meditationen über die Erste Philosophie,* übers. u. hg. v. Gerhart Schmidt, Stuttgart.

Didi-Huberman, Georges (2004): »Knowledge. Movement (The Man Who Spoke To Butterflies«. In: Michaud, Philippe-Alain: *Aby Warburg And The Image In Motion, übers. v. Sophie Hawkes*, New York.

Diers, Michael (2009): »Atlas und Mnemosyne. Von der Praxis der Bildtheorie bei Aby Warburg«. In: Sachs-Hombach, Klaus (Hg.): *Bildtheorien. Anthropologische und kulturelle Grundlagen des Visualistic Turn*, Frankfurt a. M., S. 181–213.

Dion, Mark et al. (1997): *Mark Dion: Contemporary Artist*, London.

Dombois, Florian (2006): »Kunst als Forschung. Ein Versuch, sich selbst eine Anleitung zu entwerfen«. In: Hochschule der Künste Bern HKB (Hg.), *HKB 2006*, Bern, S. 23–31.

Dosse, François (1996/1997): *Geschichte des Strukturalismus, 2 Bde.*, Hamburg.

Dunnit, Joseph (2003): »Is It Me Or My Brain? Depression And Neuroscientific Facts«. In: *Journal Of Medical Humanities* 24 (1/2), S. 35–47.

Elkins, James (2003): *Visual Studies. A Skeptical Introduction*, New York/London.

Engler, Martin (2003): »Shifting The Location. Mark Dion's Expansion Of The Collection Zone«. In: *Mark Dion – Encyclomania*, Katalog, ersch. zur Ausstellung »Mark Dion – Encyclomania« in der Villa Merkel, Galerien der Stadt Esslingen (01.12.2002–02.02.2003), beim Bonner Kunstverein (12.02.–30.03.2003) und beim Kunstverein Hannover (05.06.–17.08.2003), Esslingen et al., S. 106–108.

Evans, Jessica / Hall, Stuart (2006): »What Is Visual Culture?«. In: Morra, Joanne / Smith, Marquard (Hg.), *Visual Culture. Critical Concepts In Media And Cultural Studies*, London/New York, S. 43–50.

Faivre, Antoine (2001): *Esoterik im Überblick. Geheime Geschichte des abendländischen Denkens*, Freiburg i. Br.

Farah, Martha (2009): »A Picture Is Worth A Thousand Dollars« (Editorial). In: *Journal Of Cognitive Neuro Science* 4 (21), S. 623 f.

Feuerbach, Ludwig Andreas (1849): *Das Wesen der Religion*, Leipzig.

Fleck, Ludwik (2011): *Denkstile und Tatsachen. Gesammelte Schriften und Zeugnisse*, hg. u. komm. v. Sylwia Werner u. Claus Zittel, Berlin.

Forster, Kurt W. (2018): *Aby Warburgs Kulturwissenschaft. Ein Blick in die Abgründe der Bilder*, Berlin.

Foucault, Michel (2008): *Überwachen und Strafen. Die Geburt des Gefängnisses*. 9. Aufl. Frankfurt a. M. (dt. Erstausg. 1994, Neuaufl. 2008). (Originalausg.: *Surveiller et punir – la naissance de la prison*, Paris 1975, übers. v. Walter Seitter.)

– (1974): *Dies ist keine Pfeife. Mit zwei Briefen und vier Zeichnungen von René Magritte*, München.

– (1973): *Archäologie des Wissens*, Frankfurt a. M.

– (1971): *Die Ordnung der Dinge* (1966), Frankfurt a. M.

Frankel, Felice (2002): *Envisioning Science: The Design And Craft Of The Science Image*, Cambridge/Mass.

Fraser, Andrea (1991): »Museum Highlights: A Gallery Talk«. In: *October* 57, Summer 1991, S. 104–122.

Frayling, Christopher (1993/94): »Research In Art And Design«. In: *Royal College Of Art Research Papers* 1 (1), S. 1–5.

Fuller, R. Buckminster (1967): »Begrifflichkeit von Grundstrukturen«. In: Kepes, Gyorgy (Hg.), *Struktur in Kunst und Wissenschaft*, Brüssel, S. 66–88.

Fuller, Robert C. (2001): *Spiritual, But Not Religious. Understanding Unchurched America*, Oxford.

Gaggern, Verena / Hinrichs, Dieter (Hg.) (1985): *Das einzig Wirkliche in einer Fotografie ist der Zeitpunkt der Aufnahme*, München.

Gare, Arran E. (1995): *Postmodernism And The Environmental Crisis*, London/New York.

Garrard, Greg (2004): *Ecocriticism. New Critical Idiom*, London.

Gebhardt Fink, Sabine et al. (2015): »Art Teaching als kritische Praxis«. In: Meyer, Torsten / Kolb, Gila: *What's Next*, Bd. 2, hg. München: S. 103–105.

– (2011) »The Amazing Decade«. In: Gebhard Fink, Sabine / Mathis, Muda / Büren, Margarit von (Hg.): *Performance Chronik Basel. Floating Gaps (1968–1986)*, Berlin, S. 79–94.

Gelshorn, Julia (2017): »Network«. In: Weddigen, Tristan (Hg.): *Textile Studies*, Berlin, S. 173–178.

Gelshorn, Julia / Weddigen, Tristan (2008): »Das Netzwerk. Zu einem Denkbild in Kunst und Wissenschaft«. In: Locher, Hubert / Schneemann, Peter (Hg.), *Grammatik der Kunstgeschichte. Sprachproblem und Regelwerk im ›Bild-Diskurs‹. Oskar Bätschmann zum 65. Geburtstag*, Zürich et al., S. 54–78.

Gesellschaft Für Ökologie (GfÖ) (Hg.) (1986): *Studienführer Ökologie, 3. Aufl.*, Freising-Weihenstephan.

Glaserfeld, Ernst von (1992): »Konstruktion der Wirklichkeit und der Begriff der Objektivität«. In: Foerster, Heinz von et al.: *Einführung in den Konstruktivismus* (Veröffentlichungen der Carl-Friedrich-von-Siemens-Stiftung; 5), München.

Graham, Mark A. (2007): »Art, Ecology And Art Education: Locating Art Education In A Critical Place-Based Pedagogy«. In: *Studies In Art Education*, 48 (4), S. 375–391.

Graupe, Silja (2014): »Orte der Technik«. In: Schlitte, Annika et al. (Hg.): *Philosophie des Ortes. Reflexionen zum Spatial Turn in den Sozial- und Kulturwissenschaften*, Bielefeld, S. 145–176.

Greenberg, Clement (1949): *Life Magazine*, August 8, 1949, S. 42–45.

Grober, Ulrich (2013): *Die Entdeckung der Nachhaltigkeit. Kulturgeschichte eines Begriffs*, München.

Gombrich, Ernst H. (1984): *Aby Warburg, eine intellektuelle Biographie*, Frankfurt a. M.

Gorsen, Peter (1994): »Zur Problematik der Archetypen in der Kunstgeschichte. Carl Gustav Jung und Aby Warburg«. In: *Kunstforum International. Konstruktionen des Erinnerns – Transistorische Turbulenzen I*, Bd. 127, 1994, S. 238–244.

Gross, Paul R. / Levitt, Norman (1994): *Higher Superstition: The Academic Left And Its Quarrels With Science*, Baltimore.

Guilbaut, Serge (1997): *Wie New York die Idee der modernen Kunst gestohlen hat. Abstrakter Expressionismus, Freiheit und Kalter Krieg.* Aus d. Franz. v. Ulla Biesenkamp, Amsterdam/Dresden et al.

Haacke, Hans (1985): *Framing And Being Framed. 7 Works 1970–75. Press Of The Nova Scotia College Of Art And Design*, Halifax, N. S., New York.

Haas, Elena (2018): *Künstlerische Forschung in der Kunstpädagogik. Performative Wissenspraxis im Zwischenraum von Kunst, Wissenschaft und Gesellschaft*, Hannover.

Haase, Amine (2020): »Mnemosyne Bilder des Erinnerns«. In: *Kunstforum International. Entzauberte Globalisierung*, Bd. 269, 2020, S. 254–257.

– (2013): »Unschuldige Ungeheuer. Die 55. Bienale Venedig zwischen C. G. Jungs ›Rotem Buch‹ und Aby Warburgs ›Mnemosyne‹«. In: *Kunstforum International. 55. Bienale Venedig*, Bd. 222, 2013, S. 44–55.

Haeckel, Ernst (1866): *Generelle Morphologie der Organismen. Allgemeine Grundzüge der organischen Formen-Wissenschaft, mechanisch begründet durch die von Charles Darwin reformierte Descendez-Theorie*, Berlin.

Hagner, Michael (2006): »Bilder der Kybernetik. Diagramm und Anthropologie, Schaltung und Nervensystem«. In: Hessler, Martina (Hg.): *Konstruierte Sichtbarkeiten. Wissenschafts- und Technikbilder seit der Frühen Neuzeit*, München, S. 427–448.

Hall, Stuart (1997): *Representation: Cultural Representations and Signifying Practices*, London.

– (1991) »The Local And The Global: Globalization And Ethinicity«. In: King, Anthony (Hg.): *Culture Globalization And The World System*, London, S. 19–40.

– (1982): »The Rediscovery Of Ideology: Return Of The Repressed In Media Studies«. In: Gurevitch, Michael Et Al. (Hg.), *Culture, Society And The* Media, London, S. 52–87.

Halsall, Francis (2016): »Actor-Network Aesthetics: The Conceptual Rhymes Of Bruno Latour And Contemporary Art«. In: *New Literary History*, 2016, 47, S. 439–461.

Hanke, Christine (2006): »Ein klares Bild der ›Rassen‹? Visualisierungstechniken der physischen Anthropologie um 1900«. In: Hessler, Martina (Hg.): *Konstruierte Sichtbarkeiten. Wissenschafts- und Technikbilder seit der Frühen Neuzeit*, München, S. 241–261.

Haraway, Donna (1991): »A Cyborg Manifesto: Science, Technology, And Socialist-Feminism In The Late Twentieth Century«. In: *Simians, Cyborgs And Women: The Reinvention Of Nature*, New York, S. 149–181.

– (1988): »Situated Knowledges: The Science Question In Feminism And The Privilege Of Partial Perspective«. In: *Feminist Studies.* 14, Nr. 3, Autumn 1988, S. 575–599.

– (1995): *Die Neuerfindung der Natur. Primaten, Cyborgs und Frauen*, Herausgegeben und eingeleitet von Carmen Hammer und Immanuel Stieß, Frankfurt a. M./New York.

– (2003): *The Companion Species Manifesto: Dogs, People, And Significant Otherness.* Vol. 1. Chicago.

– (2014): »Anthropocene, Capitalocene, Chthulucene: Staying With The Trouble«, Presented By Donna Haraway. In: *Arts Of Living On A Damaged Planet*, On 05/09/2014, http://opentranscripts.org/transcript/anthropocene-capitalocene-chthulucene/ (Zugriff: 02.09.2021).

Harboe, Julie (2015): »Werk und Prozess«. In: Badura, Jens et al.: *Künstlerische Forschung. Ein Handbuch*, Zürich/Berlin, S. 243–247.

Harman, Graham (2007): »The Importance Of Bruno Latour For Philosophy«. In: *Cultural Studies Review* 13 (1), S. 31–49.

Harrison, Charles / Wood, Paul (Hg.) (1993): *Art In Theory: An Anthology Of Changing Ideas*, Oxford, S. 580–582.

Hartung, Olaf (2010): *Kleine Deutsche Museumsgeschichte*, Köln et al.

Hasler, Felix (2013): *Neuromythologie. Eine Streitschrift gegen die Deutungsmacht der Hirnforschung*, Bielefeld.

Hauff, Volker (Hg.) (1987): *Unsere gemeinsame Zukunft. Der Brundtland-Bericht der Weltkommission für Umwelt und Entwicklung*, Greven.

Heise, Ursula K. (1997): »Science And Ecocriticism«. In: *American Book Review* 18 (5), S. 4–6.

Held, Jutta / Schneider, Norbert (2007): *Grundzüge der Kunstwissenschaft. Gegenstandsbereiche – Institutionen – Problemfelder*, Köln.

Henke, Silvia (2013): »Als sei's ein Wunder. Was kann man vom Zusammentreffen von zeitgenössischer Kunst und Religion heute erwarten?«. In: *Neue Zürcher Zeitung* v. 30.03.2013, Nr. 74, S. 63.

Hensel, Thomas: »Die Medialität der Kunstwissenschaft«. In: Kat. (2012/2013), Siegen, S. 36–54.

Hempel, C. M. et al. (2000). »Multiple Forms Of Short-Term Plasticity At Excitatory Synapses In Rat Medial Prefrontal Cortex«. In: *Journal Of Neurophysiology* 83 (5), S. 3031–3041.

Herwitz, Daniel (1993): »The Beginning Of The End. Danto On Postmodernism«. In: Rollins, Mark (Hg.): *Danto And His Critics*, Oxford, S. 142–158.

Hessler, Martina (2006): »Die Konstruktion visueller Selbstverständlichkeiten. Überlegungen zu einer Visual History der Wissenschaft und Technik«. In: Paul, Gerhard (Hg.), *Visual History. Ein Studienbuch*, Göttingen, S. 76–95.

– (2006b): *Konstruierte Sichtbarkeiten. Wissenschafts- und Technikbilder seit der Frühen Neuzeit*, München.

Hicks, Laurie E. / King, Roger J. H. (2007). »Guest Editorial: Confronting Environmental Collapse: Visual Culture, Art Education, And Environmental Responsibility«. In: *Studies In Art Education. A Journal Of Issues And Research*, 48(4), S. 332–335.

Hoffmann, Werner (1995): »Der Mnemosyne-Atlas. Zu Warburgs Konstellationen«. In: Galitz, Robert / Reimers, Brita (Hg.), *Aby M. Warburg »Ekstatische Nymphe … trauernder Flussgott«. Portrait eines Gelehrten*, Hamburg, S. 172–183.

Holert, Tom (2005): »Kulturwissenschaft/Visual Culture«. In: Sachs-Hombach, Klaus (Hg.), *Bildwissenschaft. Disziplinen, Themen, Methoden,* Frankfurt a. M., S. 226–234.

Homburg, Andreas / Matthies Ellen (1998): *Umweltpsychologie*, Weinheim und München.

Horkheimer, Max / Adorno, Theodor (1969): *Dialektik der Aufklärung. Philosophische Fragmente*, Frankfurt a. M.

Huber, Jörg (2001): »›Bilder zwischen Wissenschaft und Kunst‹. Eine Forschungsskizze«. In: Albrecht, Juerg / Imesch, Kornelia (Hg.), *Horizonte. Beiträge zu Kunst und Kunstwissenschaft*, Ostfildern, S. 379–388.

Hübner, Okka (2010): *Die zwei Gesichter der Postmoderne. Zum Verhältnis von Postmoderne und Poststrukturalismus*, Göttingen.

Huggan, Graham / Tiffin, Helen (2010): *Postcolonial Ecocriticism. Literature, Animals, Environment*, London et al.

Hüsing, Bärbel / Jänke, Lutz / Tag, Brigitte (2006): *Impact Assessment Of Neuroimaging*, Zürich.

Imdahl, Max (1996): »Barnett Newman, ›Who's Afraid Of Red, Yellow And Blue Iii‹«. In: Janhsen, Vukicevic / Janhsen Angeli (Hg.): Ders., *Zur Kunst der Moderne. Gesammelte Schriften*, Bd. 1, S. 244–273.

Jäger, Gottfried (2005): »Bildsystem Fotografie«. In: Sachs-Hombach, Klaus (Hg.), *Bildwissenschaft. Disziplinen, Themen, Methoden*, Frankfurt a. M., S. 349–364.

Jaeger, Jochen / Scheringer, Martin (1998): »Transdisziplinarität. Problemorientierung ohne Methodenzwang«. In: *GAIA* 7 (1), S. 10–25.

Jones, Amelia (2003): »Introduction. Conceiving The Intersection Of Feminism And Visual Culture«. In: Dies. (Hg.), *The Feminism And Visual Culture Reader*, New York, S. 34–42.

Kandinsky, Wassily (1912): *Über das Geistige in der Kunst. Insbesondere in der Malerei. Mit acht Tafeln und zehn Originalholzschnitten*, 3. Aufl., München.

Kappeler, Susanne (1980): *Verena Loewensberg*, Zürich.Karpf, Michael (2021): »Wie kommt eine Gesellschaft zu ihren Bildern? Oder: Zur bildlichen Konstruktion gesellschaftlicher Wirklichkeit«. In: *IMAGE. Zeitschrift für interdisziplinäre Bildwissenschaft*, Heft 34, Jg. 17 (2021), Nr. 2, S. 38–59.

Karallus, Christine (2006): »Zur heuristischen Funktion einer fotografischen Spur«. In: Hessler, Martina (Hg.), *Konstruierte Sichtbarkeiten. Wissenschafts- und Technikbilder seit der Frühen Neuzeit*, München, S. 199–215.

Katzeman, Aron (2021): Book Review Of »The Routledge Companion To Contemporary Art, Visual Culture, And Climate Change« (2021), Edited By T. J. Demos, Emily Eliza Scott, And Subhankar, Banerjee, New York.

Kant, Immanuel (1900 ff.): *Gesammelte Schriften*. Hg.: Bd. 1–22 Preußische Akademie der Wissenschaften, Bd. 23 Deutsche Akademie der Wissenschaften zu Berlin, ab Bd. 24 Akademie der Wissenschaften zu Göttingen. Berlin.

Kemp, Wolfgang (2006): *Foto-Essays. Zur Geschichte und Theorie der Fotografie*, München.

– (2003): »Kunstwerk und Betrachter: Der rezeptionsästhetische Ansatz«. In: Belting, Hans et al. (Hg.), *Kunstgeschichte. Eine Einführung, 6. überarb. u. erw. Aufl.*, Berlin, S. 247–265.

Kepes, Gyorgy (Hg.) (1967): »Einleitung«. In: Ders., *Struktur in Kunst und Wissenschaft*, Brüssel, S. IX–XV.

Kingsland, Sharon (1991): »Defining Ecology As A Science«. In: Brown, James H. / Real, Leslis Allan (Hg.), *Foundations Of Ecology, Classic Papers With Commentaries*, Chicago, S. 1–13.

Klein, Joanna (2017): *Santiago Ramón y Cajal, el hombre que dibujó los secretos del cerebro*, https://www.nytimes.com/es/2017/02/21/espanol/cultura/santiago-ramon-y-cajal-el-hombre-que-dibujo-los-secretos-del-cerebro.html, (Zugriff: 11.12.21).

Klotz, Lisa Jane (2017): *Quantenphysik und Esoterik. Über die innere Notwendigkeit renitenten Randgeschehens für die Autopoiesis von Funktionssystemen*, Bielefeld.

Köppert, Katrin (2019): »Feministische Kunst und Überwachung. Eine un-/heilvolle Liaison?«. In: Schmidt, Francesca / Gunda-Werner-Institut für Feminismus und Geschlechterdemokratie (Hg.): Dossier »Überwachung: Feministische Perspektiven dringend benötigt«, https://www.gwi-boell.de/index.php/de/2019/04/01/feministische-kunst-und-ueberwachung-eine-un-heilvolle-liason, (Zugriff: 24.03.2021).

Krall, Lisa (2014): »Das Paradigma der Natur – Zum Umgang mit Naturalisierung und Dualismen in der Geschlechterforschung«. In: *IFF On Zeit*, 4. Jg., Nr. 3, 2014.

Krämer, Sybille (2001): »Kann das ›geistige Auge‹ sehen? Visualisierung und Konstruktion epistemischer Gegenstände«. In: Heintz, Bettina / Huber, Jörg (Hg.): *Mit dem Auge denken. Strategien der Sichtbarmachung in wissenschaftlichen und virtuellen Welten*, Zürich, S. 347–367.

Krauss, Rosalind E. (1986): *The Originality Of The Avant-Garde And Other Modernist Myths, Cambridge*, Massachusetts, London, England.

Kreuzer, Johann (2014): »Das Licht als Metapher in der Philosophie«. In: Kornersmann, Ralf: *Wörterbuch der philosophischen Metaphern*, Darmstadt, S. 211–227:

Krieg, Peter (1997): »Die Inszenierung des Authentischen«. In: Hoffmann, Kay (Hg.): *Trau-Schau-Wem. Digitalisierung und dokumentarische Form*, Konstanz, S. 85–95.

Krohn, Wolfgang (2006): *Francis Bacon*, München.

Kruse, Lenelis (1993): »Umweltschutz und Umweltschutz als Verhaltensprobleme.« In: Zwilling, Robert / Fritsche, Wofgang (1993): *Ökologie und Umwelt*. Heidelberg, S. 229–243.

Kutschmann, Werner (1986): *Der Naturwissenschaftler und sein Köper. Die Rolle der »inneren Natur« in der experimentellen Naturwissenschaft der frühen Neuzeit*, Frankfurt a. M.

Laforgue, Jules (1883): »Impressionism«. In: Nochlin, Linda (Hg.): *Impressionism And Post-Impressionism 1874–1904: Sources And Documents*, Englewood Cliffs, New Jersey: Prentice-Hall, Inc., 1966, S. 14–20.

Land, Michelle H. (2013): »Full Steam Ahead: The Benefits Of Integrating The Arts Into Stem«. In: *Procedia Computer Science* 20 (2013), S. 547–552.

Latour, Bruno (2012): *Das Parlament der Dinge*, Frankfurt a. M.

– (2011): »Networks, Societies, Spheres: Reflections Of An Actor-Network Theorist«. In: *International Journal Of Communication* 5 (2011), S. 796–810.

– (2008): *Wir sind nie modern gewesen. Versuch einer symmetrischen Anthropologie*, Frankfurt a. M.

– (2005): *Reassembling The Social: An Introduction To Actor-Network-Theory*, Oxford.

– (2002): »Eine Ausstellung über Iconoklasmus«. In: Kat. (2002): *Iconoclash oder gibt es eine Welt jenseits des Bilderkrieges?*, ersch. zur Ausstellung »Iconoclash. Jenseits der Bilderkriege in Wissenschaft, Religion und Kunst« im Zentrum für Kunst und Medientechnologie Karlsruhe (04.05.–04.08.2002), Berlin, S. 14–20.

– (2000): *Die Hoffnung der Pandora. Untersuchungen zur Wirklichkeit der Wissenschaft*, Frankfurt a. M.

– (1996): »On Actor-Network Theory. A Few Clarifications«. In: *Soziale Welt* 47 (4), S. 369–382.

– (1988): The Pasteurization Of France, Trans. A. Sheridan (Part I) and J. Law (Part II), Cambridge.

– (1984): Les Microbes: guerre et paix, Métailié, Paris.

Lesch, Harald (2010): *Astronomie. Die kosmische Perspektive*, München.

Levin, Kim (1979): »Farewell To Modernism«. In: *The Arts Magazine*, 1979 [52], S. 90).

Lima, Manuel (2011): *Visual Complexity. Mapping Patterns of Information*, New York.

Lohse, Richard Paul (2002): »Normung als Strukturprinzip« [1973]. In: Holz, Hans Heinz et al. (Hg.), *Lohse lesen. Texte von Richard Paul Lohse* (Zürich 1902–1988), Zürich, S. 206–217.

Lubbers, Eveline (Hg.) (2002): *Battling Big Business. Countering Greenwash, Infiltration And Other Forms Of Corporate Bullying*, Totnes.

Lüthy, Michael (2006): »Das Ende wovon? Kunsthistorische Anmerkungen zu Dantos These vom Ende der Kunst«. In: Menke, Christoph / Rebentisch, Julia (Hg.), *Kunst. Fortschritt. Geschichte*, Berlin, S. 57–66.

Lynch, Zack (2009): *The Neurorevolution. How Brain Science Is Changing Our World*, New York.

Lyotard, Jean-François (1986): *Das postmoderne Wissen. Ein Bericht*, hg. v. Peter Engelmann, Graz/Wien (Orig.: »La Condition Postmoderne. Rapport sur le Savoir«, erschienen 1979)

– (1985): »Immaterialien. Presse-Mitteilung vom 8. Januar 1985«. In: Ders. et al., *Immaterialität und Postmoderne, aus dem Franz. v. Marianne Karbe*, Berlin, S. 9–18.

– (1984): »Das Erhabene und die Avantgarde«. In: *Merkur*, H. 2, 1984, S. 151.

Maeder, Marcus (Hg.) (2017): *Kunst, Wissenschaft, Natur. Zur Ästhetik und Epistemologie der künstlerisch-wissenschaftlichen Beobachtung*, Bielefeld.

Malamud, Randy (2003): *Poetic Animals And Animal Souls*, New York.

Malewitsch, Kasimir (1980): *Die gegenstandslose Welt*, Mainz.

Margolis, Joseph (1997): »The Endless Future Of Art«. In: Haapala, Arto / Levinson, Jerrold / Rantala, Veikko (Hg.): *The End Of Art And Beyond. Essays After Danto*, New York, S. 2–26.

Marks, Robert W. (1960): »Richard Buckminster Fuller«. In: *Europäisches Bauforum* 1 (12), S. 146 f.

Mayenhofer, Elisabeth (2015): »Kultur- und Kreativwirtschaft«. In: Badura, Jens et al., *Künstlerische Forschung. Ein Handbuch*, Zürich/Berlin, S. 277–279.

Mcintosh, Robert (1985): *The Background Of Ecology – Concept And Theory*, Cambridge.

Mersch, Dieter (2006): »Naturwissenschaftliches Wissen und bildliche Logik«. In: Hessler, Martina (Hg.), *Konstruierte Sichtbarkeiten. Wissenschafts- und Technikbilder seit der Frühen Neuzeit*, München, S. 405–420.

Miller, Patrick (1998): *Material Cultures. Why Some Things Matter*, Chicago.Mirzoeff, Nicholas (2018): »It's Not The Anthropocene, It's The White Supremacy Scene; Or,

The Geological Color Line«. In: Grusin, Richard (Hg.) *After Extinction*, Minneapolis/London, S. 123–150.
– (2014). »Das Meer und das Land: Das Leben der Bilder nach Katrina«. In: Angelika Bartl / Josch Hoenes / Patricia Mühr / Kea Wienand (Hg.), *Sehen – Macht – Wissen*, Bielefeld, S. 29–44.
– (2013): *The Visual Culture Reader*, London.
Mitchell, William J. Thomas (2008): *Bildtheorie*, Frankfurt a. M.
– (2002a): »Showing Seeing: A Critique Of Visual Culture«. In: *Journal Of Visual Culture* 1 (2), London et al., S. 165–181.
– (2002b): »Imperial Landscape«. In: Michtell, W. J. T. (Hg.): *Landscape And Power*, Chicago.
– (1994): *Imperial Landscape*, Chicago.
– (1992): »The Pictorial Turn«. In: *Artforum*. Rowohlt, März 1992, S. 89 ff.
Mittelstrass, Jürgen (1992): »Auf dem Weg zur Transdisziplinarität«. In: *GAIA* 1 (5), S. 250.
Mohr, Bärbel (2007): *Bestellungen beim Universum. Ein Handbuch zur Wunscherfüllung*, 30. Aufl., Aachen.
Mokre, Monika (2015): »Forschungs- und Wissenschaftspolitik«. In: Badura, Jens et al., *Künstlerische Forschung. Ein Handbuch*, Zürich/Berlin, S. 249–252.
Morra, Joanne / Smith, Marquard (Hg.) (2006): *Visual Culture. Critical Concepts In Media And Cultural Studies*, London/New York.
Müller, Urs (2007): *Die Kraft der Bilder in der nachhaltigen Entwicklung. Die Fallbeispiele UNESCO Biosphäre Entlebuch und UNESCO Weltnaturerbe Jungfrau-Aletsch-Bietschhorn.* Forschungsbericht im Rahmen des Nationalen Forschungsprogramms NFP 48 »Landschaften und Lebensräume der Alpen« des Schweizerischen Nationalfonds, Zürich.
Münker, Stefan / Roesler, Alexander (2000): *Poststrukturalismus*, Stuttgart.
Muther, Richard (1901): *Ein Jahrhundert französische Malerei*, Berlin.
Narr, Karl J. (1955): »Interpretation altsteinzeitlicher Kunstwerke durch völkerkundliche Parallelen«. In: *Anthropos*, Bd. 50, H. 4./6. (1955), S. 513–545.
Neiman, Susan: »Man hat die Schnauze voll von Trumps Politik«. In: *Neue Zürcher Zeitung*, Mittwoch, 08. Juli 2020, S. 27.
Nerdinger, Winfried (1994): *Perspektiven der Kunst. Von der Karolingerzeit bis zur Gegenwart*, München.
New York Times (2013): »Arthur C. Danto, A Philosopher Of Art, Is Dead At 89«. In: *New York Times*, Oct. 28, 2013, Section A, S. 25.
Newman, Barnett (1993): »The Sublime Is Now«. In: Harrison, Charles / Wood, Paul (Hg): *Art In Theory: An Anthology Of Changing Ideas*, Oxford, S. 580–582.
Nierhaus, Irene (2011): »Im Auge des Piloten. Ordnungen des Territorialen in der Aeropittura des Futurismus«. In: Bartl, Angelika et al. (Hg.), *Sehen – Macht – Wissen. ReSaVoir. Bilder im Spannungsfeld von Kultur, Politik und Erinnerung*, Bielefeld, S. 59–74.
Nocke-Schrepper, Hella (1995): *Die Theorie der Zürcher Konkreten. Die Kontroverse abstrakt/konkret. Funktionen der Künstleräusserungen zur theoretischen Begründung der konkreten Kunst in der Schweiz*, Bochum.

Notz, Adrian: »Liagramme«. In: Kat. (2012/2013), Siegen, S. 239–251.

Nowotny, Helga (1997): »Grenzen und Grenzenlosigkeit. Kreativität und Wissensdistribution«. In: Huber, Jörg / Heller, Martin (Hg.): *Konturen des Unterschiedenen. Interventionen* 6, Basel et al., S. 151–171.

Oppermann, Serpil (2015): »Introduction«. In: Dies. (Hg.), *New International Voices In Ecocriticism*, Lanham/Md., S. 1–24.

– (2003): »Toward An Ecocentric Postmodern Theory: Fusing Deep Ecology And Quantum Mechanics«. In: *The Trupeter* 19 (1), S. 7–35.

Pagenstecher, Cord (2006): »Reisekataloge und Urlaubsalben. Zur Visual History des touristischen Blicks«. In: Paul, Gerhard (Hg.), *Visual History. Ein Studienbuch*. Göttingen, S. 169–187.

Panofsky, Erwin (1975): »Ikonographie und Ikonologie. Eine Einführung in die Kunst der Renaissance«. In: Ders. (Hg.), *Sinn und Deutung in der bildenden Kunst*, Köln, S. 36 f.

Paul, Gerhard (2006): »Von der Historischen Bildkunde zur Visual History. Eine Einführung«. In: Paul, Gerhard (Hg.), *Visual History. Ein Studienbuch*. Göttingen, S. 7–36.

Peirce, Charles Sanders (1982): *The Writings Of Charles Peirce: A Chronological Edition*, hg. im Rahmen des »Peirce Edition Project«, 2. Jg., Bd. 8, Bloomington.

Peña Aguado, Maria Isabel (1994): *Ästhetik des Erhabenen: Burke, Kant, Adorno, Lyotard*, Wien.

Peters, Sibylle (2014): »Vorwort«. In: Dies. (Hg.), *Das Forschen aller. Artistic Research als Wissensproduktion zwischen Kunst, Wissenschaft und Gesellschaft*, Bielefeld, S. 7–22.

Peters, Ulrike (2012): *Esoterik als moderne Religionsform*, Nordhausen.

Piro, Joseph (2010): »Going From STEM To STEAM: The Arts Have A Role In America's Future Too«. In: *Education Week 29* (24), S. 28 f.

Platon (1994): »Politeia«. In: *Platon: Sämtliche Werke*, hg. v. Ursula Wolf, 2. Bd., Reinbek, S. 514–541.

Pohl, Sarah (2018): »Veränderung der Interpretation paranormaler Erfahrung durch den Einfluss neuer Medien«. In: *Zeitschrift für Anomalistik* 18, S. 143–160.

Pries, Christine (Hg.) (1989): *Das Erhabene. Zwischen Grenzerfahrung und Größenwahn*, Weinheim.

Public Papers Of The Presidents Of The United States. John F. Kennedy [...] January 1 To November 22, 1963, Washington 1964, S. 4–6.

Rappel, Simone (1996): *»Macht euch die Erde untertan«. Die ökologische Krise als Folge des Christentums?*, Paderborn et al.

Rat von Sachverständigen Für Umweltfragen (1978): *Umweltgutachten 1978*, Deutscher Bundestag, Drucksache 8 /1938.

Reisberg, Mira (2008): »Social/Ecological Caring With Multicultural Picture Books: Placing Pleasure In Art Education«. In: *Studies In Art Education*, 49(3), S. 251–267.

Rheinberger, Hans-Jörg (2009): »Sichtbar machen: Visualisierungen in den Naturwissenschaften«. In: Sachs-Hombach, Klaus (Hg.), *Bildtheorien: anthropologische und kulturelle Grundlagen des Visualistic Turn*, Frankfurt a. M., S. 127–145.

Röd, Wolfgang (1982): *Descartes: Die Genese des Cartesianischen Rationalismus*, München.

Roos, Bonnie / Hunt, Alex (2010): *Postcolonial Green. Environmental Politics & World Narratives*, Charlotteville.

Rose, Bird D. et al. (2012): »Thinking Through The Environment, Unsettling The Humanities«. In: *Environmental Humanities* 1 (1), S. 1–5.

Ross, King (2002): *Michelangelo und die Fresken des Papstes*, München.

Royo, Victoria Pérez et al. (2014): »In-definitions. Forschung in den performativen Künsten«. In: Peters, Sibylle (Hg.): *Das Forschen aller. Artistic Research als Wissensproduktion zwischen Kunst, Wissenschaft und Gesellschaft*, S. 23–46.

Rust, Dorothea (2020): »Wie ich etwas mit spitzen Ohren werde und wie Kofferworte Que(e)r in der Landschaft stehen«. In: *FKW. Zeitschrift für Geschlechterforschung und Visuelle Kultur*, Nr. 67, April 2020, S. 76–89.

Schade, Sigrid / Wenk, Silke (2011): *Studien zur visuellen Kultur. Einführung in ein transdisziplinäres Forschungsfeld*, Bielefeld.

– (2005): »Strategien des ›Zu-Sehen-Gebens‹: Geschlechterpositionen in Kunst und Kunstgeschichte«. In: Bussmann, Hadumod / Hof, Renate (Hg.), *Genus. Geschlechterforschung/Gender Studies in den Kultur- und Sozialwissenschaften*, Stuttgart, S. 144–184.

Schaefer, Matthias (2012): *Wörterbuch der Ökologie*, 5. Aufl., Heidelberg.

Scharping, Michael (Hg.) (2001): *Wissenschaftsfeinde? »Science Wars« und die Provokation der Wissenschaftsforschung*, Münster.

Schenker, Christoph (2006): »Künstlerische Forschung«. In: Präsidium der Hochschule für bildende Künste Hamburg (Hg.): *querdurch: Kunst + Wissenschaft*, Hamburg, S. 147–156.

Schmidt, Eva: Vorwort und Dank. In: Kat. (2012/2013), Siegen, S. 7–10.

Schneewind, Jeremy B. (1998): *The Invention Of Autonomy: A History Of Modern Moral Philosophy*, Cambridge.

Schneider, Norbert (2003): »Kunst und Gesellschaft: Der sozialgeschichtliche Ansatz«. In: Belting, Hans et al. (Hg.), *Kunstgeschichte. Eine Einführung. 6. erw. und überarb. Aufl.*, Berlin, S. 267–295.

Schnödl, Gottfried/ Sprenger, Florian (2021): *Uexkülls Umgebungen: Umweltlehre und rechtes Denken.* (Future Ecologies Series). Lüneburg.

Schoell-Glass, Charlotte (2003): »Cultural Studies«. In: Pfisterer, Ulrich (Hg.), *Metzler Lexikon Kunstwissenschaft. Ideen, Methoden, Begriffe*, Stuttgart/Weimar, S. 59–61.

Seyfarth, Ludwig: »Der Denkraum zwischen den Bildern. Zur Genese der Kunstgattung ›Fotosammlung‹«. In: Kat. (2012/2013), Siegen, S. 16–25.

Shohat, Ella / Stam, Robert (2013): »Narrativizing Visual Culture. Towards A Polycentric Aesthetics«. In: Mirzoeff, Nicholas (Hg.), *Visual Culture Reader*, London/New York, S. 27–49.

Shurmer-Smith, Pamela (2002): »The Trouble With Theory«. In: Dies. (Hg.), *Doing Cultural Geography*, London, S. 11–17.

Siebert, Horst (2000): »Natur entsteht im Kopf. Was bedeutet der Ansatz des Konstruktivismus für die Umweltbildung?«. In: *Politische Ökologie* (12), Sonderheft, S. 21.

Slovic, Scott (2012): »Editors Note«. In: *Interdisciplinary Studies In Literature And Environment* 19 (3), S. 443 f.

– (2010): »The Third Wave Of Ecocriticism: North American Reflections Of The Current Phase Of The Discipline«. In: *Ecozon@* 1 (1), S. 4–10.

Sokal, Alain D. (1996): »Transgressing The Boundaries: Towards A Transformative Hermeneutics Of Quantum Gravity«. In: *Social Text* (46/47), S. 217–252.

Sontag, Susan (2008): *Über Fotografie.* Aus d. Amerik. v. Mark W. Rien u. Gertrud Baruch, 18. Aufl., Frankfurt a. M.

Spretnak, Charlene (1999): *The Resurgence Of The Real: Body, Nature, And Place In A Hypermodern World*, New York.

Springel, Volker / White, Simon D. m. / Jenkins, Adrian et al. (2005): »Simulations Of The Formation, Evolution And Clustering Of Galaxies And Quasars«. In: *Nature 435*, S. 629–636.

Stadler, Felix (2000): »Beyond Constructivism: Towards A Realistic Realism. A Review Of Bruno Latour's Pandora's Hope«. In: *The Information Society*, 16:3, S. 245–247, online verfügbar unter: http://felix.openflows.com/html/pandora.html (Zugriff 19.08.2021).

Stott, Timothy (2020): »Review. Ecocritical Art History«. In: *Review. Art History*, Vol. 43. Issue 3, S. 640–645.

Stremlow, Matthias (1998): *Die Alpen aus der Untersicht. Von der Verheissung der nahen Fremde zur Sportarena. Kontinuität und Wandel von Alpenbildern seit 1700*, Bern.

Stugren, Bogdan (1986): *Grundlagen der Allgemeinen Ökologie,* 4. Aufl., Jena.

Sturken, Marita / Cartwright, Lisa (2001): *Practices Of Looking. An Introduction To Visual Culture*, Oxford/New York.

Sugino, Ken / Hempel, Chris M. / Miller, Mark N. / Hattox Alexis M. / Shapiro, Peter / Wu, Caizi / Huang, Z. Josh / Nelson, Sacha B. (2006/1): »Molecular Tax-onomy Of Major Neuronal Classes In The Adult Mouse Forebrain«. In: *Nature Neuroscience* 9 (1), S. 99–107.

Tanner, Mélanie Laurence (2021): »Erfolgreiche Zurückweisung der Thurgauer Pläne zur Lohnherabstufung – oder wie man den BG-Unterricht auswärts vertritt. Gespräch mit Ireni Vafiadis«. In: *Das Heft 12. Auswärts*, Zürich: 2019, S. 203–233.

– (2016): »Wie erkläre ich einer BG-Lehrperson die ›Luzerner Kunschti‹?«. In: *Das Heft 09. Der Studiengang Art Education resp. Art Teaching aus studentischer Perspektive*, Zürich: 2016, S. 144–182.

Tegmark, Max (2015): *Unser mathematisches Universum. Auf der Suche nach dem Wesen der Wirklichkeit*, Berlin.

Thürlemann, Felix (2009): »Ikonographie, Ikonologie, Ikonik. Max Imdahl liest Erwin Panofsky«. In: Sachs-Hombach, Klaus (Hg.): *Bildtheorien: anthropologische und kulturelle Grundlagen des Visualistic Turn*, Frankfurt a. M., S. 214–234.

Tora nach der Übersetzung von Moses Mendelssohn, hg. im Auftrag des Abraham Geiger Kollegs und des Moses Mendelssohn Zentrums Potsdam, Berlin 2001.

Tuck, Eve / Habtom, Sefanit (2019): »Unforgetting Place In Urban Education Through Crative Participatory Visual Methods«. In: *Educational Theory*, Vol. 69, No. 2, 2019, S. 241–256.

Ullrich, Wolfgang (2006): »Wissenschaftsbilder und der neue Paragone zwischen Geistes- und Naturwissenschaften«. In: Hessler, Martina (Hg.), *Konstruierte Sichtbarkeiten. Wissenschafts- und Technikbilder seit der Frühen Neuzeit*, München, S. 303–316.

– (2005): »L'art pour l'art. Die Verführungskraft eines ästhetischen Rigorismus«. In: Ders.: *Was war Kunst? Biographien eines Begriffs*, Frankfurt a. M., S. 124–143.

Urban, Dieter (1986): »Was ist Umweltbewusstsein?«. In: *Zeitschrift für Soziologie*, 15 (5), S. 363–377.

Valsangiacomo, Antonio (1998): *Die Natur der Ökologie. Anspruch und Grenzen ökologischer Wissenschaften*, Zürich.

Volkart, Yvonne (2017): »Kunst und Ökologie im Zeitalter der Technosphäre«. In: Maeder, Marcus (Hg.) (2017): *Kunst, Wissenschaft, Natur. Zur Ästhetik und Epistemologie der künstlerisch-wissenschaftlichen Naturbeobachtung*, Bielefeld.

Vollgraff, Matthew (2012/2013): »Wissensmontage«. In: Kat. (2012/2013), Siegen, S. 317–319.

Wagner, Stefan (2015): »Kreativität«. In: Badura, Jens et al.: *Künstlerische Forschung. Ein Handbuch*, Zürich/Berlin, S. 271–275.

Waidacher, Friedrich (2005): *Museologie – knapp gefasst. Mit einem Beitrag von Marlies Raffler*, Wien et al.

Wang, Caroline / Burris, Mary Ann (1997): »Photovoice: Concept, Methodology, And Use For Participatory Needs Assessment«. In: *Health Education And Behavior* 24, No. 3 (1997), S. 369–387.

Warburg, Aby (2000): »Mnemosyne. Einleitung«. In: Warnke, Martin (Hg.), *Aby Warburg. Gesammelte Schriften.* Studienausgabe, Bd. 2, 1.2: *Der Bilderatlas »Mnemosyne«,* Berlin, S. 3–6.

Warnke, Martin (Hg.) (2000): *Aby Warburg. Gesammelte Schriften. Studienausgabe, Bd. 2, 1.2: Der Bilderatlas »Mnemosyne«,* Berlin.

Weibel, Peter (1985): »Les Immatériaux«. In: *Wolkenkratzer Art Journal* (8), S. 24–29.

Welsch, Ulrich (2006): *Lehrbuch Histologie*, München.

Welsch, Wolfgang (1997): *Unsere postmoderne Moderne*, 5. Aufl., Berlin.

– (1989): »Adornos Ästhetik: eine implizite Ästhetik des Erhabenen«. In: Pries, Christine (Hg.): *Das Erhabene. Zwischen Grenzerfahrung und Größenwahn*, Weinheim, S. 185–213.

Wenk, Silke (2006): »Repräsentation in Theorie und Kritik: Zur Kontroverse um den ›Mythos des ganzen Körpers‹«. In: Zimmermann, Anja (Hg.): *Kunstgeschichte und Gender. Eine Einführung*, Berlin, S. 99–114.

Westheider, Ortrud (1995): *Die Farbe Schwarz in der Malerei Max Beckmanns*, Berlin.

Winterfeld, Uta von (2006): *Naturpatriarchen. Geburt und Dilemma der Naturbeherrschung bei geistigen Vätern der Neuzeit*, München.

Wittig, Rüdiger (1993): »Ökologie«. In: Kuttler, Wilhelm (Hg.): *Handbuch zur Ökologie*, Berlin, S. 233–235.

Witzgall, Susanne (2003): *Kunst nach der Wissenschaft. Zeitgenössische Kunst im Diskurs mit den Naturwissenschaften*, Nürnberg.

Woodward, Wendy (2008): *The Animal Gaze: Animal Subjectivities In Southern African Narratives*, Johannesburg.

Wunderlich, Antonia (2008): *Der Philosoph im Museum. Die Ausstellung »Les Immatériaux« von Jean-François Lyotard*, Köln/Witten/Herdecke.

Yanal, Robert J. (2014): »The Institutional Theory Of Art«. In: Kelly, Michael (Hg.): *The Encyclopedia Of Aesthetics*, 2. Aufl., Vol. 3, Oxford, S. 491–494.

Yates, Frances A. (1994): *Gedächtnis und Erinnern. Mnemonik von Aristoteles bis Shakespeare.* 3. Aufl., Berlin 1994.

Zöllner, Frank (1992): »Leonardos ›Mona Lisa‹ 1963: Kunst und Kalter Krieg«. In: Gaehtgens, Thomas W. (Hg.): *Künstlerischer Austausch. Akten des XXVIII. Internationaler Kongress für Kunstgeschichte*, Berlin 15.–20. Juli 1992, Bd. 3, Berlin, S. 75–88.

Kataloge

Kat. (2020/2021): *Potential Worlds: Planetary Memories & Eco-Fictions*, ersch. anlässlich der Austellung »Potential Worlds: Planetary Memories & Eco-Fictions« im Migrosmuseum für Gegenwartskunst (07.03.–11.10.20 und 24.10.20–09.05.21), Zürich.

Kat. (2016): *Aby Warburg. Mnemosyne Bilderatlas*, ersch. anlässlich der Ausstellung »Aby Warburg. Mnemosyne Bilderatlas« im ZKM Hamburg (31.12.–13.11.2016), Hamburg.

Kat. (2012/2013): *Lieber Aby Warburg, was tun mit Bildern? Vom Umgang mit fotografischem Material*, ersch. zur Ausstellung »Lieber Aby Warburg, was tun mit Bildern? Vom Umgang mit fotografischem Material« im Museum für Gegenwartskunst, (02.12.2012–03.03.2013), Siegen.

Kat. (2010): *Neural Architectures,* ersch. zu »Neural Architectures, eine Ausstellung des Instituts für Neuroinformatik, im Rahmen der BrainFair 2010« in der Universität Zürich und ETH Zürich (15.03.–10.04.2010), Zürich.

Kat. (2008): Monet, L'œil impressioniste, Paris.

Kat. (2005/2006): *Montagne, je te hais – Montagne, je t'adore. Voyage au cour des Alpes du XVIe siècle à nos jours*, ersch. zur Ausstellung »Montagne, je te hais – Montagne, je t'adore. Voyage au cour des Alpes du XV[Ie] siècle à nos jours« im Sion: Musée cantonal des beaux-arts und Musée cantonal d'histoire, (13.05.2005 bis Frühling 2006), Paris (2005/2006).

Kat. (2006): *Fischli / Weiss. Fragen & Blumen. Eine Retrospektive*, ersch. zur Ausstellung »Peter Fischli & David Weiss. Fragen & Blumen. Eine Retrospektive« im Kunsthaus Zürich (08.06.–09.09.2007) und in den Deichtorhallen Hamburg (16.11.2007–03.02.2008), Zürich/Hamburg (2006/2008).

Kat. (2002): *Iconoclash oder gibt es eine Welt jenseits des Bilderkrieges?*, ersch. zur Ausstellung »Iconoclash. Jenseits der Bilderkriege in Wissenschaft, Religion und Kunst« im Zentrum für Kunst und Medientechnologie Karlsruhe (04.05.–04.08.2002), Berlin.

Kat. (1985): *Les Immatériaux. Album et Inventaire*, ersch. zur Ausstellung »Les Immatériaux« im Centre Georges Pompidou (28.03.–15.07.1985), Paris.

Kat. (1982): *dokumenta 7* (19.06.–28.09.1982), Bd. 2, Kassel.

Kat. (1980): *Monte Verità – Berg der Wahrheit: Lokale Anthropologie als Beitrag zur Wiederentdeckung einer neuzeitlichen sakralen Topographie*, ersch. zur Ausstellung »Monte Verità – Berg der Wahrheit« im Museum Villa Stuck (24.10.–21.12.1980), München.

Kunstbücher

Suter, Batia (2007): *Parallel Encyclopedia*, Roma Publications.
Suter, Batia (2016): *Parallel Encyclopedia #2*, Roma Publications.

Nachschlagewerke

Iwersen, Julia (Hg.) (2001): *Lexikon der Esoterik*, Düsseldorf/Zürich.
Kučera, Antonín (2005): *Wörterbuch der exakten Naturwissenschaften und der Technik; Dictionary of exact science and technology; Kurzgefasste Gegenüberstellung der Fachwortbildung im Englischen und Deutschen; A Short Comparative Study Of English And German Word-Formation Principles In Science And Technology = Dictionary*, Wiesbaden.
Murdin, Paul (Hg.) (2001): *Encyclopedia Of Astronomy And Astrophysics*, Bistol/London etc.
Nünning, Ansgar (Hg.) (2013): *Metzler Lexikon Literatur- und Kulturtheorie: Ansätze. Personen. Grundbegriffe*, Stuttgart.
Oepen, Irmgard et al. (Hg.) (1999): *Lexikon der Parawissenschaften. Astrologie, Esoterik, Okkultismus, Paramedizin, Parapsychologie kritisch betrachtet*, Bd. 3 der Schriftenreihe der Gesellschaft zur wissenschaftlichen Untersuchung von Parawissenschaften (GWUP), Münster.
Schreiner, Johann (2004): *Praxis-Wörterbuch Umwelt, Naturschutz und Landnutzungen*, Stuttgart.
Speck, Josef (1980): *Handbuch wissenschaftstheoretischer Begriffe*, Göttingen.

Songs, Filme, Videos

Arntz, William / Vincente, Mark / Chasse, Betsy (2005): *What The Bleep Do We (k)now!?*, USA.
Arntz, William / Vincente, Mark / Chasse, Betsy (2006): *What The Bleep Do We (k)now!? Down The Rabbit Hole*, USA.
Heriot, Drew (2006): *The Secret*, Australien/USA.
Lee, Spike (2006): *When The Levees Broke: A Requiem In For Acts*, USA.

Websites

Upton, Barbara: www.wakingplanet.blogspot.ch (Zugriff: 25.09.2016).
Brain Initiative: www.braininitiative.org (Zugriff: 23.08.2021).

Deutsche Welle (2021): »Gerüchte um das Gottesteilchen«. Interview mit CERN-Sprecher Gillies. https://www.dw.com/de/ger%C3%BCchte-um-das-gottesteilchen/a-16070324 (Zugriff: 19.08.2021)

CERN: https://home.cern/about (Zugriff: 04.05.2018).

Dambeck, Holger (2012): »Heiße Spur zum Gottesteilchen«. In: Der Spiegel online. https://www.spiegel.de/wissenschaft/mensch/gottesteilchen-higgs-boson-zeigt-im-lhc-sein-gesicht-a-842319.html (Zugriff: 19.08.2021).

Global Indian Blog: https://globindian.wordpress.com (Zugriff: 25.09.2016).

Hochschule Luzern – Design & Kunst: https://www.hslu.ch/de-ch/design-kunst/studium/master/fine-arts/) (Zugriff: 10.10.2018).

Human Brain Project: www.humanbrainproject.eu (Zugriff: 10.10.2018).

Metanoia-World: http://metanoia-world.tumblr.com (Zugriff: 25.09.2016).

NZZ (13.07.2014): Aufstand der Forscher. https://www.nzz.ch/wissenschaft/aufstand-der-forscher-1.18342347 (Zugriff 23.08.2021).

NFS Bildkritik: https://www.snf.ch/de/pnpfYm3j6ayKLNyh/page/fokusForschung/nationale-forschungsschwerpunkte/bildkritik# (Zugriff: 19.08.2021).

NFP 48: http://www.snf.ch/de/fokusForschung/nationale-forschungsprogramme/nfp48-landschaften-lebensraeume-alpen/Seiten/default.aspx# (Zugriff: 23.08.2021).

SNF Wettbewerb für wissenschaftliche Bilder: http://www.snf.ch/de/foerderung/wissenschaftskommunikation/bilder-wettbewerb/Seiten/default.aspx#%DCber%20den%20Wettbewerb (Zugriff: 23.08.2021).

The New York Times, Science Illustrated: www.nytimes.com/ref/science/scienceillustrated.html (Zugriff: 10.10.2018).

The Secret: www.thesecret.tv (Zugriff: 04.05.2018).

VIRG – The Virgo Consortium. For Cosmological Supercomputer Simulations: www.virgo.dur.ac.uk (Zugriff: 10.10.2018).

Visual Complexity (Manuel Lima): www.visualcomplexity.com (Zugriff: 10.10.2018).

Visual Complexity – about: http://www.visualcomplexity.com/vc/about.cfm (Zugriff: 10.10.2018).

Abbildungen

Abb. 1: Ausschnitt aus New York Times, No. 53, 672, vom 15. August 2006, S. 4

Abb. 3: Albrecht Dürer: *Der Zeichner des liegenden Weibes*, in: Underweysung der Messung, mit dem Zirckel und Richtscheyt, in Linien, Ebenen unnd gantzen corporen, zwischen 1512 und 1525, Holzschnitt, 7,5 × 21,5 cm, 2. Aufl., Nürnberg 1538

Abb. 4: race, Collage: M. L. T.

Abb. 5: class, Collage: M. L. T.

Abb. 6: gender, Original

Abb. 7: nature, Collage: M. L. T.